Collection Universelle Des Mémoires Particuliers Relatifs a L'histoire De France..
by Jean-Antoine Roucher

Address:
HardPress
8345 NW 66TH ST #2561
MIAMI FL 33166-2626
USA
Email: info@hardpress.net

COLLECTION

UNIVERSELLE

DES

MÉMOIRES PARTICULIERS,

RELATIFS

À L'HISTOIRE DE FRANCE.

TOME X.

CONTENANT *les Mémoires* DE PHILIPPE DE COMINES.

XVᵉ. SIÈCLE.

IL paroît régulièrement chaque mois un Volume de cette Collection. Les Editeurs ont pris les précautions néceffaires pour qu'il en ait paru 12 volumes à la fin de l'année 1785.

Le prix de la Soufcription pour 12 Volumes, à Paris, eft de 48 l. Les Soufcripteurs de Province payeront de plus 7 l. 4 f., à caufe des frais de pofte.

C'eft au Directeur de la Collection des Mémoires, &c. qu'il faut s'adreffer, *rue d'Anjou-Dauphine* N°. 6, à Paris. Il faut avoir foin d'affranchir le port de l'argent & de lettres.

COLLECTION

UNIVERSELLE

DES

MÉMOIRES PARTICULIERS

RELATIFS

A L'HISTOIRE DE FRANCE.

TOME X.

A LONDRES;

Et se trouve à PARIS;

Rue d'ANJOU-DAUPHINE, N°. 6.

1785.

NOTICE
DES ÉDITEURS
SUR LA PERSONNE
ET LES MÉMOIRES
DE PHILIPPE DE COMINES.

Nous ne nous étendrons point sur l'origine illustre de Philippe de Comines, Seigneur d'Argenton. Le Lecteur peut consulter le Tableau Généalogique, placé à la suite de cette Notice; & il verra que plusieurs Souverains de l'Europe descendent, par les femmes, de *Jeanne*, fille unique de cet écrivain célèbre.

Comines nâquit en 1445 au château qui portoit son nom, près Menin en Flandre. Il n'avoit pas encore dix-huit ans lorsqu'il parut à la Cour de Philippe *le Bon*, Duc de Bourgogne. Après la mort de ce Prince, il s'attacha à son fils, si connu dans nos Annales sous le nom de Charles *le Téméraire*; le même qui fut surnommé *le Hardi* par ses flatteurs, & *le Terrible* par ses ennemis. Comines l'accompagna dans différentes expéditions; & ce qu'il vit n'étoit guère propre à lui infpirer de la vénération pour fon Maître.

Ils étoient l'un & l'autre à Péronne quand Louis XI, égaré par une confiance indifcrète, faillit y perdre le trône & la liberté. Il eft vraifemblable que dans cette circonftance délicate, Comines rendit d'importans fervices au Monarque, foit par les avis fecrets qu'il lui fit paffer, foit par l'effet de fon crédit auprès de Charles ; & cette opinion eft fondée non-feulement fur le fens des expreffions de Comines lui-même ; mais fur le motif des recompenfes que Louis accorda depuis au favori du Duc de Bourgogne. (a).

On préfume qu'à cette époque Louis XI, qui jugeoit fi bien les hommes, apprécia Comines, & defira de l'attacher à fon fervice. Peu après en effet, en 1472, celui-ci

____

(a) Les Lettres Patentes qui conftatent la donation faite par Louis XI, à Comines, des Seigneuries de Talmont & de Château-Gontier, portent que : » fans » crainte du danger qui lui (Comines) en pouvoit » lors venir, nous avertit de tout ce qu'il pouvoit » pour notre bien, & tellement s'employa que par » fon moyen & aide nous faillimes des mains de nos » rebelles & defobeiffans... Et en dernier a mis & » expofé fa vie en avanture pour nous ».

quitta la Cour de Charles pour paſſer à celle
de France ; & cette démarche a été inter-
prêtée d'une maniere défavorable par la plûpart des écrivains qui en ont parlé. « Si les
» raiſons de Comines euſſent été honnêtes,
» a dit bruſquement Mezeray, il les auroit
» expliquées, lui qui raiſonnoit ſi bien ſur
» toutes choſes ». Un autre moderne (a) a
diſcuté cet événement avec plus de ſens froid.
Il raconte d'abord l'anecdote *de la tête bottée* (b), tout invraiſemblable qu'elle lui paroiſſe, & ajoûte, « que Comines ſe déter-
» mina par prudence à quitter le Duc de
» Bourgogne, parce qu'il jugea qu'il n'y
» avoit rien à eſpérer d'un Prince qui ſe
» perdroit infailliblement par ſa fureur & par
» ſa préſomption... Cependant qu'il ſeroit

(a) Duclos Hiſt. de Louis XI ed. de Hollande Tom. 2.
p. 99 & 100.

(b) Comines, dit-on, étoit à la chaſſe avec Charles
le téméraire, alors Comte de Charolois. Ce Prince
lui ordonna de le débotter. Comines obéit, & le Prince
voulut le débotter à ſon tour. Comines fut contraint
d'y conſentir. Cependant le Comte indigné de ce qu'un
ſerviteur de ſon pere eut pu ſe preter à une telle plai-
ſanterie, le frappa rudement au viſage avec la botte,
en lui diſant : Quoi ! tu as pu ſouffrir que le fils de ton
maître te rendît un Service auſſi bas ! Cette avanture valut
à Comines le ſurnom de *Tête bottée.*

» difficile de le juftifier, & qu'il tint en cette
» occafion une conduite fort équivoque...
» Si je l'examine, continue-t-il, avec tant
» de févérité, c'eft parce que les hommes
» tels que Comines, qui connoiffent toute
» l'étendue de leurs devoirs, font plus cou-
» pables de les violer ».

Nous fommes loin de vouloir entreprendre la juftification de Comines. Les motifs
de fa conduite font reftés couverts d'un voile
impénétrable ; & ce qu'il en dit (a) eft d'une
telle précifion, qu'il femble redouter qu'on ne
difcute cette anecdote de fa vie. Cependant
Godefroy & l'Abbé Langlet croyent avoir
trouvé des moyens de le juftifier. Le premier
allègue l'ufage du tems, qui permettoit de paffer du fervice d'un Prince vaffal, à celui de
fon Souverain (b). Mais Duclos l'a combattu
victorieufement (c). Le fecond foutient que
» la Cour de Bourgogne étoit alors plongée
» dans des défordres fi affreux qu'un homme
» de probité n'y pouvoit refter fans compro-
mettre fon honneur ». Au refte, fi l'exemple
de quelques autres Officiers de Charles peut
difculper Comines, il eft aifé d'en citer. Dès

(a) Chap. 12 du premier livre de fes Mémoires.
(b) Voyez les remarques de Godefroy fur Varillas.
(c) Hift. de Louis XI, Tom. 2 p. 100.

l'an 1470 Baudouin, Bâtard de Bourgogne,
Jean d'Arfon, & Jean de Chaffa, Gentilhomme
Francomtois, fe retirèrent auprès de Louis XI.
Le Duc, dans la crainte fans doute qu'ils ne
révélaffent les excès dont il s'étoit rendu coupable, les accufa (a) d'avoir attenté à fa perfonne, foit par le fer, foit par le poifon, & répandit
que le projet de ce crime leur avoit été fug-
géré par le monarque François. Louis méprifa
l'injure ; mais Jean de Chaffa y répondit avec
fermeté. Il prend Dieu à témoin de fon innocence ; il offre de combattre corps à corps
quiconque maintiendra ce menfonge (b) ». La
» caufe de ma retraite, dit-il, eft pour les
» très-viles, très-énormes & deshonêtes cho-
» fes que le dit Charles de Bourgogne, lorfque
» j'étois devers lui, fréquentoit & comettoit
» contre Dieu, contre nature & contre notre
» loy ; en quoi il m'a voulu attraire & faire
» condefcendre d'en ufer avec lui ». La ré-
clamation du Batard de Bourgogne ne fut pas
moins forte que celle-ci.

Les Apologiftes de Comines établiffent encore fa défenfe fur fes mœurs, fur fa probité

(a) Manifefte de Charles, Duc de Bourgogne dans
le Recueil des pieces de l'Hift. de Louis XI par Duclos, p. 360
(b) Même Recueil p. 366.

qui fut irréprochable , & contre laquelle
Charles lui-même n'ofa hazarder l'apparence
du foupçon : on peut croire que fon filence ne
fut pas l'effet de la modération.

Quoiqu'il en foit , Comines n'eut qu'à fe
louer de fon inviolable attachement pour
Louis XI. Ce Monarque le combla de richeffes & d'honneurs. Après lui avoir donné des
Seigneuries, & facilité le moyen d'en acquerir
d'autres , (a) il le fit fon Chambellan & le
nomma Sénéchal de Poitou. C'eft dans cette
province qu'il époufa , en 1473, Helène de
Jambes , fille du Seigneur de Montforeau.
Jeanne naquit de cette union & fut mariée
dans la fuite à René de Bretagne, Comte de
Penthiévre.

Après la mort de Louis , Comines fut im-
pliqué dans une accufation de crime d'état.
Ses envieux s'armèrent contre lui & parvin-
rent à le faire enfermer dans le Chateau de
Loches. On verra dans fes Mémoires la maniere dont il y fut traité. Cependant après une
longue détention , les prières de fa femme
obtinrent qu'il vint fe juftifier. Il arrive ; mais

(c) Louis XI fit rendre à Comines quatre mille écus
d'or qui avoient été confifqués par fon ordre chez Jean
de Beaune , marchand à Tours. Il lui donna quarante
mille livres pour payer la terre d'Argenton.

pas un Avocat, pas un Procureur n'ose prendre sa défense; tant ses ennemis avoient de pouvoir & d'activité. Obligé de plaider lui-même au Parlement, son innocence triomphe; & Charles VIII désabusé lui rend ses bonnes graces. Comines le servit utilement depuis en Italie, comme négociateur. Il mourut le 17 Octobre 1509, agé de 64 ans, & fut enterré à Paris dans une Chapelle (a) de l'Eglise des Augustins.

Peu d'Historiens ont laissé après eux une réputation plus brillante & mieux méritée que celle de Comines. De nos jours un écrivain illustre lui a fait un reproche de sa modération, quand il parle de Louis XI. Elle prouveroit du moins que Comines ne fut pas un ingrat; & l'époque où il rédigea ses Mémoires ne permet pas qu'on l'accuse de flatterie: son bienfaiteur n'éxistoit plus. Dailleurs ne nous a-t-il pas laissé un tableau assés effrayant des remords & des derniers instans de ce Prince (b)?

Les Mémoires de Comines ont été traduits en latin & dans toutes les langues de l'Europe. Les Philosophes & les Savans n'en ont parlé

(a) Elle occupe le milieu de l'aile gauche.
(b) Voyez les deux derniers chap. du Livre 6 de ses Mémoires.

qu'avec éloge. Écoutons Montagne : » en
» mon Philippe de Comines, dit-il, il y a
» ceci ; vous y trouverés le langage doux &
» agréable d'une naïve simplicité, la narration
» pure & en laquelle la bonne foy de l'Au-
» theur reluit évidemment, exempte de va-
» nité, en parlant de foy, & d'affectation &
» d'envie en parlant d'autruy ; ses discours
» & enhortements accompagnés plus de bon
» zèle & de vérité que d'aucune exquise suf-
» fisance, & partout de l'autorité & gravité
» représentant son homme de bon lieu & élevé
» aux grandes affaires (a) », Duclos, qui ne
s'est point lassé de citer Comines dans son
Histoire de Louis XI, a rectifié quelques-unes
de ses erreurs, & convient qu'elles ne sont
pas ordinairement importantes; » mais, ajoute-
» t-il, on peut toujours relever celles des
» grands hommes ; peut-être sont-ils les seuls
» qui en soient dignes, & dont la critique
» soit utile (b) ». Enfin, au jugement de
l'Abbé Langlet Dufrenoy, Comines n'est ni
un Diodore ni un Titelive, mais on retrouve
chez lui tantôt Thucidide ou Polybe, & tantôt
Saluste ou Tacite. Comme les deux premiers
il a été négociateur dans les grandes affaires

(a) Essais Liv. 2 Chap. 10.
(b) Preface de l'Hist. de Louis XI p. 13.

de fon tems, comme les deux autres il a peint les événemens dont il a été le témoin.

Quoique les Mémoires de Comines aient eu un nombre presque infini d'éditions (a), nous n'avons point hefité dans le choix de celle qui devoit concourir à former cette Collection. Jean Godefroy en publia une dès les premières années de ce fiècle ; il la fit réimprimer à Bruxelles en 1723 : & cette dernière, qui forme 5 vol. in-8°., a été long-tems préférée à toutes celles qui l'avoient précédée, même à la belle édition qui fortit des prefles de l'imprimerie royale en 1649, & à laquelle l'ayeul & le pere de Jean Godefroy avoient préfidé ; car le foin d'enrichir notre littérature par des travaux fur les Mémoires de Comines, fembloit être héréditaire dans la famille de ces Savans. Malgré les remarques, les notes & les pièces intéreffantes dont Jean Godefroy avoit enrichi fon ouvrage, il n'étoit pas entiérement exempt du reproche qu'on avoit fait à fes prédéceffeurs, d'avoir publié un texte altéré jufques dans les noms propres. En 1747 un nouvel Editeur fe préfenta : c'étoit le favant & laborieux Abbé Langlet Dufrenoy. Il revit les Mémoires de

(a) Voyez la Bibliothèque Hift. du P. Le Long, où elles font toutes énoncées.

Comines fur les Manufcrits les plus autentiques. La bibliothèque du Roy en confervoit deux ; deux fe trouvoient encore dans
le riche dépôt de l'Abbaye de St. Germain
des prés : l'un de ceux-ci avoit même été tranf-
crit du tems de Comines pour un Seigneur
de la Maifon d'Albret. Langlet rapprocha ces
manufcrits entre eux, & rétablit le texte des
fix premiers livres dans toute fon intégrité.
Il n'eut d'autre fecour pour les deux fuivans ,
que la facilité de comparer les éditions anciennes avec le éditions modernes. Il pénétra
dans toutes les bibliothèques , dans tous les
chartriers qu'on voulut bien lui ouvrir ; &
fes recherches infatigables le conduifirent
à des découvertes fouvent heureufes (a).

(a) Le nombre des pièces juftificatives employées
dans fon édition , eft de 424. Le Recueil de l'Abbé
Le Grand, dépofé à la Bibliothèque du Roi , lui en a
feul fourni 350. Cette immenfe collection avoit coûté
à Le Grand quarante années d'un travail affidu ; &
cependant elle ne renferme pas, à beaucoup près, tout
ce qui eft rélatif au règne de Louis XI. Jamais Prince
n'a tant travaillé. Partout où il fe trouvoit il diétoit
des inftructions , des Mémoires ou des Lettres. S'il
arrivoit que fes Secrétaires ne puffent le fuivre dans
fes voyages, il employoit les petits clercs des Curés de
villages , ou de fimples valets. Il fuffifoit de favoir
écrire pour lui être utile.

Nous ne pouvons diſſimuler cependant qu'un grand nombre des morceaux qu'il a joints à ſon édition ſous le titre de pièces juſtificatives, n'offrent à la plûpart des Lecteurs qu'une ſuite fàſtidieuſe d'actes, de diplômes & de traités. Auſſi en adoptant ſon texte avons nous évité d'admettre indifféremment toutes les pièces qu'il précéde. Nous en avons retranché un grand nombre, inſéré d'autres par extrait ſeulement; & nous avons conſervé en entier celles dont la connoiſſance nous a paru vraiment utile. Une grande portion de la préface de l'Abbé Langlet doit être enviſagée ſous ce dernier point de vue : elle forme une introduction néceſſaire à la lecture des Mémoires. La première partie embraſſe l'époque qui s'étend depuis 1436 juſqu'en 1464. C'eſt un précis hiſtorique formé d'après les monumens du tems & ſur une foule de pièces non imprimées. La ſeconde eſt l'extrait d'un ancien manuſcrit enrichi par l'auteur d'obſervations intéreſſantes : elle a pour objet le règne de Charles VIII. Nous avons réimprimé toutes les notes du même Éditeur, dans leſquelles ſont fondues celles de MM. Godefroy, & nous y avons joint nos propres obſervations d'après les lumières de quelques Écrivains modernes.

Enfin nous nous ſommes appliqués ſurtout à mettre dans cette édition, par un plan général & des renvois exacts, un ordre dont celle de l'Abbé Langlet eſt entiérement dépourvue. Si nous avions copié ſervilement ſon ouvrage, il auroit produit plus de dix volumes du format que nous avons adopté; & nous avons lieu de croire que les Mémoires de Comines proprement dits, avec les preuves & les obſervations, n'en formeront pas au-de-là de trois, ſans qu'on ait un ſeul article eſſentiel à regretter.

Fin de la Notice des Éditeurs.

PRÉFACE.

PREFACE

DE L'ABBÉ LENGLET

DU FRESNOY.

LE Regne du Roy Louis XI eſt inconteſta-
blement l'un des plus curieux & des plus
intéreſſans de l'Hiſtoire de France : & ce
Prince a eu le bonheur de trouver dans Philippe de Comines un Hiſtorien comparable
à ce que nous avons de plus eſtimé dans
l'Antiquité. Sous ce Roy l'Europe prend une
face toute nouvelle. C'eſt de ſon temps que
s'eſt fixé le Droit Public des Nations, ſur
le pied où il eſt aujourd'hui : & c'eſt proprement à ſon ſiècle que l'on peut établir la
Politique actuelle des Souverains & les intérêts des Princes. Et ſi l'on ne peut pas
prendre Louis XI pour un modéle accompli
dans l'art de regner, du moins doit-on aſſurer
qu'il a eu beaucoup de vertus dignes du Trône.
Ainſi on a lieu de le propoſer aux Princes
dans ce qu'il a eu de bon ; & l'on doit faire
obſerver, dans ce qu'on lui reproche, combien les Têtes couronnées doivent être at-
tentives ſur elles-mêmes, pour s'acquérir
l'eſtime de la Poſterité, qni ne pardonne rien
aux plus grands hommes.

Tome X. A

Mais comme Philippe de Commines ne s'eſt attaché à la France qu'au milieu du Regne de Louis XI, il n'a pû développer l'hiſtoire de la jeuneſſe & des premières années du Gouvernement d'un Prince, dans lequel tout eſt à remarquer. C'eſt à quoi j'ai deſſein de ſuppléer dans cette Préface.

Louis Dauphin de France, qui étoit né le Samedi 3 Juillet 1423, n'étoit pas encore ſorti des mains de ſes Gouverneurs, lorſque le 25 Iuin 1436 il fut marié à Tours avant l'âge de quatorze ans (a) avec Marguerite, fille de Jacques I, Roy d'Ecoſſe. Il parut auſſi-tôt dans les Provinces & ſe diſtingua dans les Armées avec tant d'éclat, que déja on le regardoit comme le Reſtaurateur de la Monarchie, affligée par les guerres étrangeres & inteſtines qui déſolerent le Royaume ſous les deux Regnes précédens. Les infirmités habituelles de Char-

(a) MSS. de Brienne, vol. 54, dans la Bibliothèque du Roy, & vol. 33 des Manuſcrits de Dupui, où eſt la commiſſion de Charles VII au Chancelier de France, pour requerir la diſpenſe d'âge pour le mariage du Dauphin, qui n'avoit pas encore quatorze ans au mois de Juin 1436. Ce mariage avoit déja été accordé le 19 Juillet 1428, & le contrat en fut ratifié à Chinon le 30 Octobre ſuivant.

les VI & la nonchalance où étoit tombé
Charles VII demandoient un Prince ferme
& courageux, qui se livrât au travail, sans
se laisser gouverner par de mauvais Ministres,
qui avoient plus d'attention à se faire redouter par le mal qu'ils commettoient, qu'à procurer le bien des affaires. Louis fut ce Prince:
le Roy l'envoya d'abord dans le Lyonnois,
le Dauphiné & le Languedoc, qui avoient
besoin, pour quelque tems, ou de la présence du Roy, ou du moins de celui qui
devoit lui succeder. Il fut donc reçu par-
tout avec l'affection que les François témoi-
gnent toujours pour les fils de leur Souverain.
Il resta peu dans ces Provinces & revint trouver le Roy au siége de Montereau. Comme
c'étoit le premier qu'il eût vû, il obtint de
Charles VII son pere la grace des Anglois,
qui furent forcés dans cette Place. Après ce
siege il accompagna le Roy à Paris, de-là
on se rendit à l'Assemblée de Bourges, où
fut dressée la Pragmatique Sanction ; Loi
pour lors nécessaire, mais qui a cedé à des
Loix postérieures.

Le Poitou, la Saintonge & l'Angoumois
se trouvoient agités & tourmentés par les
Tyrans, qui s'étoient cantonnés dans ces
Provinces, où ils se rendoient redoutables

aux Peuples. Louis y alla & calma tout par
fa préfence & par la féverité dont il ufa envers les coupables. Le Roy fentit tout le bien
que faifoit ce jeune Prince ; il ne put s'empêcher de le faire connoître, lorfqu'étant allé
en Languedoc, il reçut avec bonté les remontrances des Etats de cette Province,
affemblés au Puy en Vellay ; mais ne crut
pas y devoir faire d'autre réponfe, finon que
le Dauphin arriveroit dans peu & qu'il (a)
pourvoiroit à tout. Louis arriva donc au mois
de Mai 1438, il étoit accompagné de Guillaume de Champeaux, Evêque de Laon,
Général des Finances de la Province, de
l'Evêque de Poitiers & d'Amauri, Sire d'Ef-
tiffac, qui avoit eu le foin de fa premiere
éducation. L'Archevêque de Touloufe, l'E-
vêque de Beziers & le Vicomte de Carmain
fe joignirent à ces premiers & formerent le
Confeil de ce jeune Prince. Il commença par
Touloufe & y fit fon entrée le 25 Juin. Les
Etats de la Sénéchauffée de cette Ville lui
firent préfent de fix mille livres. Mais Louis
qui étoit né liberal pour ceux qui s'at-
tachoient à fa perfonne, diftribua la plus
grande partie de cette fomme à l'Archevê-

(a) Regiftre du Domaine de Carcaffonne, dans les
Recueils de M. Le Grand.

que de Touloufe, au Vicomte de Carmain
& au refte de fon Confeil. Ce fut avec de
femblables fecours & par une conduite fage &
mefurée que le Dauphin parvint à pacifier les
troubles du Languedoc, il gagna même alors
non-feulement Gafton IV Comte de Foix,
qui lui refta toujours fidele, mais il s'attira
encore l'affection des Habitans d'Albi, de
Lavaur, de Caftres & de Beziers. Les Etats
même de la Province fe firent un devoir de
lui accorder un fubfide extraordinaire, pour
lui donner lieu de s'oppofer plus facilement
aux Anglois, qui étoient fur le point de
faire une irruption dans le Languedoc.

Quel bien ce Prince n'étoit-il pas capable
de faire au Royaume ? quel honneur n'auroit-
il pas acquis dans l'Hiftoire, Juge fevere des
actions des Princes, s'il avoit continué d'une
maniere auffi louable ? Mais l'Affemblée des
Etats, indiquée à Bourges, ne produifit que
des plaintes & des clameurs. Les Princes du
Sang & quelques Seigneurs mécontens du
Miniftere, qu'ils vouloient obliger le Roy
de changer à leur gré, s'affemblerent de
leur côté à Blois, & ils trouverent (a) moyen
de féduire le Dauphin qui fe mit à leur tête.

(a) MSS. 8305, fol. 281 & 9797 de la Bibliothèque
du Roy.

A 3

Il eut même la témerité de déclamer contre la conduite du Roy, & enfin il se retira à Nyort en Poitou. C'est là cette faction que l'on qualifia du titre de *Praguerie*, comme si l'on craignoit de voir renouveller en France l'idée des carnages que les Huffites avoient commis depuis peu à Prague, Ville capitale de la Boheme. Telle fut l'époque fatale des premieres inquiétudes de ce jeune Prince, qui se preffa trop de se croire un grand homme, & par cette vanité précoce & peu séante, il ternit les premiers commencemens d'une conduite fage & louable, dont les Peuples devoient tout efperer pour l'avenir. Il perdit même tout le mérite de ce qu'il avoit fait de bien jufques-là. Charles VII joignit inutilement l'autorité royale à la paternelle, pour engager fon fils à rentrer dans le devoir ; il fallut qu'il employât les armes, & s'avança avec des Troupes jufques à Poitiers & à Saint-Maixant. Les Princes ligués ne l'attendirent point ; ils fe retirèrent auffi-tôt en Bourbonnois & en Auvergne. Ces mouvemens étoient d'autant plus fâcheux, que les Anglois qui inclinoient à la paix, refuferent alors d'écouter les propofitions qu'on leur avoit faites : ils fe crurent même en état d'afpirer à de nouvelles conquêtes.

C'eſt le reproche que Charles VII fait aux
Princes & aux Seigneurs révoltés dans la Déclaration (a) qu'il publia au mois de Maï
1440, pour empêcher ſes fideles ſujets de
ſe laiſſer ſurprendre par les artifices des
Princes, qui vouloient, au mépris des Lois,
établir une Régence ſous le nom du Dauphin,
pour l'oppoſer à l'autorité royale.

La fuite des Princes qui ſe retiroient à
l'approche du Roy, ne fit qu'encourager ſes
Troupes : Charles ſe vit ſupérieur, il attaqua & prit d'aſſaut Chambon, Crevan &
Charroux. Alors toutes les autres Villes qui
appréhendoient le ſort de ces trois premieres,
ouvrirent leurs portes. Les Princes ligués ſe
préſenterent devant pluſieurs autres Places,
qu'ils croioient dans leur parti ; mais elles
refuſerent de les recevoir. Ils penſerent donc
à faire leur Traité : & comme ils vinrent
néanmoins à manquer de parole, le Roy
pourſuivit la priſe de différentes Villes. La
fin de la révolte approchoit ; Charles étoit
à Roanne, lorſqu'on vint l'aſſurer que le
Dauphin & le Duc de Bourbon imploroient
ſa clemence. Le Roi étoit pere, il étoit

(a) Déclaration de Charles VII ſur la Praguerie,
donnée à Gueret dans la Marche le 2 Maï 1440, au
Recueil des Pieces de M. Duclos, p. 15.

A 4

naturellement bon ; & il fe prêta d'autant plus volontiers aux démarches de ces deux Princes , qu'il fçavoit que les Anglois affiégoient Harfleur : il étoit important pour l'Etat que ces anciens ennemis de la Couronne ne fe rendiffent pas maîtres d'une Place à l'embouchure de la Seine. L'accommodement fut à peine conclu, qu'on le publia le 24 Juillet 1440. Alors toute hoftilité ceffa ; le repentir d'un fils défobéiffant mérita que Charles lui témoignât toute la tendreffe paternelle , autant qu'elle pouvoit s'accorder avec la Majefté royale. Il voulut montrer au Dauphin que la foumiffion étoit le feul moyen de gagner l'efprit d'un pere juftement irrité. Il lui ceda donc & lui tranfporta le Dauphiné (a) , les Lettres en furent enregiftrées le 13 du mois d'Août : il augmenta même (b) fes penfions ; & Louis tira encore un autre fruit de fa foumiffion , les Etats de Dauphiné lui accorderent pour fa joyeufe Entrée une fomme de huit mille florins.

Le Dauphin fe fouvint fur la fin de fon regne de cette premiere faute , & voulut

(a) Les Lettres de ce tranfport font du 28 Juillet 1440, au Recueil des Pieces de M. Duclos , p. 20.

(b) Difcours de Bernard de Roffieres , Manufcrits de la Bibliotheque du Roy , n° 9796.

que dans l'Hiſtoire (a) , qui fut écrite par
ſon ordre , pour ſervir à l'éducation de ſon
fils Charles , on marquât qu'il avoit été ſé-
duit par les Princes , qui , pour leurs intérêts propres , l'avoient engagé à prendre les
armes contre le Roi ſon pere. Louis , qui
n'étoit pas moins ambitieux que laborieux,
aimoit à commander & à gouverner. Il commença donc par corriger les abus qui s'étoient
introduits dans le Dauphiné. Les plus grands
regardoient les Monnoyes. Il y remedia à
l'avantage de la Province & du Commerce.
Cette louable & néceſſaire ſoumiſſion du fils
à l'égard du pere ſe ſoutint quelque tems ,
& Louis ſe fit un devoir d'accompagner le
Roi dans les différentes expéditions qui ſe
firent contre les Anglois en 1441. Mais par
un nouvel attentat , auſſi témeraire que le
premier , les Ducs d'Orleans , d'Alençon &
de Bourbon , avec le Comte de Vendôme ,
s'aſſemblerent à Nevers au mois de Mars
1442 ; ils y inviterent les Ducs de Bourgogne & de Bretagne , qui envoyerent leurs
Ambaſſadeurs. Ils dreſſerent des remontrances très-vives , pour porter le Roi à
faire la paix avec les Anglois : on ſonda le
Dauphin , mais la playe de ſa premiere ré-

(a) Voyez le Roſier des Guerres, in-4, Paris, 1528.

volte étoit trop récente pour que ce Prince
ne la reffentît pas. Ainfi les tentatives que
l'on fit auprès de lui devinrent inutiles. Le
Roi fut donc obligé de marcher encore une
fois en Poitou contre les rebelles. Ses armes
y eurent un fuccès toujours égal, & la révolte fut diffipée. Charles pouffa jufques en
Guyenne, & tomba fur les Places occupées
par les Anglois. Le Dauphin eut l'avantage
de fe diftinguer par-tout. La prife de Tartas,
qui tint peu de tems, ne laiffa pas d'avoir
fes difficultés ; mais les Troupes eurent beaucoup plus à fouffrir à Saint-Sever & même
à Dax qui arrêta Louis pendant plus de fix
femaines. L'intrépidité de ce jeune Prince
ne fit pas moins d'effet que le courage de
l'armée, qui prenoit fucceffivement toutes
les places des Anglois, fans que rien pût
l'arrêter.

Dans le tems que les armes de France
profperoient dans les Provinces Méridio-
nales, les Anglois, toujours attentifs à profiter de nos défordres, bloquerent Dieppe.
Ils avoient trop peu de troupes pour faire
appréhender un fiége dans les formes: mais
ils pouvoient affamer cette importante Place
& l'obliger à fe rendre. Le Dauphin y ac-
courut avec un petit corps d'armée, qui ne

paſſoit pas trois mille hommes. Après avoir aſſuré toutes les frontieres de Picardie, dont il viſita les Places qui étoient ſur la Somme, il ſe rendit aux environs de Dieppe. Les Anglois avoient élevé une Fortereſſe (a) qui incommodoit non-ſeulement la Ville, mais d'où ils envoyoient des partis qui déſoloient la Campagne. Enfin le 12e du mois d'Août, Louis ſe mit à la tête de ſa petite troupe pour aller reconnoître le Fort, dont il avoit ſaiſi les avenues : il reſta ſous les armes le 13e, mais le 14 il fit attaquer cette Forte-reſſe avec beaucoup de vigueur : elle ne fut pas défendue avec moins de valeur. Les Soldats François commençoient à ſe rebutter, il fallut que le Dauphn les animât autant par ſon exemple que par ſes diſcours. Il les conduiſit donc une ſeconde fois à l'aſſaut. On craignoit même de n'y pas réuſſir, lorſque quatre-vingt Bourgeois de Dieppe arriverent armés de groſſes arbalêtes, & tirerent ſi juſte & ſi à propos, que les Ennemis n'oſerent plus ſe préſenter ſur la bréche. Les François entrerent de tous côtés dans le Fort & firent main-baſſe ſur ce qu'ils rencontrerent. Trois cens Anglois furent tués, le reſte de-

(a) Compte d'Antoine Raguier pour la priſe de Dieppe, dans les Recueils de M. l'Abbé Le Grand.

meura prisonnier : soixante François qui se
trouverent au nombre de ces derniers, avec
huit Hommes d'Armes & deux Canoniers,
furent pendus pour avoir porté les armes
contre leur Souverain. Le Dauphin, pour
dédommager ceux à qui ces prisonniers appartenoient, selon l'usage du tems, paya trente
livres de chaque Homme d'Armes, & dix-
huit livres de chaque Archer : sur l'heure
on rasa le Fort, dont les munitions & l'artillerie furent conduites dans la Ville. Il alla
rendre graces à Dieu de l'avantage qu'il venoit de remporter ; loua les Bourgeois de
leur fidélité, fit quelques gratifications à ceux
d'entr'eux qui avoient le plus souffert pendant
le Siége, & distribua cinq mille livres à de
pauvres Gentilshommes qui furent blessés aux
attaques du Fort ; on donna une moindre
somme à des Paysans, qui rendirent quelques services dans ce Siége. Mais pour récompenser par des marques d'honneur ceux
à qui on ne pouvoit pas offrir des récom-
penses pécuniaires, Louis fit Chevaliers le
Comte de Saint-Paul, Hector d'Estouteville,
les deux freres Charles & Regnault de Flavi,
& Jean de Conseques : & comme le Comte
de Dunois avoit le plus contribué à la gloire
du Dauphin, ce Prince voulut que la Terre

de Valbonais en Dauphiné , poffédée par ce Comte , fût à l'avenir exempte de tout droit.

Le Dauphin n'en refta point aux feules opérations militaires. Il fçavoit que le manque de paye obligeoit fouvent les Soldats à commettre des excès dans les Provinces & à défoler les Campagnes prefque malgré eux. Il affembla donc les Généraux des finances, pour s'affurer des fonds néceffaires pour la fubfiftance des troupes : par-là il remedia aux défordres & foulagea les peuples, qui furent agréablement furpris d'un changement fi peu attendu. Ils ne purent affez louer le Prince de l'ordre rétabli parmi les troupes , ni trop fe féliciter eux-mêmes de la tranquillité que l'Ifle de France , la Champagne & la Brie alloient goûter. Mais de nouveaux troubles appelloient le Dauphin dans le Rouergue , où Jean , Comte d'Armagnac , l'un des plus illuftres Vaffaux de la Couronne, projettoit quelques mouvemens. Il cherchoit de toutes parts des alliés pour le foutenir dans fa révolte. Il s'adreffa en même-tems aux Rois d'Arragon, de Caftille & d'Angleterre. Il faifoit fortifier fes places, affembloit des troupes & refufoit d'entendre à aucun des accommodemens que lui fit offrir le Roy Charles VII.

Sous prétexte d'une fausse donation, qu'il avoit ou fabriquée ou fait fabriquer, il vouloit se rendre maître du Comté de Comminges, qui devoit revenir (a) à la Couronne, au cas que Marguerite, âgée pour lors de 80 ans & seule héritiere de ce Comté, vînt à mourir sans enfans : & pour lors elle n'en avoit plus.

Louis vola jusques dans le Rouergue, & se trouva aux portes de Rhodez long-tems avant qu'on l'y attendît : il n'avoit pas plus de mille Lances, c'est-à-dire, environ six mille combattans. Il falloit punir deux crimes dans le Comte d'Armagnac (b), celui d'usurpateur & celui de faux-monnoyeur, vil métier qu'il exerçoit dans ses châteaux.

Le Dauphin, autant par sa vigilance que par son courage, se rendit maître d'Entragues & de Rhodez. Sallazart, Capitaine Espagnol, qui commandoit dans la premiere de ces Places, se rendit à discrétion ; & comme il avoit abandonné le service du Roy, pour embrasser celui du Comte d'Armagnac, Louis le reçut avec la fierté dont on doit user à

(a) Mémoire qui est aux Recueils de M. l'Abbé Le Grand.

(b) Registres du Trésor des Chartes, vol. 177 , Acte 222.

l'égard des traîtres & des transfuges ; il le
priva de sa compagnie d'Ordonnance ; & pour
le noter comme il le méritoit, il lui interdit
le service & le port des armes.

Du Rouergue, le Dauphin entre dans le
Languedoc, passe le Tarn, traverse Toulouse, sans s'y arrêter ni même s'y faire connoître. Il fait passer la Garonne à ses Troupes
avec la même célérité qu'il étoit venu, &
surprend enfin le Comte d'Armagnac dans
l'Isle Jourdain. Le Comte sortit de la place
pour lui parler ; mais le Dauphin, sans le
vouloir écouter, le fait arrêter avec son second fils & ses deux filles, & commanda de
les conduire à Lavaur, d'où quelque tems
après ils furent transferés à Carcassone. Ils
y resterent prisonniers jusques à l'année suivante qu'ils furent sur le point d'être jugés.
Le Comte devoit perdre la tête : mais il
trouva dans le Roy de Castille & dans les
Ducs d'Orléans, d'Alençon, de Bourbon &
de Savoye de si puissans intercesseurs, que
Charles VII se laissa fléchir & fit grace
aux coupables, mais à des conditions très-
dures (a).

(a) Rémission du Comte d'Armagnac : Regist. 177
du Trés. des Chartes, Acte 127.

Jean de Lefcun, nommé autrement le Bâ-tard de Lefcun, du nom de fon pere Guil-laume de Lefcun, ou le Bâtard d'Armagnac, de celui de fa mere Anne d'Armagnac, fut traité tout autrement par le Dauphin. Il dût cette confidération à fon mérite & à fa va-leur. Louis l'attaqua d'une maniere fédui-fante. Il le loua fur fes talens, releva fon courage, parla de fes bonnes qualités, & fur-tout il lui propofa des conditions fi avan-tageufes, pour l'engager à s'attacher à lui, qu'enfin il le gagna. C'eft le célebre Comte de Comminges, qui devint Maréchal de France, Gouverneur de Dauphiné & de Guyenne, connu depuis fi honorablement fous le Regne de Louis XI.

Le bien des affaires demandoit que le Dau-phin reftât l'hyver en Guyenne & en Lan-guedoc & y mît même fes troupes en quar-tier. Obligé cependant de fe rendre à la Cour fur la fin de l'année, il laiffa Valper-gue, Bailly de Lyon, pour commander en fa place. Mais cet Officier n'avoit pas l'au-torité fuffifante pour contenir les troupes; il manquoit de ces vûes étendues qui caracte-rifoient le Dauphin; les troupes fe débandè-rent, fuivant l'ancien abus, & pillèrent les Provinces. Antoine de Chabannes, Comte de

Dammartin,

Dammartin, tout homme de condition qu'il étoit, tomba dans le même excès & pilla comme les autres.

Charles VII qui conclut une treve de vingt-deux mois avec l'Angleterre, ne jugea point à propos de défarmer; mais pour ne pas congédier fes troupes, dont il pouvoit avoir befoin, & qui cependant alloient être à charge à fes Peuples, il les employa pour fecourir fes alliés. René, Roy de Sicile, Duc d'Anjou, de Lorraine & de Bar, & Prince du Sang de France, en eut befoin contre la ville de Metz; auffi bien que la Maifon d'Autriche contre les Suiffes. Charles conduifit une armée en Lorraine, & obligea les Meffins de faire raifon fur les (a) prétentions du Roy René. La partie étoit plus forte contre les Suiffes, & le Dauphin fut chargé d'y aller. Ces peuples peu contens de s'être fouftraits à la Maifon d'Autriche, s'empreffoient encore de lui enlever ce qui lui reftoit de fon premier domaine, qui étoit dans leur voifinage. Ils en vouloient même à toute la Nobleffe, qui commençoit dès-lors à leur être odieufe. L'Empereur (b) Fréderic III

(a) MSS. de Brienne, dans la Bibliotheque du Roy, vol. 125, p. 61.

(b) Lettre originale de l'Empereur Frederic & de

Tome X. B

& le Duc Sigifmond d'Autriche, fon coufin, s'addreſſerent au Roy Charles VII. Les Hiſtoriens de Suiſſe y ajoutent la follicitation du Pape Eugene IV, qui prétendoit par-là diſſiper les reſtes du Concile de Baſle. Le Dauphin courut au ſecours d'une Maiſon, qui depuis n'a ceſſé d'être jalouſe de la grandeur de nos Rois. Son armée étoit compoſée de quatorze mille François & de huit mille Anglois : choſe rare de voir ces deux Nations belliqueuſes ſuſpendre la guerre qu'elles ſe faiſoient depuis long-tems, pour combattre ſous les mêmes enſeignes. Le quartier d'aſſemblée fut à Langres, où le Dauphin ſe rendit le 24 Juillet. Il y fit quelque ſéjour & y reçut une Ambaſſade de la part de la Maiſon d'Autriche & de la Nobleſſe du Briſgau, pour implorer de nouveau le ſecours de la France & pour accelerer la marche de l'armée Françoiſe. Louis répondit favorablement aux Ambaſſadeurs. Mais comme il ne quittoit point de vûe la ſubſiſtance des troupes (a), il s'informa exactement ſi l'on y avoit pourvû. Il voyoit bien, diſoit-il, qu'on

Sigifmond d'Autriche, dans les Recueils de M. l'Abbé Le Grand, tirée de la Bibliotheque du Roy.

(a) MSS. de Dupuy, vol. 760 & 761 ; & MSS. de Baluze, vol. 167.

le prioit, qu'on le preſſoit de marcher, mais on ne lui parloit ni de magazins, ni de vivres ; cependant il avertiſſoit que ſi ſon armée manquoit des choſes néceſſaires, elle ſe débanderoit & commettroit de grands déſordres, ſans qu'il lui fût poſſible de la contenir.

Tout fut promis & rien ne fut exécuté ; une ſeconde & une troiſiéme Ambaſſade vinrent trouver le Dauphin, toujours avec les mêmes promeſſes. Il arriva donc à la vûe de Baſle, & auroit fort ſouhaité de rafraîchir ſes troupes fatiguées par une longue marche ; mais les Suiſſes ne lui en donnerent pas le tems & vinrent au devant de l'armée Françoiſe. Jean de Bueil, Comte de Sancerre, qui depuis fut Amiral de France les alla reconnoître avec un Détachement de Cavalerie, qu'on fut obligé de renforcer par d'autres troupes de l'armée. De Bueil chargea vivement les Suiſſes, & en fut reçu avec la même valeur. Le nombre de ces derniers alloit tout au plus à trois mille hommes : ils ſe battirent toujours en retraite, ſans que jamais on pût ni les rompre ni les entâmer, & ſe retirerent en bon ordre juſques au Cimetiere de Saint Hippolyte. Des vignes, des hayes & de vieux murs qu'ils y trouverent, leur ſervirent de remparts : là ils ſe défendirent en gens de courage, ou plutôt en défefperés. La victoire long-tems indécife & vigoureufement difputée de part & d'autre, ne fe déclara pour les François, quoique fuperieurs en nombre, qu'après qu'ils eurent forcé ces retranchemens, où ils perdirent beaucoup de monde. Prefque tous les Suiffes furent tués les armes à la main ; on fit peu de prifonniers & à peine s'en fauva-t'il cent cinquante. Prefque toute la Nation intimidée & confternée par cette défaite, fit lever précipitamment les fiéges de Zuric & de Voerfperg, où s'étoit enfermée la Nobleffe du Pays. C'étoit-là tout ce qu'on attendoit ; c'étoit uniquement ce qu'on avoit efperé des François.

L'Empereur Fréderic, qui avant la ba- taille avoit affecté un air de fuppliant, man- qua de reconnoiffance dès qu'il n'eut plus rien à craindre. Dés-lors tout fut refufé aux troupes Françoifes, vivres (a), fourages, logemens. Le Dauphin s'en plaignit envain ; inutilement envoya-t'il une Ambaffade à l'Empereur, il n'en reçût que des politeffes & des paroles vagues & générales, fans aucun ordre pofitif pour faire fubfifter les troupes. Fréderic dépêcha néanmoins fon frere, Al- bert d'Autriche, qui fe rendit fur le Rhin,

(a) MSS. de Dupuy, vol. 760 & 762.

moins pour donner ordre à la subfiſtance de l'armée, que pour travailler ſecrettement à la faire périr. Cette conduite de l'Empereur ne doit pas étonner, dès qu'on voit le portrait qu'en fit dans ces tems-là un homme de mérite (a) qui ſe trouvoit à la Cour de ce Prince. » En vérité, dit-il, quand j'aviſe les » conditions de l'Empereur tant plus j'y » trouve à redire : car c'eſt un homme en- » dormi, lâche, morne, peſant, penſif, me- » rencolieux, avaricieux, chiche, craintif, qui » ſe laiſſe plumer la barbe à chaſcun ſans re- » vanger ; variable hypocrite, diſſimulant, & » à qui tout mauvais adjectif appartient, & » vrayment indigne de l'honneur qu'il a ». Doit-on s'étonner ſi le Soldat ſe vit contraint, par néceſſité, de ſe procurer à main armée une ſubfiſtance, qui lui étoit dûe légitimement ? Ce fut donc la faute de Charles VII, ou de ſes Miniſtres, lorſque par un excès de bonté il fut auſſi lâchement trompé. Voilà de ces entrepriſes périlleuſes, qu'on ne doit faire que quand on a des ſûretés convenables ou qu'on y trouve un notable interêt. Nos

(b) Lettre du Commandeur de Chandenier de Straſbourg de 1458, au Dauphin, p. 167 & 169 du Recueil de Pieces pour ſervir à l'Hiſtoire de Louis XI, par M. Duclos, in-12. Paris, 1746.

voisins , dans de pareilles conjonctures , se conduisent tout autrement.

Comme la France n'avoit d'interêt dans cette affaire que celui de secourir des Alliés, le Dauphin consentit à la paix & ne refusa point la médiation du Concile de Basle & du Duc de Savoye. Le Traité en fut signé à Ensisheim (a) , ville de la haute Alsace , le 21 Octobre 1444 , près de deux mois après la victoire , qui avoit été remportée le 26 Août. Les plaintes de la part de la France ne discontinuerent pas , non plus que les marques suivies de la mauvaise foi de l'Empereur Fréderic. Il fallut même s'adresser à la Diette de l'Empire , qui se tenoit alors à Boppart , ville de l'Electorat de Treves : mais on ne gagna pas davantage sur l'esprit de Fréderic. C'étoit un Prince ferme & constant dès qu'il s'agissoit de refuser ce qu'il avoit tant de fois promis par les Ambassades les plus soumises. Charles , Marquis de Bade (b), tout petit Prince qu'il étoit , voulut imiter Fréderic ; & aprés s'être rendu gardien de

(a) Mémoire tiré de la Chambre des Compte de Dauphiné , & Brienne , MSS. 108 , p. 1 dans les Recueils de M. l'Abbé Le Grand.

(b) Minute originale dans les Recueils de M. l'Abbé Le Grand.

l'artillerie de France, après avoir assuré même
qu'il la feroit conduire en sureté, il la fit
enlever au milieu de l'Alsace par ceux de
Sceleftat , joints aux troupes qu'il envoyá
lui-même. Il défit plusieurs détachemens des
François dans les gorges des montagnes , &
ne laissa pas néanmoins de protester ensuite
que ni lui ni les siens n'avoient aucune part
à cet enlevement & à ces désordres : mais
on se garda bien de l'en croire.

Après cette expédition , Louis traversá
l'Alsace & vint trouver le Roy son pere à
Nanci ; René d'Anjou y étoit , & la Reîné
son épouse s'y rendit avec Marguerite, l'une
de leurs filles , que le Duc de Suffolc venoit
épouser au nom de Henri VI Roy d'Angleterre, son maître. Ainsi on fit des tournois,
on se livra aux plaisirs & aux fêtes ; fêtes
cependant qui ne faisoient pas perdre de vûe
le cours des affaires les plus sérieuses. L'armée du Dauphin , à son retour d'Alsace ,
avoit commis très-inconsidérément de grands
désordres en Franche-Comté & en Bourgogne.
Le Duc Philippe étoit puissant , & par conséquent en état d'en exiger la réparation. On
étoit assemblé à Reims pour accommoder ce
différend. Le Dauphin qui étoit dans cet âge
de feu , où l'on aime les mouvemens des

armes, souhaitoit de voir la continuation de la guerre, fut ce même contre le Duc de Bourgogne ; mais l'accord se fit à l'avantage du Duc, qui avoit raison, & les fêtes continuerent à Châlons, où la Cour s'étoit rendue.

Malheureusement elles furent suivies d'un évenement fatal. Marguerite d'Ecosse, dont le nom, l'esprit & les graces seront à perpetuité célebres dans notre histoire, y tomba malade de chagrin. Cette maladie avoit été occasionnée par l'indiscrétion de Jamet de Tillay, Bailli du Vermandois. C'étoit un de ces importuns, qui ne s'introduisent & ne se soutiennent dans les Cours des Princes, que par leur impudence & par le mal qu'ils font; fâchés même souvent de n'en pas commettre davantage. Peu jaloux de leur honneur, ils content que leur témerité leur doit tenir lieu de mérite : c'est par-là qu'ils se produisent, c'est par-là qu'ils se maintiennent en des lieux d'où on devroit les exclure à jamais. La Cour étoit encore à Nancy dans les fêtes de Noël : de Tillay s'avisa sur le soir d'entrer dans l'appartement de la Dauphine. Elle avoit avec elle Jean d'Estouteville, Sire de Blainville, & une autre personne qui étoit un peu éloignée. La chambre n'étoit éclairée que par un grand feu. Jamet de Tillay dit tout haut en entrant, que c'étoit une honte que Madame la Dauphine fût ainsi. Discours insolent dans un homme aussi subalterne, & qui fut néanmoins différemment interprété. De Tillay voulut s'excuser, mais après coup, & prétendit qu'il n'avoit eu dessein que de blâmer la négligence des Officiers de la Dauphine, qui n'avoient pas encore allumé les flambeaux. Mais il dévoila toute la malignité de son caractere par d'autres discours indiscrets sur cette vertueuse Princesse ; il n'épargna pas non plus les Dames qui avoient l'honneur de la servir, & poussa la méchanceté jusques à suborner le nommé Jacques des Parcs, qu'il engagea d'écrire au Roy des Lettres très-offensantes contre la Dauphine & contre toute sa Maison. Cette Princesse ne put apprendre ces bruits fâcheux sans être pénétrée de la plus vive douleur de voir que par de telles calomnies, & par des discours si peu vraisemblables, on lui voulût faire perdre les bonnes graces du Roy & la tendresse du Dauphin. Elle crut s'en consoler devant les Autels ; elle alla donc à pied du Château de Sarry, près Châlons, où elle étoit logée, à Notre-Dame de l'Epine, Eglise & dévotion célebre dans la Province. On étoit alors dans les plus ardentes chaleurs de la Canicule ; à son retour elle changea d'habits, mais dans un lieu bas & humide : elle fut surprise d'un gros rhume, qui, par l'alteration que le chagrin avoit produit dans son sang, dégénéra en fluxion de poitrine. Enfin elle mourut le 16 Août. Elle fut inhumée dans l'Eglise Cathédrale de Châlons ; & ce ne fut qu'environ 34 ans après, qu'on la transporta dans la Chapelle de S. Sauveur (a), qu'elle avoit fondée dans l'Abbaye de S. Laon de Thouars en Poitou, où elle avoit demandé d'être inhumée.

On ne sçauroit, dans une occasion aussi importante, excuser la négligence & l'insensibilité de Charles VII. Convenoit-il à ce Prince de laisser courir des bruits défavantageux & des discours équivoques contre l'honneur & la réputation de la Dauphine, sans lui-même en punir l'auteur, qui en étoit connu, & qui même, par le cours de la procedure, ne pouvoit se justifier ? Le Dauphin de son côté, ne devoit-il pas mettre tout en œuvre pour obtenir la punition des coupables ? On en vint cependant, quoique long-temps après, à des infor-

_____

(a) Huitiéme Compte de Jean de Xaincoins, dans les Recueils de M. l'Abbé Le Grand.

mations qui allerent (a) affez loin, puifque
la Reine fouffrit d'être interrogée. Mais la
procedure ne fut pas fuivie, quoiqu'on vît
bien que de Tillay n'étoit pas innocent &
qu'on fût perfuadé qu'il avoit parlé d'une
maniere indécente & même criminelle, dès
qu'il s'agit de l'honneur & de la vertu des
Princeffes & des Dames de la Cour. Tillay
devoit donc être puni. On fent bien que
la feule indolence de Charles VII rendoit
cet homme encore plus impudent, & lui
donnoit lieu de fe faire craindre. Le Roy
même porta la foibleffe plus loin; il exila
les Seigneurs qui vouloient tirer vengeance
d'une infulte faite au Dauphin en la perfonne de la Princeffe fon époufe.

La Cour partit de Châlons & fe rendit
à Sens, où le Dauphin n'eut pas moins de
chagrins pour des foupcons bien ou mal fon-
dés & pour des conteftations défagréables
entre lui & les Miniftres, aufquels le Roy fe
livroit trop aveuglément. Il fuffifoit même
que Charles fe laifsât gouverner par ceux
aufquels il devoit commander en maître, pour
donner lieu à de perpétuelles cabales. Chacun s'empreffoit à perdre celui qui étoit le

(b) Voyez les informations dans le Recueil des
Pieces de M. Duclos, p. 26, 40 & fuivantes.

plus en faveur ; chacun vouloit dans ces occafions, qui ne font que trop éclater la foibleffe du Prince, avoir la fatisfaction de le
gouverner feul. Les affaires s'aigriffoient
donc à la Cour, & le Dauphin ne put s'empêcher de témoigner fon mécontentement.
Il chercha même à fe faire un parti, pour
mettre le Roy hors de tutelle. Il en fit con-
fidence au Comte de Dammartin, qui revenoit de Savoye, où il avoit été envoyé pour
les affaires du Dauphiné. Dammartin, foit par
jaloufie contre les favoris du Dauphin, foit par
amour de fon devoir, fe crut obligé de tout
découvrir au Roy, & donna fa dépofition devant le Chancelier Guillaume Jouvenel des Urfins : elle fut écrite par Adam Rolland (a), Secretaire du Roy. Et s'il eft vrai que le projet
fût de fe rendre maître de la perfonne de
Charles, le Dauphin n'étoit pas excufable,
& Dammartin avoit raifon de faire connoître
un deffein fi pernicieux & fi préjudiciable
au Souverain.

Louis qui vit manquer une entreprife auffi
éclatante, ne pouvoit plus demeurer agréablement à la Cour, & il en feroit forti s'il
n'eût pas cru qu'il étoit de fon devoir d'affif-

(a) Voyez cette dépofition dans le Recueil des
Pieces de M. Duclos, p. 61.

ter aux couches de la Reine, qui étoit dans le septiéme mois de sa grossesse : en effet elle accoucha d'un fils le 28 Décembre 1446. C'est Charles de France, Duc de Berry & de Guyenne, fort connu sous ce Regne. Et soit de son plein gré, soit par l'ordonnance du Roy, le Dauphin partit pour le Dauphiné avec tous ceux qui lui étoient attachés, & qui formoient une Cour trop nombreuse pour le revenu qu'il avoit.

Dès que Louis fut arrivé dans le Dauphiné, il fit assembler les Etats de la Province, & par la bouche d'Yves de Scepeaux, son Chancelier, il demanda un don gratuit (a), qui lui fut accordé, de la somme de quarante-cinq mille florins, sans néanmoins que ce présent, qui se donnoit de plein gré & volontairement pour la joyeuse entrée du Dauphin, pût préjudicier aux privilèges & immunités de la Province : ce qui continua sur le même pied & avec les mêmes clauses jusques à la derniere année de son séjour en Dauphiné, & que les Etats l'augmenterent, & par cette générosité suppléerent à la diminution que ce Prince souffroit dans ses reve-

(a) Premier Compte de Nicolas Erland, Receveur général de Dauphiné, dans les Recueils de M. l'Abbé Le Grand.

nus qui étoient en France. De fon côté le Dauphin ufa d'un retour généreux envers la Province, & la maintint dans tous les privilèges qui leur avoient été accordés par leurs anciens Souverains. La fageffe de fon gouvernement ne lui procura pas moins d'eftime & de réputation que l'avoit fait fon courage. Il voulut prendre connoiffance de tout ; & pour prévenir les abus, il fe forma à cet efprit de détail qu'il conferva toute fa vie. Les principales Puiffances de l'Europe s'emprefferent de lui demander fon amitié. Il n'y eut pas même jufqu'aux Gènois qui recher-cherent fa protection. Cette République fatiguée & prefque détruite par les étranges révolutions qu'elle éprouva ; tantôt jettée dans le précipice & tantôt élevée au comble de la profperité, crut ne pouvoir mieux fixer fa fituation qu'en fe (a) foumettant au Dauphin. Mais les Miniftres de Charles VII jaloux de l'eftime que les Peuples, même les Etrangers, ne pouvoient refufer à ce Prince, empêcherent qu'il ne paffât en Italie; & ils aimerent mieux voir périr, pour ainfi dire, la République de Gènes que de la fe-courir par le moyen d'un Prince qui leur étoit

(a) Mémoire manufcrit original, dans les Recueils de M. l'Abbé Le Grand.

en but. Cette jaloufie du Miniftere ne fervoit qu'à prouver la foibleffe de Charles VII
& à augmenter la gloire du Dauphin, &
ce jeune Prince étoit alors attentif à ne perdre
aucune occafion de la mériter.

Louis pénetré d'un grand refpect pour le
faint Siege avoit reçu des Papes toute la reconnoiffance qu'un Prince Chrétien en peut
raifonnablement attendre. Le Chef de l'Eglife
exact à fe maintenir dans d'intimes liaifons
avec tous les Souverains, lui en avoit donné
des marques. Dès l'an 1445 Eugene IV l'a-
voit (a) fait Gonfalonier, c'eft-à-dire Géne-
raliffime ou Défenfeur armé de l'Eglife, &
avoit mis le Comtat Venaiffin fous fa protection. Ce Pape mourut le 23 Février 1447,
lorfque le Dauphin étoit le plus occupé du
gouvernement de fes Etats. Nicolas V qui
lui fucceda le 6 Mars fuivant, écrivit d'abord
à ce Prince, pour lui faire part de fon élé-
vation, & Louis envoya pour Ambaffadeur
à Rome le célebre Jurifconfulte Guy-Pape,
dont la pofterité fubfifte dans les Marquis
de S. Auban, & dont les Ouvrages (b)

(a) Bulle d'Eugene IV du 26 May 1445.
(b) Il ne mourut qu'en 1487 dans une grande vieilleffe. Voyez Pancirole au *Livre de claris Legum Interpre-*
tibus, in-4. p. 470.

font encore aujourd'hui très-eftimés dans la Jurifprudence. Le nouveau Pontife auffi attentif, mais moins vif que fon prédeceffeur, s'appliqua uniquement à pacifier les troubles de l'Italie & à déraciner un refte de fchifme, auquel les dernieres féances du Concile de Bafle avoient donné lieu. Amedée VIII Duc de Savoye y avoit été élu Pape au mois de Novembre 1439, fous le nom de Felix V. Le nouveau Pontife s'adreffa au Roy Charles VII & au Dauphin, pour les prier d'employer toute leur autorité & tout leur zèle pour pacifier l'Eglife. Les Prélats de France étoient alors affemblés à Bourges. L'Electeur de Treves s'y trouva, & il promit au nom de l'Electeur de Cologne & de Saxe, & du Duc de Baviere, de s'en tenir à tout ce que le Roy & le Dauphin feroient pour le bien & l'utilité de l'Eglife. Ils avoient déja parole du Duc Louis de Savoye, que fon pere Felix acquiefceroit à tout ce que l'un & l'autre jugeroient le plus avantageux. Le Roy donc & le Dauphin envoyerent (a) leurs Ambaffadeurs vers l'Antipape Felix, qui n'avoit été reconnu que dans les Etats qu'il avoit remis à fon fils, & dans quelques parties de

(a) Minute originale, dans les Recueils de M. l'Abbé Le Grand.

l'Allemagne.

l'Allemagne. Il ne fit pas difficulté de renoncer à fon élection pour donner la paix à
l'Eglife. Quelque facilité que Felix appor-
tât, il fallut du tems pour en regler les conditions. On s'affembla d'abord à Lyon, puis
à Geneve, où Felix abdiqua ; & fi l'on en
croit Chorier (a), le Dauphin fe rendit caution de l'accompliffement des promeffes faites
de part & d'autre. Ainfi on peut dire qu'il
eut prefque tout l'honneur de cet accommodement. Felix n'avoit rien de cette ambition
aigre & fans bornes qui avoit caractérifé tous
les autres Antipapes. Il confervoit toujours
dans l'efprit les vrais principes du Chriftia-
nifme , & dans le cœur cet amour de la
paix qui convient à une ame Chrétienne, &
qui lui a merité de juftes éloges jufques dans
ces derniers (b) tems. Cependant malgré les
bonnes intentions des Chefs, l'affaire ne put
être terminée que le 7 Avril 1449, après
deux ans de négociation , & Felix mourut

(a) Voyez Chorier en fon Hiftoire de Dauphiné.
(b) Voyez le Livre intitulé : « Amedeus pacificus ,
» five de Eugenii IV, & Amedei Sabaudiæ Ducis , Fe-
» licis V Papæ nuncupati controverfiis, à Petro Monod,
» Societatis Jefu , in-4. Taurini 1624 , & in-8. Paris ,
1626 ». On fait dans ce Livre l'éloge de la moderation
de l'Antipape Felix V.

Tome X. C

chrétiennement en 1451 , heureux d'avoir trouvé dans son caractere assez de douceur pour mettre fin au dernier schisme qu'il y ait eû dans l'Eglise.

Dans tous ces mouvemens qui ne tendoient qu'au rétablissement de l'ordre public , le Dauphin eut une affaire fâcheuse qui pouvoit aigrir contre lui l'esprit soupçonneux de Charles VII & de son Ministere. Un homme connu par cette seule aventure , c'étoit Guillaume Mariette (a) crut se rendre nécessaire en fomentant les inquiétudes de ceux qui avoient le maniement des affaires ; il s'imaginoit tirer quelque avantage des désordres qu'il alloit causer. Il se porta donc pour délateur du Dauphin & se rendit à la Cour. Il s'ouvrit d'abord à Pierre de Brézé, alors Sénechal de Poitou, qui n'aimoit pas, dit-on, ce Prince, cu, si l'on veut, qui n'en étoit pas aimé. Mariette lui marqua que Louis se préparoit à revenir auprès du Roy son pere pour chasser tous les Ministres & les Favoris ; en quoi il devoit être assisté par le Duc de Bourgogne. Le délateur ne donnoit aucunes preuves de ce qu'il avançoit, & Brézé le renvoya en Dauphiné pour avoir des éclaircissemens sur

(a) Rémission accordée à Pierre de Brezé , dans la Recueil de Pieces publiées par M. Duclos, p. 74.

son accusation. Mais il lui ordonna de prendre garde de rien avancer qui ne fût très-véritable. Mariette après avoir été en Dauphiné, retourna vers Brézé & l'assura que l'entreprise alloit être exécutée, & qu'il étoit absolument nécessaire d'en avertir le Roy. Brézé fit plusieurs questions à Mariette ; mais peu satisfait de ses réponses, il refusa d'en parler au Roy. Il dit à cet homme que l'affaire étoit assez importante pour que lui-même se présentât à Charles VII & qu'il n'avoit besoin de personne pour s'y introduire ; mais ayez soin, dit Brézé, de ne me citer en rien. Mariette poussa donc l'impudence jusqu'a se présenter au Roy, & croiant lui faire plaisir il chargea extrêmement le Dauphin & presque tous les Princes du Sang ; &, selon ce dénonciateur, Louis en vouloit sur-tout à Brézé qu'il haïssoit à la mort, à ce qu'il prétendoit. Le coupable se décèle toujours par quelque endroit ; ce fut cette derniere circonstance qui fit naître de justes soupçons contre Mariette. Brézé assura que le Dauphin lui avoit plus d'une fois témoigné, & même avec serment, qu'il ne lui restoit aucun mécontentement contre lui, & soutint qu'il ne croioit pas le Dauphin assez perfide pour avoir fait un faux serment.

C a

Mariette alla pour la seconde fois en Dauphiné, où sur le champ il fut arrêté & conduit prisonnier à la Côte Saint-André, d'où il fut transferé à Saint-Estienne de Juher. Il y tomba malade ; mais le Dauphin, qui appréhendoit qu'il ne mourût avant l'entiere conviction de ses calomnies, en fit prendre un soin extraordinaire. Ce Miserable, quoique gardé à vûe, ne laissa pas de se sauver ; mais heureusement on le reprit. Il fut mené à Lyon, où le Parlement de Paris envoya des Commissaires pour instruire cette affaire, d'autant plus importante qu'elle regardoit les deux premieres personnes de l'Etat. Enfin Mariette fut conduit à Paris & confronté avec Brezé, & on le condamna comme calomniateur à perdre la tête ; punition trop legere pour un si grand crime. Mais Brézé lui-même fut obligé de prendre une rémission, pour n'avoir pas découvert dès le commencement ce prétendu crime, tant on a toujours été persuadé que celui qui sçait une trahison contre le Roy ou l'Etat, est criminel dès qu'il ne la releve pas. Le coupable fut donc puni mais les soupçons ne furent pas dissipés. Ils produisirent même cette méfiance continuelle qu'il y eut entre Charles & le Dauphin son fils ; méfiance peu séante, qui les empêcha néanmoins de se réunir.

Le Dauphin débarrassé d'une affaire épineuse & desagréable, se rendit tout entier au détail du Dauphiné. Les Evêques de la Province avoient de tems immémorial usurpé beaucoup de biens & de droits qui appartenoient originairement aux Dauphins ; mais comme il n'y a point de prescription contre le Souverain, Louis les fit revenir à son domaine, qui par-là devint plus considérable. Cependant il n'en fut pas moins attaché à l'Eglise, & les Evêques de leur côté ne furent pas moins fideles à leur devoir & soumis au Prince. On ne laissa pas de le lui reprocher dans la suite. Louis crut que pour sa propre tranquillité, il lui étoit avantageux de contracter une alliance avec le Duc de Savoye, trop voisin du Dauphiné, pour que les anciennes querelles ne se renouvellassent pas de tems en tems. Ce fut même, suivant le traité, une alliance perpetuelle entre eux, leurs hoirs & successeurs, qui fut signée à Briançon le 2 Août 1449, avec promesse de s'assister mutuellement envers & contre tous. Le Dauphin néanmoins en excepta, comme il devoit, le Roi son pere & les Princes du Sang de France ; comme le Duc

C 3

de Savoye fit les mêmes réserves, tant pour l'Antipape Felix son pere, que pour le Duc de Bourgogne & les Bernois. Ils s'engageoient même par serment & par la foi de leur corps, c'estoit le style du tems, de s'aimer & cherir mutuellement, & de s'avertir des entreprises qu'on voudroit faire contre l'un des deux, dès qu'ils en auroient connoissance : la liberté du commerce entre leurs sujets y fut stipulée, avec promesse de réparer les pertes qu'on auroit faites de part ou d'autre, sur les plaintes qui en seroient portées par les parties intéressées ; enfin on y prit toutes les mesures que des gens prudens, qui paroissent se vouloir aimer, peuvent prendre pour se reconcilier & se joindre mutuellement. Croiroit-on cependant que malgré tant de sages précautions & les flateuses espérances d'une paix perpétuelle & d'une éternelle union, l'année suivante ne se passa point sans altération entre ces deux Princes, & l'alliance pensa être rompue. Le Dauphin avoit ordonné de saisir tous les biens de Dauphiné qui appartenoient aux sujets de Savoye, ce qui fut ponctuellement executé ; mais l'affaire fut accommodée.

Le desir d'étendre son autorité porta le

Dauphin à écouter plutôt son (a) ambition que les regles de la prudence. Le Roy fit la même année la conquête de la Normandie, d'où il chaffa les Anglois; Louis hafarda d'en demander le Gouvernement, fous prétexte que cette Province avoit befoin d'une perfonne d'autorité pour la contenir & la garder, fi les Anglois fe préfentoient pour l'attaquer. Cette démarche outra le Roi de colere : & fi Louis fe fût trouvé dans les mêmes circonftances où il étoit avec le Roi fon pere, l'eut-il fouffert dans fon propre fils ? N'étoit-ce pas infinuer que Charles n'avoit ni affez de pouvoir, ni affez de crédit pour conferver une Province, qu'il avoit eu le courage de conquérir ? Malgré ce refus Louis ne laiffa pas de retomber l'année fuivante dans la même faute, en demandant au Roi la permiffion de faire à fes dépens la conquête de la Guyenne fur les Anglois, pourvû que Charles voulût lui ceder cette Province. Le Dauphin étoit-il en état de faire les frais de cette conquête ? Où en auroit-il trouvé le fond, lui qui en cherchoit continuellement de nouveaux pour vivre &

(a) Thomas Bazin, Hiftoire manufcrite de Louis XI, dans la Bibliotheque de S. Victor.

pour faire subsister une Cour qui l'environnoit, & qui avoit tout abandonné pour suivre sa fortune ? D'ailleurs pouvoit-il ignorer que les Favoris & les Ministres qui gouvernoient alors, ne lui fussent entiérement opposés, & qu'ils auroient mieux aimé voir éternellement la Guyenne entre les mains des Anglois, qu'en celles du Dauphin, & lui donner lieu par-là d'augmenter sa gloire & son autorité.

Le Dauphin étoit veuf depuis plusieurs années, & il paroissoit nécessaire, tant pour lui que pour le bien de l'Etat, qu'il eût des fils. Il pensa (a) donc à se marier. Il en écrivit au Roy, moins pour obtenir son consentement, comme il y étoit obligé, que pour lui faire part de la résolution qu'il avoit prise d'épouser une fille de Savoye. Toutes les conventions en étoient reglées, & ce fut envain que le Roy envoya un Héraut (b) à Chamberry pour s'y opposer, la cérémonie s'en fit le jour même que le Héraut présenta ou fit présenter ses lettres au Duc de Savoye. Ce fut le dixieme jour de Mars 1451.

(a) MSS. de Menars, dans les Recueils de M. l'Abbé Le Grand.

(b) Voyez le Procès-verbal du Roi d'armes, Normandie, dans le Recueil de Pieces de M. Duclos.

Le Duc en écrivit (a) au Roy, non pour s'excuſer, mais pour faire connoître que le Légat du Saint-Siege l'avoit aſſuré, en préſence même de ſon Conſeil, que Charles y avoit donné ſon conſentement, & que le mariage s'étoit accompli en conſéquence. Louis reſta peu en Savoye aprés la concluſion de ſon mariage : il donna ſeulement Procuration à l'un de ſes Officiers pour recevoir les deux cens mille écus d'or ſtipulés pour la dot de la Princeſſe Charlotte de Savoye. Guichenon (b) Hiſtorien célèbre, n'étoit pas bien informé, lorſqu'il aſſure que le Duc de Savoye paya comptant toute cette ſomme. Le premier payement, qui ſe fit au tems des nôces, ne fut que de quinze mille écus ; & le Dauphin en diſtribua plus de trois mille à ceux ou celles qui eurent l'honneur d'accompagner la Dauphine juſqu'à la Côte S. André, d'où elle retourna pour quelque tems en Savoye avec ſon pere. Les autres payemens furent plus forts, auſſi le Dauphin fit-il de plus grandes largeſſes. Les liberalités de ce Prince le mettoient ſouvent dans la néceſſité d'em-

(b) Lettre du Duc de Savoye, dans le même Recueil, p. 89.

(b) Voyez Samuel Guichenon, Hiſtoire généalogique de la Maiſon de Savoye.

prunter & de tirer de ſes ſujets plus qu'ils ne pouvoient payer.

Les cérémonies du mariage furent à peine terminées que Louis ſe livra plus que jamais aux affaires. Sa premiere attention ſe porta ſur les monnoies, nerf eſſentiel de toutes les entrepriſes. Il donna cours dans le Dauphiné à toutes celles des Princes étrangers ; fit fabriquer des eſpeces de billon, hauſſa le prix du marc d'or & d'argent, chercha tous les moyens de faire fleurir le Commerce. Il abolit ſur-tout cet abus invéteré des guerres particulieres des Gentils-hommes les uns contre les autres ; imitation ou reſte de ces guerres fatales que les grands Vaſſaux ne ſe déclaroient que trop ſouvent les uns aux autres ou à leur Souverain. On pouvoit dire alors qu'être voiſin d'un Gentil-homme, c'étoit avoir un ennemi contre lequel une ſage précaution demandoit d'être toujours armé. Cet uſage, qui a donné lieu à tant de Romans de Chevalerie, s'étoit conſervé en Dauphiné ; & la Nobleſſe le regardoit comme un de ſes plus beaux privileges. C'étoit permettre la vengeance publique de particulier à particulier ; c'étoit autoriſer le crime & l'homicide. Le Dauphin cependant vint à bout de mettre fin à cette fureur, tant

PREFACE. # *PREFACE.* 43

qu'il fut dans le Dauphiné ; mais elle ne tarda point à se réveiller aussi-tôt aprés sa retraite en Brabant.

La méfiance entre Charles & son fils augmenta l'an 1452, jusques à priver ce dernier de plusieurs domaines qu'il avoit en France. Louis fit faire d'inutiles remontrances ; il fallut plier sous la volonté du Roy, qui rendit au Comte d'Armagnac les Châtellenies de Rouergue , dont il avoit donné la confiscation au Dauphin. Louis fit plus : il avoit acheté la Seigneurie de Beaucaire de la Dame de Severac ; il voulut bien, pour s'accommoder au tems, en faire don au Comte d'Armagnac. Il paroissoit par le premier transport, qui est du 3 de Juillet, que c'étoit gratuitement & généreusement ; mais par un contrat du 8 Novembre, il fut reglé que le Comte payeroit au Dauphin vingt-deux mille écus d'or. Cependant, malgré tant d'égards & de condescendance, la colere du Roy contre son fils ne s'appaisoit pas (a) graces aux Favoris & aux Ministres. Il paroissoit même que Charles lui vouloit déclarer la guerre. Le Dauphin avoit d'autant plus lieu de croire

(a) MSS. de M. de la Mare, dans les Recueils de M. l'Abbé Le Grand.

que les troupes qui avançoient vers Lyon étoient deſtinées contre lui, qu'il étoit informé que ſon pere ne ſe prétoit que trop aiſément aux mauvais offices qu'on lui rendoit. Louis dépêcha Gabriel de Bernes, ſon Maître-d'Hôtel, qui trouva le Roy à la Palice en Bourbonnois. Cet envoyé repréſenta que ſon Maître étoit averti que le Roy marchoit contre lui, dans la réſolution de le chaſſer du Dauphiné, de lui faire ſon procès, & même de le priver de tous les droits qu'il avoit à la Couronne. Le Roy reçut Bernes avec bonté & lui marqua que ſon fils étoit mal informé du ſujet de ſon voyage; qu'à la vérité il avoit reçu dans ſa route beaucoup de plaintes de ſon mauvais gouvernement, & s'il ne ſe corrigeoit, il ſe croyoit obligé & comme pere & comme Roy d'aſſembler les Seigneurs du Sang & pluſieurs autres pour y pourvoir. Louis ne fut pas content de cette réponſe; & peu de jours après il fit partir Bernes pour la ſeconde fois avec de nouvelles inſtructions. Il prioit le Roy d'envoyer en Dauphiné ou un Seigneur du Sang ou quelque perſonne diſtinguée, pour s'informer exactement de ce qui ſe paſſoit dans cette Province. Bernes qui vit que la réponſe du Roy étoit toujours la même, s'hazarda de dire,

que fi le Dauphin étoit pouffé à l'extremité,
il prendroit le parti de fortir du Royaume.

Cette parole obligea Charles de depêcher
Jean de Jambes Seigneur de Montforeau,
pour aller vers le Dauphin, qui le reçut
très-gracieufement & lui dit qu'il étoit prêt
d'obéir au Roy fon pere, qu'il le fupplioit
néanmoins de ne le pas obliger à l'aller
trouver. Il fçavoit à quel point on l'avoit
prévenu contre lui ; d'ailleurs il lui avoua
qu'il avoit fait quelques vœux, dont il vouloit s'acquitter avant tout. Il régala Montforeau le mieux qu'il lui fut poffible, & renvoya
Bernes avec lui pour lui rapporter la réponfe
du Roy. Charles fut content de la maniere
dont Monforeau avoit été reçu ; mais il ne
put goûter ce caractere de défiance & ce
refus opiniâtre que faifoit fon fils de le venir
trouver. Cependant, fans s'expliquer nettement fur cet article, il repondit à Bernes
qu'il enverroit vers le Dauphin quelqu'un de
fon Confeil, pour lui faire fçavoir fa volonté.
Louis auffi peu fatisfait de cette réponfe que
le Roy l'avoit été des propofitions de fon
fils, obligea Bernes d'écrire à Montforeau
que pour toute grace il ne demandoit que
deux chofes à fon pere, l'une, de ne lui pas
ordonner de fe rendre auprès de lui par le

peu de fûreté qu'il y voyoit; l'autre, de ne pas exiger qu'il chaffât aucun des Officiers qui lui étoient attachés.

Sur ces lettres le Roy affembla fon Confeil, qui fut d'avis qu'on envoyât vers le Dauphin quelques perfonnes de confiance; & fur l'heure on dépêcha Jean d'Eftouteville, Seigneur de Torcy, Maître des Arbalêtriers, accompagné néanmoins du même Montfo-reau. Leurs inftructions portoient que le Roy, comme trés-Chrétien, vouloit que le Dauphin réparât ce qu'il pouvoit avoir fait contre les droits de l'Eglife, dont le Saint-Siege étoit mécontent; qu'il laiffât jouir Jean du Châtel de l'Archevêché de Vienne, dont il avoit été pourvû par le Pape, fur la dé-miffion du dernier Archevêque; qu'il remît à l'Eglife de Lyon les Places du Dauphiné, dont il s'étoit rendu maiftre. Charles y ajou-toit qu'il eût à renvoyer tous ceux qui fous prétexte de mécontentemens, abandonne-roient le fervice de France pour fe retirer auprès de lui. Il exigeoit même qu'il ne fouffrît dans le Dauphiné aucuns malfaiteurs ou autres qui pourroient lui déplaire; enfin il marqua que touché des raifons que Mont-foreau lui avoit dites de fa part, il ne l'o-bligeroit pas de le venir trouver; & que fi

Louis s'appliquoit à se conformer aux bons exemples que lui avoient donné ses prédécesseurs, il oublieroit tout ce qui s'étoit passé & rendroit son amitié à son fils.

Torcy & Montsoreau ne pûrent s'empêcher de témoigner au Roy la satisfaction que leur avoit fait le Dauphin. Ils furent suivis par Jean de Montemagno, Archevêque d'Embrun, par Guillaume de Courcillon, Bailly du bas Dauphiné, par Bernes, & par Jean Fautrier, chargés de la réponse de Louis. Il remercioit le Roy non-seulement d'avoir dépêché vers lui Torcy & Montsoreau, mais encore de lui avoir accordé les deux points de ses demandes, dont il étoit le plus touché, & l'assuroit de son exactitude à lui obéir & à le servir. A ce témoignage de reconnoissance il ajoute une protestation fort sage ; qu'humble enfant de l'Eglise il seroit fâché de rien faire qui pût déplaire au Pape ; mais que si, contre sa volonté, cela étoit arrivé, il offroit de le reparer : qu'il osoit assurer néanmoins qu'on n'avoit pas rapporté fidellement la contestation sur l'Archevêché de Vienne ; que le Saint-Siege lui avoit accordé la réserve de cet Archevêché par Bulles & par Brefs dont il étoit muni : mais que par respect pour le Roy son pere, il étoit prêt de

se soumettre au Jugement du Cardinal d'Estouteville, tant sur le fait de cet Archevêché
que sur toutes les autres matieres Ecclésias-
tiques. Il fit connoître son étonnement sur
ce qu'on lui faisoit un crime de retirer &
d'assister d'anciens serviteurs du Roy ; par-là
il voyoit que l'avenir ne lui seroit pas plus
favorable que le passé, puisqu'il auroit toujours les mêmes ennemis à combattre : mais
qu'une troisiéme & derniere grace qu'il demandoit avec instance, étoit de ne le pas
condamner sans l'entendre; & pour la mériter
il promettoit que désormais il ne recevroit aucune personne de celles qui ne seroient point
agréables à son pere. D'ailleurs il remercie le
Roy des bons avis qu'il lui donne, & lui
proteste qu'il aimeroit mieux mourir que de
ne pas vivre honorablement, enfin que s'il
lui a déplu en quelque chose il lui en demande pardon & l'assure qu'il n'a rien plus
à cœur que de le servir, lui complaire &
lui obéir.

Ces soumissions, toutes respectueuses qu'elles
étoient, ne satisfirent point le Roy : il trouvoit que le Dauphin ne s'expliquoit qu'en
termes généraux : ce fut aussi le sentiment
de presque tout le Conseil, dont il voulut
avoir les avis avant que de répondre aux
Envoyés

Envoyés de fon fils. Il leur dit donc, Louis ne répond clairement à aucun des articles que nous lui avons envoyés par les Seigneurs de Torcy & de Montforeau ; mais pour vous expedier, nous vous ferons délivrer par écrit notre réponfe, dont voici la fubftance. Que la volonté du Roy eft que fans aucun retard il accorde la main levée des biens faifis fur l'Eglife de Lyon ou qui en dépendent : que pour les Eglifes de Dauphiné & pour celles des Comtés de Valentinois & de Diois, auffi bien que fur les plaintes que font ceux d'A-vignon & du Comté Venaiffin, il fouhaite que Louis s'en tienne à ce qui fera decidé par le Cardinal d'Eftouteville ou par fes Dé-legués, conjointement avec les Commiffaires du Roy, ou par ces derniers feuls, au cas que le Cardinal refufe de s'en mêler. Et pour les au-tres chefs, il prétend que le Dauphin s'expli-que d'une maniere plus nette & plus précife.

La lenteur du Confeil à répondre aux En-voyés du Dauphin, le jetta dans de fi vives allarmes, qu'il donna ordre d'acheter des armes ; & pour engager la Nobleffe de la Pro-vince à le fervir fidellement, il confirma fes anciens Privileges (a) & lui en accorda de

(a) Mémoire original, dans les Recueils de M. l'Abbé Grand.

Tome X.   **D**

nouveaux. Il promit à ceux qui se rendroient auprès de lui de leur remettre ce qu'ils pouvoient lui devoir pour les droits qui lui étoient dûs, aussi-bien que les amendes ausquelles ils auroient été condamnés, & même de prolonger de trois années le terme du rachat des biens par eux aliénés. Ces graces attirèrent auprès de lui plusieurs Gentils-hommes, qu'il distribua par Compagnies sous des Capitaines expérimentés qu'il leur donna.

Tout se disposoit à une guerre civile d'autant plus fâcheuse qu'elle devoit être entre le pere & le fils, entre le Roy & le présomptif héritier de la Couronne : mais tout se dissipa, tout fut pacifié par la nouvelle que Charles reçût, lorsqu'il étoit encore dans le Forêt, que le Général Talbot à la tête (a) de quatre à cinq mille Anglois étoit descendu dans le Pays de Medoc, & que les habitans de Bordeaux lui avoient ouvert leurs portes. Le Dauphin eût la même nouvelle, & comme il étoit armé, il envoya ou le Bâtard de Poitiers, ou le Sieur de Barry, l'un de ses Chambellans, ou peut-être tous les deux, offrir ses services au Roy pour chasser les Anglois, s'il vouloit bien lui en

(a) Mémoire manuscrit, dans les Recueils de M. l'Abbé Le Grand.

donner la commiſſion. Le Roy leur répondit, comme il avoit déja fait (a), que les Provinces de Normandie & de Guyenne avoient été conquiſes ſans lui ; & que les troupes qu'il avoit levées dans le Dauphiné n'avoient pas été deſtinées pour cette conquête ; & que s'il eût obéi, comme il devoit, ſes offres auroit été mieux reçûes. Cette réponſe ne ſervit qu'à réveiller les inquiétudes du Dauphin, qui en fit reſſentir les effets au Comte de Dunois, par lequel il crût avoir été deſſervi auprès du Roy ſon pere ; & pour l'en punir, il le priva de la Terre de Valbonnais, qu'il lui avoit donnée depuis près de dix ans, & la réunit à ſon Domaine. D'ailleurs Charles chaſſa les Anglois, & Talbot périt dans cette expedition, âgé de 80 ans.

La France fut aſſez heureuſe pour jouir de la paix, à la faveur des troubles qui s'éleverent en Italie, auſquels le Roy crut devoir prendre part. Louis profita de cette lueur de tranquillité pour regler la Province du Dauphiné ; après avoir publié pluſieurs Ordonnances ſur la maniere de rendre la Juſtice à ſes ſujets, il établit un Parlement au lieu du

(a) MSS. de la Marre, dans les Recueils de M. l'Abbé Le Grand.

D 2

Conseil Delphinal, créé par Humbert II, le
même qui fit don du Dauphiné à la Couronne, en 1343. Ce Parlement souffrit les
mêmes difficultés qu'avoit souffert autrefois
le Conseil auquel on le substituoit. Ainsi la
Commune ou la Justice Bourgeoise de Grenoble, aussi-bien que la Cour de Graisivau-
dan, s'en prétendirent exemptes. L'établissement ne laissa pas de se faire avec les
mêmes prérogatives qu'avoit eu le Conseil
Delphinal & avec les mêmes droits dont
jouissoient les autres Parlemens.

L'affaire de la Mouvance du Marquisat de
Saluces tombe dans cette année. Le Duc
de Savoye la vouloit usurper ; mais, après
bien des délais affectés de la part du Duc
pour prouver sa prétention, la possession en
resta au Dauphin, & par conséquent à la
Couronne de France, jusqu'en 1601, que
le Roy Henry IV l'échangea contre la
Bresse & le Bugey : cette contestation du
Dauphin avec le Duc de Savoye dégénera en
une espece de guerre, qui ne dura que trois
mois, après quoi Louis se rendit tout entier
au gouvernement du Dauphiné, & il établit
l'Université de Valence sur le même pied
que celles d'Orléans, de Montpellier & de
Toulouse ; établissement utile qu'il confirma

dès qu'il fut parvenu à la Couronne ; & en 1480 il lui donna les Greffes de la Cour des Confervations, avec pouvoir de les affermer & d'en employer les revenus pour l'entretien des Profeffeurs.

Le retranchement de la penfion du Dauphin, qui fe fit en 1455, diminua confidérablement fon revenu : le Don gratuit de la Province n'alla point cette année à la fomme de quarante-cinq mille florins ; cependant les inquiétudes continuelles qui agitoient ce Prince, l'obligeoient d'augmenter fes dépenfes. Pour y fuppléer, il fe vit contraint de mettre un nouvel impôt de deux livres par feu. Les peuples n'étoient point accoutumés à ces fubfides extraordinaires, ils fe plaignirent au Roy. Les Avocats furent les premiers qui fe prétendirent exempts par leur profeffion. Le mécontentement devint bientôt général ; Eccléfiaftiques, Nobles & Bourgeois, tous fe plaignirent au Roy & furent écoutés, au lieu que toute audience étoit refufée au Dauphin. Charles, pour intimider fon fils, fe rendit en Bourbonnois & de-là en Auvergne. Les plaintes ne furent qu'un prétexte, Louis le fentit & fit demander au Roy s'il vouloit qu'il fe rendît auprès de lui. Toute la réponfe qu'il reçût marquoit

D 3

qu'on ne lui ordonnoit ni de venir à la Cour,
ni de rester en Dauphiné ; que ce Prince
exigeoit trop de vouloir obliger le Roy de
renvoyer ses plus fidelles serviteurs, ceux-
mêmes qui l'avoient aidé dans la conquête
de son Royaume, qu'ils feroient gloire de
lui obéir s'il étoit auprès de lui : qu'il ne
voyoit pas pourquoi son fils refusoit de se
fier à sa parole, puisque ses plus grands ennemis y prenoient confiance ; que bientôt il
l'auroit s'il le vouloit avoir ; mais que quand
les Seigneurs du Sang & les Etats mêmes
s'assembleroient pour le faire revenir, il
aimeroit mieux que cela se fît malgré lui que
d'y consentir. Ce n'est plus ici la tendresse
d'un pere qui cherche à ramener un fils
égaré, c'est un maître irrité qui paroît ne
vouloir plus faire aucune grace.

Le Dauphin sentit vivement toute la suite
de cette résolution ; c'est ce qui l'engagea
à envoyer Courcillon (a) pour supplier le Roy
de lui pardonner ce qui lui avoit déplû dans
sa conduite : il ajoute que depuis long-tems
son état le fait souffrir, qu'il est impossible
que l'on n'ait pas fait d'étranges rapports
qui en même-tems ont donné au Roy de

(a) Instructions du Dauphin du 17 Avril, dans les
Recueils de M. Le Grand.

grands foupçons & caufé au Dauphin d'ex-
trêmes inquiétudes ; qu'il eft tems de diffi-
per tous ces nuages , qu'il prie fon pere de
vouloir être content de lui , puifqu'il n'a
d'autre deffein que de lui plaire , & que
dans la crainte qu'il a de laiffer échaper
quelque parole qui puiffe lui être défagréable
ou l'ennuyer , il le fupplie de nommer quelqu'un avec qui Courcillon puiffe s'expliquer
clairement & entrer dans tout le détail qu'exige
l'éclairciffement qu'il demande.

Courcillon n'eût pas l'honneur de voir le
Roy ; il ne parla qu'au Chancelier ; c'étoit
Guillaume Jouvenel des Urfins , que le Roy
nomma pour entendre ce qu'il avoit à pro-
pofer. Courcillon dit au Chancelier que le
Dauphin étoit prêt de faire tel ferment qu'il
plairoit au Roy, de le fervir envers & contre
tous ; de renoncer à toute autre alliance
qu'à celle de fon pere , & de n'en faire aucune fans fon aveu ; de ne jamais paffer le
Rhône , ni entrer dans le Royaume fans le
confentement du Roy ; enfin , que comme
il étoit perfuadé qu'il ne pouvoit être en fûreté à la Cour , après les faux rapports
qu'on avoit faits de lui , il le prie de lui
permettre de refter en Dauphiné avec
les ferviteurs qui lui étoient attachés. Le

D 4

Chancelier répondit, que quand le Dauphin feroit quelque demande, il s'employe-roit pour lui plus qu'il ne pouvoit esperer. Ainsi Courcillon, sans avoir l'honneur de voir le Roy, sans même être muni d'aucunes Lettres de sa part, fut obligé de retourner vers son Maître. Louis comprit par toute cette conduite qu'il n'y avoit plus de grace à espérer pour lui; il crût donc pendant quelque tems qu'il devoit faire des alliances pour se maintenir; il envoya ses principaux Officiers chez divers Princes & même jus-ques à Rome. Peut - être étoit - ce moins un dessein formé de se défendre, qu'une feinte pour donner le change à ses ennemis. Les négociations ne finirent pas de son côté, il renvoya Bernes vers le Roy avec Simon le Couvreur, Prieur des Célestins d'Avignon, homme habile dans l'art de manier les esprits; mais l'effet fut le même que dans les députa-tions précédentes. Enfin Louis crut devoir faire un dernier effort, & sur la fin du mois de May il renvoya ce même Prieur, qu'il fit accompagner par Courcillon & par Bernes; ils eurent leur audience le 8ᵉ jour de Juin. Ils remercièrent le Roy de la bonté qu'il avoit eue d'agréer les offres du Dauphin, ils l'assurèrent qu'il n'estoit rien que son fils ne tentât pour regagner & conferver fes bonnes graces : d'ailleurs c'étoient toujours les mêmes propofitions que Courcillon avoit faites au Chancelier.

Le Roy exigea de plus amples éclairciffemens & un plus grand détail. Alors Courcillon & le Couvreur le fupplièrent très-inftamment de ne pas obliger le Dauphin de fe rendre à la Cour, ni de fe défaire de fes ferviteurs. Charles pour leur repondre commença par une maxime générale, qu'il fouhaitoit que le Dauphin exécutât ce qu'un fils fage & raifonnable doit faire à l'égard de fon pere ; qu'alors de fon côté il accompliroit ce qu'il doit à un fils obéiffant. Mais que la propofition de Louis, de fe foumettre & d'obeïr, ne s'accordoit pas avec les conditions qu'il y mettoit, de ne pas venir à la Cour, & de conferver des ferviteurs qui le conduifoient dans le précipice. Que depuis le premier voyage de Courcillon, il ne paroiffoit pas que le Dauphin voulût fincerement s'humilier, ni rien exécuter de ce qu'il promettoit. Que Courcillon dans un premier voyage avoit apporté deux inftructions, l'une fort fage, & l'autre qui contenoit des conditions non recevables ; qu'il avoit publié la premiere, mais qu'il s'étoit bien gardé de

faire connoître la seconde. Et quoiqu'il eût
reçu une réponse , dont il devoit être content, cependant le Dauphin écrivoit à plusieurs personnes , qu'il avoit offert de se soumettre ; mais que se voyant rebuté, il prioit les
Seigneurs du Sang, & les Grands du Royaume
d'employer leur crédit auprès du Roy , pour
en obtenir l'effet de ses demandes ; & qu'au
cas que le Roy persistât dans son refus, il
fut supplié de remettre à son Conseil les
griefs qu'il avoit contre son fils , & de mar-
quer les déplaisirs qu'il en avoit reçûs. Qu'il
esperoit se justifier de manière que toute la
Cour seroit contente. Par-là , continua le
Roy, on apperçoit bien que le Dauphin loin
de reconnoître ses fautes , prétend justifier
sa conduite passée , & faire croire que le
Roy seul avoit tort. Que même actuellement
il tomboit dans des contradictions évidentes ,
puisque d'un côté il le remercie de sa bonté ,
& de l'autre , il se plaint aux (a) Seigneurs
du Sang , des réponses dures qu'on lui a
faites ; qu'ainsi il est résolu de ne plus souffrir
auprès de son fils des personnes qui lui donnent des conseils si pernicieux. Qu'on pouvoit juger aisément si les craintes du Dauphin

(a) MSS. de Menars, vol. 762 , dans les Recueils de
M. l'Abbé Le Grand.

étoient bien fondées , & s'il avoit raison
d'appréhender la colère d'un père qui lui
tend les bras , lui qui dans tous les tems
avoit si généreusement pardonné à ses plus
grands ennemis.

Louis ne fut pas découragé par cette réponse,
que luy rapportèrent ses envoyés ; il fit incontinent retourner le même Prieur avec Gabriel
de Bernes , & fit glisser secrettement à la Cour
d'autres gens , mais sans caractère , tels furent
le Gardien des Cordeliers de Grenoble &
celui des Cordeliers de Moyran. Il fit enfin
ce que font la plûpart des hommes , lorsque
les secours humains leur manquent , il eut
recours au Ciel. Ce n'étoient de sa part que
vœux & qu'offrandes dans les Eglises & dans
les Chapelles distinguées par quelques dé-
votions particulières , tel est le Mont Saint-
Michel , Notre - Dame - de - Clery , Saint-Jac-
ques – de - Compostelles , Saint – Claude , &
quantité d'autres. Dès le mois de Mars il
avoit été lui-même en Pélerinage à la Sainte-
Baume où il s'étoit arrêté quelques jours.
Le Ciel fut sourd aux prières d'un fils inquiet & désobeissant : le Roy ne s'appaisa
point. Il y eut néanmoins (a) une difference

(a) Original en parchemin , dans les Recueils de
M. l'Abbé Le Grand.

entre cette dernière audience & les précédentes données à Courcillon : Charles voulut
que le Cardinal d'Avignon fe trouvât à celle-
ci. Le Pape Calixte III , follicité par le
Dauphin , cherchoit à rétablir l'union dans la
maifon Royale. Cette audience, qui fe donna
le 20 jour du mois d'Août 1456 , n'eût (a) pas
un fuccès plus favorable , que les autres ;
comme les inftructions étoient les mêmes, la
réponfe fut à peu près femblable : mais le
Roy y joignit une menace, que fi fon fils
ne fe foumettoit inceffamment , il alloit pro-
ceder contre ceux de fes Officiers qui lui
donnoient de mauvais confeils (*).

L'effet alloit fuivre de près. Le Comte de
Dammartin à la tête d'un corps de troupes,
n'attendoit que l'ordre du Roy pour entrer
en Dauphiné : il fçut que le Dauphin avoit
fait armer tous fes fujets de l'âge de dix-
huit ans & au-deffus : il étoit informé de
toutes les forces que ce Prince avoit raffem-
blées ; & par les avis qui lui venoient de
toutes parts , il apprit que la Nobleffe fe
déclareroit (b) pour le Roy , dès qu'il entre-

(a) MSS. de Menars , dans les Recueils de M. l'Abbé
Le Grand.
(*) Voyez le n°. 4 des Preuves de la Préface.
(b) Voyez fa Lettre du 19 Septembre au Recueil de

roît dans cette Province. Le bruit cependant
courut chez l'étranger, que le pere & le
fils s'étoient reconciliés. Le Duc de Bourgogne en écrivit au Roy pour lui témoigner
sa joye. Le Roy de Castille Henri IV, qui
eut la même nouvelle, en écrivit aussi &
s'avança vers les frontieres du Royaume,
pour mettre la dernière main à l'accommodement, au cas qu'il ne fût pas entierement
terminé; des affaires imprévûës rappellèrent
Henri au centre de ses Etats, & il se contenta
d'envoyer ses Ambassadeurs, pour travailler
à cette reconciliation. Mais toute médiation
devint inutile; Charles & son fils s'en tinrent tous deux, l'un aux propositions, &
l'autre aux réponses qu'ils avoient faites.
Ainsi dès que le Dauphin ne vouloit pas revenir à la Cour, il n'avoit que deux partis
à prendre, ou celui de la retraite, ou celui
de résister à son pere à main armée; crime
dont il se seroit chargé; exemple funeste
qu'il auroit donné à la postérité. Il préfera
donc le premier, en quoi dans son malheur
il est estimable.

Et comme ses inquiétudes le tenoient con-

M. Duclos, p. 132, tirée du Registre des Minutes communiqué par M. Baluze.

tinuellement fur fes gardes, il fut averti de l'arrivée de Dammartin, & de l'ordre qu'il avoit de l'arrêter, peut-être même ce Seigneur lui en fit-il fecrettement donner avis. Louis toujours foupçonneux, réfolut de tromper les Officiers de fa Maifon, il feignit une grande partie de chaffe ; la plûpart de fes gens allèrent au rendez-vous qu'il avoit donné. Mais au lieu de les fuivre, il quitte le Dauphiné lui feptiéme, traverfe le Bugey & le Valromey, alors de la domination de Savoye ; & après une marche très-difficile de quarante lieues, il arriva enfin à Saint-Claude, petite Ville de Franche-Comté. Son premier foin fut d'écrire (a) au Roy, & s'il avoit trompé fes Officiers par une prétenduë partie de chaffe, il cherche à tromper le Roy fon père, qui vraifemblablement ne le crut pas, lorfqu'il lui marque, qu'en qualité de Gonfalonier de l'Eglife, il defire à la réquifition du Pape, accompagner fon oncle le Duc de Bourgogne, qui avoit fait vœu d'aller contre le Turc. Il écrivit à peu près dans le même fens à tous les (b) Evêques de

(a) Voyez fa Lettre dans le Recueil de Pieces de M. Duclos, p. 125 ; elle eft tirée du vol. 6762 des MSS. de Bethune dans la Bibliothèque du Roy.

(b) La Lettre eft au même Recueil, p. 126.

France, & il leur demande le fecours de leurs prieres, tant pour le fuccès de cette pieufe entreprife, que pour obtenir du Ciel fa reconciliation. On ne remarque pas fans étonnement que le Dauphin aime mieux fe mettre entre les mains de Louis de Chalon, Prince d'Orange, & du Sieur de Blamont, Maréchal de Bourgogne fes plus grands ennemis, que de fe lier au Roy fon père.

A peine le Duc de Bourgogne fut informé que le Dauphin étoit arrivé à Saint-Claude, dans le deffein de fe rendre aux Pays-Bas, qu'il crût en devoir avertir (a) le Roy : & le Maréchal de Bourgogne fut chargé de conduire ce Prince en fûreté. Une marche de plus de quatre-vingt-dix lieues les obligea de traverfer avec beaucoup de difficultés toute la Franche-Comté, la Lorraine, les Trois Evêchés & le Luxembourg, pays de bois & de montagnes, pour fe rendre à Namur, à Louvain, & enfin à Bruxelles. Le Duc de Bourgogne étoit à Utrecht ; mais il écrivit à la Ducheffe fon époufe & au Comte de Charolois fon fils, pour leur ordonner de recevoir & de traiter le Dauphin comme le fils aîné de leur Souverain,

(a) Lettre de Philippe Duc de Bourgogne, du 15 Septembre, dans le Recueil de M. Duclos, p. 135.

& de lui rendre les refpects dûs à l'héritier
de la Couronne de France. Le Duc de
Bourgogne revint, & il ouit tranquillement
le récit que Louis lui fit de fes malheurs,
c'eft-à-dire, de fa fortie de la Cour du Roy
fon père, & de fa fuite hors du Dauphiné,
enfin de tous les perils qu'il avoit courus
dans fa retraite. Philippe ne crut pas devoir
approuver la conduite du Dauphin, pour
ne pas donner lieu au Comte de Charolois,
Prince d'un caractère dur & inquiet, d'imiter
de femblables excès : & pour ne pas affliger
Louis il évita de le blâmer. Il fe contenta
de lui dire qu'il pouvoit difpofer de fa perfonne & de fes biens ; qu'il feroit le maître
de tous fes pays, & qu'il pouvoit être affûré
qu'il l'affifteroit envers & contre tous, hormis
contre le Roy fon Souverain, à qui, pour
quoi que ce foit, il ne voudroit pas caufer
le moindre déplaifir.

Charles n'apprit qu'avec peine l'évafion
de fon fils ; & pour remedier aux défordres
que pouvoit caufer cette fuite, il écrivit une
lettre circulaire (a) en forme de manifefte.
Il eft trifte de voir un pere & un Roy contraint de parler & d'écrire auffi publique-

(a) Voyez la Lettre circulaire du Roy Charles VII,
dans le Recueil des Pièces de M. Duclos, p. 127.

ment

ment contre son fils. Si l'obstination de ce dernier étoit une faute, peut-on dire que le pere ne pechât point lui-même contre les régles de la prudence, & de la plus saine politique, de sacrifier, pour-ainsi-dire, son propre fils à ses Ministres & à ses favoris, au lieu que c'étoit à ceux-ci à se sacrifier eux-mêmes plutôt que de perdre l'héritier présomptif de la Couronne; mais l'intérêt particulier, c'est-à-dire, l'envie de dominer à la Cour, l'emporta sur l'interêt public & sur la tranquilité de l'Etat. La Province du Dauphiné ne fut pas moins allarmée, elle se voyoit abandonnée à la vengeance d'un père irrité. Mais Charles a soin de calmer les inquiétudes des peuples par la même lettre circulaire, où il marque les grands secours qu'il a reçus dans tous les tems des sujets de cette Province. Loin de les abandonner ou de chercher à les opprimer, il envoye, dit-il, à Lyon le Maréchal de Loheac, & le Sire de Bueil, Comte de Sancerre, Amiral de France, pour obvier aux inconveniens qui pourroient arriver, si quelque mal-intentionné vouloit faire aucune entreprise contre une Province qu'il veut soulager & consoler dans la triste situation où elle se trouve. Les Etats de Dauphiné

Tome X. E

furent convoqués pour le 15 Octobre ; les
peuples cependant n'étoient pas fans crainte,
ils apprirent que le Roy étoit arrivé à Lyon
avec une partie de fa Gendarmerie & un
grand train d'Artillerie. On lui députa donc
l'Evêque de Valence, pour lui repréfenter
que tant de troupes & ce grand appareil
de guerre alloient répandre la terreur dans
l'efprit des peuples, & qu'il n'y avoit pas
loin de la terreur au défefpoir, & du défefpoir à la révolte. Le Prélat s'expliqua
avec tant de force & de prudence, que
Charles fe contenta de mener fa garde avec
lui. Dès que le Roy fut arrivé à Vienne,
il manda le Confeil, & lui repéta ce qu'il
avoit deja marqué dans fa Lettre circulaire,
qu'il venoit uniquement pour prendre foin
d'un pays que le Dauphin avoit abandonné,
fans donner aucun ordre pour fa fûreté. On
prit la liberté de lui faire connoître que le
Prince fon fils avoit pourvû à tout, foit pour
des Gouverneurs capables de garder & maintenir la Province, foit par le Confeil, le
Parlement, & par tous les autres Officiers
néceffaires pour y faire obferver la police &
le bon ordre ; qu'ils apprehendoient que le
moindre changement qu'on y feroit n'aigrît
l'efprit des peuples, & ne caufât plus de

dommage que de profit. Charles perfista néanmoins dans fa réfolution ; fous prétexte que le Dauphin avoit fortifié quelques places, raffemblé des provifions de guerre & de bouche, & levé des troupes, qui pouvoient occafionner quelques troubles : mais on lui repréfenta que loin qu'il y eût à craindre, on étoit affûré de l'obéiffance & de la foumiffion des peuples, & on le fupplia de ne rien changer que fon fils n'en eût été averti. En effet, l'Evêque de Valence & Louis de Laval, Seigneur de Châtillon, écrivirent au Dauphin tout ce qui fe paffoit ; & Guillaume de Meulhon lui manda (a) que l'Evêque & le Confeil ont été trouver le Roy, qui leur a dit que jamais il n'avoit été plus affligé que quand il avoit appris que fon fils avoit quitté le Dauphiné ; qu'il ne s'en approchoit que pour lui tendre les bras, & l'affurer de fon affection, qu'il ne feroit aucun changement, & qu'il ne cherchoit qu'à pourvoir à la fûreté de la Province ; que la Nobleffe qui lui étoit toujours attachée, ne permettroit pas qu'on fît rien à fon préjudice.

Le Duc Philippe de Bourgongne ne perdoit pas de vûë la réconciliation de Charles avec

(a) Voyez fa Letttre dans les Recueils de M. l'Abbé Le Grand.

son fils, c'eſt ce qui l'obligea d'envoyer pour
Ambaſſadeurs, Jean de Croy, Grand Bailli
de Haynaut, Simon de Lalain, Seigneur de
Montigni, Jean de Cluni, Maître des Requêtes, & le Héraut, Toiſon d'Or. Ils partirent de Bruxelles à la fin du mois d'Octobre, & n'arrivèrent à Saint Saphorin d'Auzon,
que vers la fin du mois ſuivant. Ils préſen-
tèrent au Roy non-ſeulement les Lettres (a)
du Duc de Bourgogne, mais encore celles
du Dauphin, (b) qui lui marque ſon étonnement ſur les mauvais bruits que l'on avoit
fait courir, qu'il voulût défendre l'entrée du
Dauphiné à main armée, & que rien n'a jamais été plus éloigné de ſa penſée. Cluni
qui portoit la parole, fit connoître au Roy que
le Duc (c) ſon Maître ne pouvoit ſe diſpenſer
de recevoir avec honneur le fils aîné de France, & de lui rendre le reſpect juſtement dû
au premier Prince de la maiſon dont il étoit
ſorti lui-même. Il y a été d'autant plus engagé, qu'il a trouvé le Dauphin déſolé &
rempli de frayeur des dangers qu'il avoit
courus dans une longue traite ; qu'il eſt ſi

(a) Sa Lettre au Recueil de M. Duclos, p. 138.
(b) Voyez ſa Lettre au même Recueil, p. 139.
(c) Inſtruction des Ambaſſadeurs du Duc de Bourgogne, au même Recueil, p. 144, &c.

abbatu par la douleur, le chagrin, & par des
gemiffemens continuels, que le Roy n'auroit
pû s'empêcher d'en être touché. Le refus que
le Duc leur Maître lui auroit fait de l'entrée
de fes Etats, le couvriroit immanquablement
d'une tache, dont il ne pourroit fe laver
aux yeux des Seigneurs & du peuple François : refus qui auroit jetté ce jeune Prince
dans le défefpoir. Au lieu que dans l'azile
qu'il lui donne, il cherche à ramener fon efprit à fes véritables devoirs. C'eft ce qui porte
le Duc à fupplier le Roy avec humilité, de
préferer la pitié & la miféricorde paternelle
à la rigueur d'un Maître & d'un Roy irrité;
qu'il daigne oublier les chagrins & les dé-
plaifirs qu'il a reçûs d'un fils repentant, pour
lui rendre fes bonnes graces.

Le tems n'étoit pas encore venu où Charles
devoit reprendre les fentimens de la tendreffe
paternelle; il s'en tint à fes premieres ré-
ponfes. Le Dauphin perfifta toujours à demander grace; c'eft pourquoi il renvoya pour
la feconde fois, Croy & Montigny avec une
Lettre (a) plus foumife encore que toutes
celles qu'il avoit écrites jufqu'alors. Mais
l'inftruction qui accompagnoit la Lettre, le

(a) Lettre & inftruction du Dauphin, dans le Recueil
de M. Duclos, p. 154 & 156.

E 3

prenoit fur un autre ton. Louis y marquoit, que quoiqu'il n'eût point offensé le Roy, & que lui-même au contraire eût été lezé, il offroit néanmoins de demander pardon à fon père, & il exige en même tems la reftitution du Dauphiné & le rétabliffement de fa penfion de vingt-quatre mille livres. Il promet enfuite de pardonner aux Miniftres du Roy tout le mal qu'ils lui ont fait, s'ils veulent s'employer à fon entière réconciliation. Il marque enfin qu'il demandera pardon, ou par Lettres, ou par le moyen de la Dauphine fon époufe, ou même qu'il le fera en perfonne, & à genoux à celui que le Roy voudra bien commettre pour recevoir fes foumiffions en fon nom, & comme repréfentant fa perfonne. Le Roy ne fit aucune attention à cette ambaffade; la réconciliation paroiffoit s'éloigner, & les chofes fembloient s'aigrir, puifqu'une troifième ambaffade que le Duc de Bourgogne envoya au mois de Février fuivant, n'opéra pas plus que les autres : le Roy ajoûta même de nouveaux griefs à ceux qu'il avoit anciennement, puifque le Dauphin, outre fes plaintes réïterées contre le Roy fon père, en formoit auffi de nouvelles.

Louis, privé de toute efperance fe retira.

à Geneppe, petite ville du Brabant, que le Duc de Bourgogne lui avoit donnée pour sa demeure. C'étoit un lieu de retraite & de chasse. Il s'y livra, mais cependant il eut soin d'employer à la lecture des momens d'oisiveté, où il ne pouvoit prendre ce divertissement. Quelque prévention qu'on ait contre le Dauphin, on ne sçauroit s'empêcher de croire que la persécution ne fût grande, & que ses craintes ne dussent être bien fondées, puisque ce Prince qui étoit généreux, aimoit mieux être à la charge du Duc de Bourgogne, que de se rendre à la Cour du Roy son pere, où sa qualité de fils aîné & de présomptif héritier de la Couronne, le devoit faire honorer & respecter. Peut-être même le Dauphin se sentoit-il coupable de quelque faute essentielle envers le Roy, dont il apprehendoit la punition. Louis, quoiqu'exilé & fugitif, se vit traité dans les Pays-Bas avec toute la distinction que demandoit sa naissance, il fut choisi pour parrain de la Princesse Marie de Bourgogne, fille de Charles, Comte de Charolois, & d'Isabelle de Bourbon. Elle naquit le 12 Février, environ quatre mois après la retraite du Dauphin. C'est là cette riche & célèbre héritière

E 4

qui a porté dans la maifon d'Autriche fes domaines les plus utiles.

Rien ne faifoit plus d'honneur à la générofité du Duc de Bourgogne, que l'azile qu'il donnoit au premier Prince de la maifon de France, dont il étoit iffu ; cependant l'apprehenfion de déplaire au Roy Charles, autant que l'amour de la paix & de l'union dans la Famille royale, l'engageoit à faire de tems en tems quelques tentatives, pour adoucir l'efprit d'un père irrité, & ramener le fils à fes devoirs ; mais les circonftances ne faifoient que les aigrir : le Roy rendit plufieurs Déclarations contre ceux qui fuivroient le parti du Dauphin, qui n'efperant plus rien de la part de fon père, prit la réfolution de faire venir dans le Brabant Charlotte de Savoye fon époufe, qui étoit reftée à Grenoble. Elle en partit le 22 Juin, & le 10 de Juillet, après une marche de plus de fix-vingt lieues, elle arriva à Namur, où Louis fût la recevoir. On ne pouvoit pas dire que le Roy, en cédant le Dauphiné à fon fils, s'en fût entiérement dépouillé ; c'étoit un ufufruit accordé, & non un domaine aliené, il y confervoit fon droit de fouveraineté ; ainfi il prétendoit avec raifon, que l'évafion du Dauphin lui rendoit l'entier gouvernement de cette Province Il donna donc de nouvelles provisions de Gouverneur du Dauphiné à Louis de Laval, Seigneur de Châtillon. Le fils outré de cette démarche du père, donna de son côté d'autres provisions au (a) Bâtard d'Armagnac ; non content de faire l'éloge de ce brave Officier, il va jusqu'à insulter Châtillon, comme s'il avoit livré le Dauphiné aux ennemis de l'Etat & leur eût prêté serment. Mais à qui ce Seigneur avoit-il fait serment, c'étoit au Roy. Ainsi le Dauphin n'avoit pas lieu de se révolter. Charles offensé de cette conduite hautaine de son fils auroit bien voulu s'en prendre au Duc de Bourgogne, qui lui avoit donné retraite dans ses Etats ; mais attaquer ce Prince, n'auroit servi qu'à renouveller des querelles assoupies depuis plus de vingt ans. D'ailleurs, Philippe le Bon étoit assez puissant, & par lui-même, & par d'illustres Alliés, pour se faire respecter & craindre. On attaqua des personnes moins puissantes ; il suffisoit d'être parens ou amis de ceux qui avoient suivi le Dauphin pour être exposé à la persécution ; c'est ce qu'on fit à l'égard de gens sans défenses, qui n'avoient que la voye de remontrance pour éviter les mauvais traite-

(a) Voyez ces provisions au Recueil de M. Duclos, p. 160.

mens, ou de la patience pour les fupportes
dès qu'ils avoient le malheur d'être atta-
qués.

Louis dans la difgrace devint un objet de
haine à fes ennemis : ils crurent fans doute
fe rendre agréables au Roy, en impliquant
ce Prince dans les intrigues de Jean, Duc
d'Alençon, Prince du Sang de France, qui
avoit négocié avec les Anglois pour les engager à faire une defcente dans le Royaume.
On ne fit pas difficulté par de fauffes Lettres, d'y vouloir mêler auffi le Bâtard d'Armagnac; mais ils furent juftifiés & déclarés
innocens par l'Arrêt de mort (a), rendu
contre ce Duc. Ces accufations quoique fauffes, laiffoient toujours de fâcheufes traces ;
c'étoit ce que fouhaitoient les ennemis du
Dauphin, dès qu'ils ne pouvoient pas porter
plus loin les effets de leur animofité. Le Duc
de Bourgogne avoit été fommé comme premier Pair de France, d'affifter au procès du
Duc d'Alençon, mais il s'en excufa par une
ambaffade. Le Dauphin faifit cette occafion,
pour fe recommander à divers Seigneurs de
la Cour, & fur-tout à fon oncle le Comte

_____

(a) Voyez l'extrait de l'Arrêt, dans le Recueil de
M. Duclos, p. 172.

du Maine. Le Roy qui en fut inftruit, fit dire au Dauphin qu'il eût à s'adreffer directement à lui dans les demandes qu'il auroit à faire. Ce font ici les premières étincelles de l'amour paternel qui commençoit à renaître dans le Roy. Son fils ne manqua pas de lui en écrire (a) pour l'en remercier ; & par une feconde lettre il confirme à fon père la groffeffe de la Dauphine fon epoufe, dont il lui avoit déja fait part : il eut occafion l'année fuivante, de lui faire fçavoir que cette Princeffe étoit accouchée d'un Prince le 27 Juillet. Louis eut foin d'en écrire au Duc de Berry fon frere, à l'Evêque de Paris, au Parlement, à la Chambre des Comptes, & au Prévôt des Marchands. La difgrace du Dauphin empêcha tous ceux qui reçurent ces Lettres (b) de les ouvrir ; ils les envoyèrent au Roy pour fçavoir fes intentions. Charles ne fe contenta pas de répondre à fon fils, & de le féliciter fur l'heureux accouchement de la Dauphine, quelques mois après on lui voit reprendre la tendreffe d'un père pour un fils égaré.

(a) Voyez fa Lettre, p. 174 du Recueil de M. Duclos.

(b) Voyez le Recueil de M. Duclos, p. 158 & fuivantes.

Le Duc de Bourgogne, fut peut-être après le Dauphin celui qui témoigna plus de joye de la naiſſance du jeune Prince. Ce fut peu de choſe pour lui de donner mille livres à celui qui lui en apporta la nouvelle ; il ordonna que dans tous ſes Etats on fît des réjouiſſances publiques, qui ſelon les Ecrivains du tems, alloient au-delà de toute expreſſion. Les parrains furent, le Duc de Bourgogne lui-même, & Antoine de Croy, ſon premier Chambellan ; & la maraine, la Dame de Ravaſtein, femme d'Adolfe de Cleves, neveu du Duc. Le jeune Prince fut baptiſé dans la Paroiſſe de Geneppe le 5 Août, & nommé Joachim, comme le deſiroit le père, ſans qu'on en ſçache la raiſon. Le Duc qui étoit le Prince le plus magnifique de ſon ſiècle, fit préſent à l'enfant d'un meuble d'or & d'argent, qu'il envoya dans la chambre de la Dauphine, & Croy lui donna une nef d'argent du poids de ſoixante marcs. Le Dauphin frappé de la généroſité du Duc, l'en remercia d'une manière touchante, & lui dit tête nuë ; « Mon très-cher Oncle, » je vous remercie du bien & de l'honneur » que vous me faites, je ne le pourrai ni » ſçaurai deſſervir (*), car c'eſt choſe im-

(*) Mériter.

» poffible; finon que pour tout guerdon (*),
» je vous donne mon corps, le corps de ma
» femme & le corps de mon enfant. » A
peine le Dauphin eut ôté fon chapeau,
que le Duc qui n'étoit pas moins fenfible
que généreux, mit un genou en terre &
ne voulut jamais fe lever que Louis ne fut
couvert. Ce combat d'amitié, de refpect &
de reconnoiffance, attendrit tous les affiftans:
le Dauphin auroit été louable, s'il avoit
toujours confervé ces fentimens, plus rares
entre les Princes qu'entre les particuliers.
La joye & les fêtes furent fuivies de la trif-
teffe qu'apporta la mort de ce jeune Prince,
qui décéda le 29 de Novembre fuivant. Et
la Dauphin en conçut une fi vive douleur,
qu'il fit vœu avec ferment de ne toucher
jamais d'autre femme que la fienne; ferment
qu'il garda exactement, fi l'on en croit Philippe de Comines. Il paroît par là, que quatre filles naturelles qu'il eut, furent avant
ce tems-là les fruits de fon oifiveté & de
fa retraite. Le refte de fa vie fe trouva trop
agité, pour croire que ce Prince ait joint
dans la fuite la paffion de l'amour avec celle
de l'ambition.

(*) Récompenfe, reconnoiffance,

Le deuil de la mort du jeune Prince n'é-
toit pas encore paſſé, lorſqu'on vit arriver
à Bruxelles l'Evêque de Coutance..... & le
Sieur d'Eſternay, Général des Séances de
Normandie, que le Roi Louis XI fit noyer
depuis ; ces Ambaſſadeurs de Charles VII
venoient principalement pour répéter le Duché de Luxembourg. Le Roy avoit acquis
les droits que Guillaume Duc de Saxe tenoit du chef d'Elizabeth, ſœur & héritière
de Ladiſlas, Roy de Bohême & de Hon-
grie, qui étoit mort en 1457 ſans laiſſer de
poſtérité. Le Duc de Bourgogne prétendoit
poſſéder légitimement ce Duché, qu'il avoit,
diſoit-il, acheté de ſa tante... On ne douta
plus de voir bientôt la guerre allumée entre ces deux Princes. On en fut encore plus
perſuadé, lorſque ces mêmes Ambaſſadeurs
ſuivant leurs inſtructions, preſſèrent le Dauphin de retourner (a) auprès du Roy, qui
ne ſouhaitoit rien avec tant de paſſion, que
de revoir ſon fils après une abſence de treize
années. Ils firent connoître à ce Prince que
ſes ſoupçons & ſes craintes certaines ou ima-
ginaires, avoient eu le tems de ſe diſſiper.

(a) Diſcours de l'Evêque de Coutance, au Recueil
de M. Duclos, p. 185, & le Numéro 19 des preuves
qui ſervent à la Préface.

Cependant les defirs du pere ne furent point accomplis, Louis refta toujours dans les Pays-Bas : & il avoit raifon de ne vouloir point paroître devant le Roy, s'il eft vrai, comme le fait entendre une Chronique du tems (a), qu'on l'accufât d'avoir avancé les jours de la belle Agnès Sorel. Cette audience qui fe donna le 21 Novembre, en préfence de toute la Cour de Bourgogne, fut une des plus cé-lèbres & des plus marquées. Le Duc répon-dit qu'il n'avoit pas féduit le Dauphin, mais que plein de refpect pour la Maifon Royale dont il avoit l'honneur d'être, il lui avoit donné un azile volontaire, & lui rendoit tout ce qui étoit dû à fa naiffance ; qu'en cela il croyoit fervir le Roy (b); qu'il auroit voulu mieux faire, & qu'il ne l'abandonneroit ja-mais. D'ailleurs le Dauphin étoit libre, il ne le retenoit point , & s'il vouloit re-tourner à la Cour, il le feroit accompagner par le Comte de Charolois, ou le condui-roit lui-même en fi bonne compagnie, qu'il n'auroit rien à craindre.

L'Evêque d'Arras, Jean Joffrey ou Jof-fredy, qui étoit près du Dauphin, répon-

(a) Chronique manufcrite de la Bibliotheque du Roy, Vol. 6762 p. 224 du Recueil de M. Duclos.
(b) Mémoires manufcrits de M. l'Abbé le Grand.

dit pour ce Prince par un Difcours affez étendu & rempli de l'éloquence embarraffée & bifarre de ces anciens tems. Il ne laiffa pas néanmoins, après un éloge (a) outré du Roy Charles VII, de dire beaucoup de vé-rités fur la conduite que l'on tenoit envers le fils aîné de France & le préfomptif héri-tier de la Couronne ; & adreffant toujours la parole à l'Evêque de Coutance, qui avoit parlé pour les autres Ambaffadeurs, il lui rappelle ce que Louis avoit fait de remar-quable dans le Royaume, & le compare avec l'extrême abaiffement où on le tient en le privant de toute fubfiftance. Il marque com-bien de fois le Dauphin a envoyé vers le Roy fon père lui demander pardon, & lui offrit de fe foumettre à tout ce que les Seigneurs du Sang trouveroient jufte & raifonnable fur les fujets de plainte qu'on formoit contre lui, quoiqu'il ne fe crût pas coupable. Non-feulement il n'avoit jamais eu de réponfe favorable, mais toutes fes offres avoient été rejettées avec quelque forte de mépris ; loin de l'attirer par la douceur & par une pru-dente condefcendance, on s'étoit appliqué à le maltraiter par la privation de fes do-

(a) Voyez le Recueil de M. Duclos, p. 219.

maines

mêmes en France, de fa penfion & de tout
ce qu'il pouvoit pofféder. Qu'énfin après
avoir foulevé le Dauphiné contre luis on
l'en avoit chaffé, & même on l'avoit pour-
fuivi affez avant fur les terres du Duc de
Bourgogne, on s'étoit appliqué à lui débau-
cher fes ferviteurs & fes Officiers, jufques
à perfécuter même ceux qui lui étoient reftés
fidèles : que loin de traiter la Dauphine avec
tous les égards dûs à une grande Princeffe
& à l'époufe du fils aîné de France, comme
le Roy l'avoit promis, on l'avoit privée du
néceffaire : à peine même lui laiffa-t'on une
mauvaife robe déchirée, lorfqu'elle prit la
réfolution de venir rejoindre fon mari. Il a
foin néanmoins de difculper le Roy fur toutes ces entreprifes odieufes, qu'il rejette avec
raifon fur des inftigations particulières, ce
qui donne lieu au Dauphin de tout appréhender, dans la penfée où il eft qu'il ne
feroit pas le premier Prince que de femblables cabales auroient fait périr miférable-
ment ; ce qu'il montre par l'exemple de Jo-
feph & de Scipion, que la jaloufie perfé-
cuta jufqu'à vendre le premier comme un
vil efclave, & le fecond fe vit contraint de
paffer triftement le refte de fes jours dans un
exil forcé.

Tome X. E

Lorſque les Ambaſſadeurs de France partirent de Bruxelles, Louis leur remit une
lettre ſoumiſe & reſpectueuſe (a) pour le
Roy ſon pere; mais comme c'eſt une lettre
de créance, il paroît qu'il les avoit chargés
de quelque choſe de plus particulier que ce
qui regardoit ſa réconciliation. Quoiqu'il pa-
rût vivre à Geneppe dans une ſorte d'indolence & d'oiſiveté, il ne laiſſa pas néanmoins
ſur la fin de l'année, d'envoyer Houarte,
ſon premier Valet-de-Chambre, vers le Roy
ſon père, avec une pareille lettre de créance.
Charles ouit ce domeſtique aſſez long-tems
en particulier, & le fit enſuite expédier par
le Conſeil, le 10 Janvier 1461. On voit par
cette réponſe que les envoyés du Dauphin
aigriſſoient ſouvent leur Maître, en ne lui
rapportant pas fidellement l'état des choſes;
peut-être Louis en avoit-il quelque ſoupçon,
puiſqu'il prend le parti d'envoyer celui de
ſes Officiers commenſaux, en qui il avoit
plus de confiance. Il ſemble que les choſes
tendoient à un accommodement : le Roy,
par cette réponſe plus favorable qu'aucune
de celles qu'il avoit faites, rentroit dans les
véritables ſentimens d'un pere. Il ne ſouhait-

(a) Cette Lettre eſt p. 215 du Recueil de M. Duclos.

toit qu'une chose, c'étoit de voir son fils
auprès de lui, n'euffe été que pour peu de
jours. Houarte revint, ce n'étoit pas ce que
Charles demandoit, il vouloit voir le Dauphin; il n'eut pas cette confolation; ce père
infortuné, toujours obfedé par les ennemis
de fon fils, fe perfuada que ce Prince en
vouloit à fa vie. On lui infpira fi fortement
cette trifte & fatale imagination, qu'il en
tomba malade; il s'abftint volontairement
de toute nourriture pendant plufieurs jours;
& lorfqu'on voulut lui faire prendre quelque
chofe, il n'étoit plus tems. Ainfi les ennemis du Dauphin ne cherchèrent à perdre le
fils qu'au dépens de la vie du père, qui
mourut à Meun - fur - Yevre, le 22 Juillet
1461, entre une & deux heures après midi.
Prince qui auroit été le plus heureux de
tous les Souverains, fi au lieu de s'abandonner aveuglément à fes Miniftres & à fes
Favoris, il avoit fçû prendre fur eux l'empire qui convient à un grand Roy, qui veut
gouverner fagement. Tout le tems de la maladie de Charles (*) fe paffa en mouvemens,
mais rien ne fut propofé au préjudice du

_____

(*) Lettre du Comte de Foix, n°. 3 des Pieces juftificatives de la Préface

F 2

Dauphin, c'eſt-à-dire, de la Loi de l'Etat.
Il ne pouvoit y avoir aucun doute, il n'é-
toit pas vraiſemblable qu'il ſe formât aucun
parti contre une loi claire & reconnue, contre une loi pratiquée dans tous les tems,
& à laquelle on n'avoit jamais dérogé. On
s'attacha ſeulement à faire connoître à ceux
du Conſeil, qui faiſoient encore les importans, qu'il n'étoit pas ſéant de les voir continuellement oppoſés aux Seigneurs & en dif-
férends avec eux. C'eſt ce que marque Gaſ-
ton de Foix dans ſa lettre, au Roy Louis XI.
On jugea donc qu'il falloit que tous unani-
mement Seigneurs & Miniſtres écriviſſent au
Dauphin, pour lui apprendre la ſituation
du Roy, qui mourut quatre jours après la
datte de la lettre qu'on lui avoit envoyée.

Louis ſçut la mort de ſon pere le 24 ou
le 25 de Juillet. Comme il étoit préparé à
cet évenement, il partit auſſi-tôt de Genep
& ſe rendit à Maubeuge, d'où il écrivit au
Maréchal de Saintrailles, pour lui ordonner
d'aller prendre poſſeſſion de la Guyenne en
ſon nom, & de faire prêter ſerment aux habitans de cette Province. Voici ſon Ordonnance.

« LOYS, par la grace de Dieu, Roy de

» France, à notre amé & féal le Sire de
» Saintrailles, Maréchal de France, Salut.
» Comme par le trépas de noftre très-chier
» Seigneur & Pere, la Couronne & Sei-
» gneurie de noftre Royaume nous foit ad-
» venue, vous mandons que fans délai vous
» vous tranfportez par toutes les bonnes
» villes & places fortes de noftre pays de
» Guyenne, & d'icelles prenez la poffeffion
» pour & au nom de nous; & fe befoing
» eft, faites affembler tous les habitans,
» nobles, gens d'Eglife & autres, & leur
» dittes & expofez de par nous le bon vou-
» loir & efpoir que avons à eulx, & ce fait,
» leur faictes faire le ferment de nous bien
» fervir & obéir. De ce que fait aura efté,
» nous faictes faire réponfe par deux des
» plus notables Bourgeois des principales
» villes de Guyenne. Donné à Maubeuge le
» 27 Juillet 1461 (a) ». Je rapporte cette
lettre d'autant plus volontiers, que les Hiftoriens ne font pas mention du féjour de
Louis XI à Maubeuge. Le Maréchal mourut
quelques femaines après avoir reçû cet ordre. De Maubeuge la Cour fe rendit à Avef-

(a) Voyez l'original dans les Recueils de M. Le
Grand, où le Sceau manque.

E 3

nes, où Louis avoit donné rendez-vous au
Duc de Bourgogne, lorsqu'il lui fit part de
la mort du Roy son pere. On soupçonnoit
que ceux qui avoient fait sortir ce Prince
du Royaume, voudroient peut-être l'empêcher d'y rentrer; les bruits même en furent
assez grands. Mais ces rumeurs populaires,
quoique sans fondement, obligerent le Duc
de Bourgogne de mander toute sa noblesse
pour surmonter les obstacles qui pourroient
s'y trouver. Loin que cela fut, on vit arriver de toutes parts un si grand nombre de
Seigneurs François, que le nouveau Roy
crut devoir prier le Duc Philippe de congédier une partie des Gentilshommes de ses
Etats, & de ne retenir que les principaux
avec sa Maison. Le Parlement députa le 25
de Juillet trois Présidens & un certain nombre de Conseillers, avec le Procureur-Général & un Huissier, pour aller recevoir à
Avesnes les ordres du nouveau Roy. Jean
Jouvenel des Ursins, Archevêque de Reims,
s'y rendit aussi. Il étoit à la tête de la dé-
putation de sa ville, qu'il présenta au Roy.
Lorsqu'il demanda audience, le Roy lui dit,
& lui répéta même d'être court. Il pressa ce(a)

(a) MSS. de Dupuy, vol. 519, p. 252 du Recueil
de M. Duclos.

Prince d'aller à Reims pour s'y faire facrer.
Le Duc de Bourgogne que Louis attendoit
à Avefnes, y vint accompagné du Comte de
Charolois fon fils. Lorfqu'ils furent arrivés,
on célébra un Service pour le feu Roy. Mais
comme Louis rentroit dans le Royaume dé-
nué de tout, il fe vit contraint de faire une
levée extraordinaire fur fon peuple pour les
frais du Sacre, & pour d'autres befoins pref-
fans.

Dès que la céremonie fut faite, le Roy
prit avec toute fa Cour le chemin de Reims,
& fa reconnoiffance le porta à commander
que par-tout où pafferoit le Duc de Bourgongne, on lui rendît les mêmes honneurs
qu'à fa propre perfonne. Il ordonna que la
ville de Reims vînt au-devant de ce Prince
jufques à l'Abbaye de Saint Thierry, que
l'Archevêque le reçût à la porte de la ville,
qu'on lui préfentât les clefs, & que dans
la Harangue qui lui feroit faite on ne manquât pas de dire qu'on lui étoit redevable de la
confervation du Roy. Louis voulut que tant
que ce Duc feroit dans la ville, on prît l'ordre
de lui ; & que fi quelqu'un de fa fuite com-
mettoit quelques excès, on fe contentât d'é-
crire leurs noms, & que lui-même fe chargeoit
d'en parler felon que la chofe le mériteroit.

F 4

Les ordres du Roy furent exécutés, Philippe
fut loger à Reims & Louis attendit quelques
jours dans l'Abbaye de Saint Thierry que
l'on apprêtât tout ce qui étoit néceffaire pour
fon Sacre. Le 14ᵉ d'Août 1461, veille du Sacre,
le Duc de Bourgogne accompagné du Comte
de Charolois fon fils, des Comtes de Nevers
& d'Eftampes fes neveux, du Comte de Saint-
Pol, du Seigneur de Raveftein & d'un grand
nombre d'autres Seigneurs, qui étoient l'élite
de la Nobleffe de fes Etats, alla prendre le
Roy à Saint Thierry & l'amena à Reims, &
le lendemain 15ᵉ il fut facré avec les cérémonies ordinaires, en préfence du Légat du
Saint-Siege & de plufieurs autres Prélats. Ce
fut inutilement que le Duc de Bourgogne,
auquel le nouveau Roy ne devoit rien refufer,
fe profterna pour demander grace pour tous
les Officiers du feu Roy, qui l'avoient mé-
contenté lorfqu'il n'étoit que Dauphin. Louis
n'aimoit point à pardonner, ç'a été fon vice
le plus marqué, ainfi il n'accorda au Duc
qu'une partie de fa demande; mais du moins
corrigea-t'il ce refus par le bien qu'il fit à
ceux (*) qui l'avoient fervi dans fa difgrace :

(*) C'eft ainfi que les premiers jours de fon règne,
il récompenfa Imbert de Batarnay fieur du Boucage, qui
l'avoit fuivi dans fes difgraces. Il lui donna les Capi-

Antoine de Croy fut fait Grand-Maître de sa maison. Il donna le Bâton de Maréchal au Bâtard d'Armagnac, aussi-bien que le Comté de Comminges & la Seigneurie de Mauleon-de-Soule, entre le Bearn & la Navarre. Il avoit déja le Gouvernement de Dauphiné, & Louis y ajouta celui de Guyenne : il fut le mieux récompensé de tous ceux qui avoient suivi la disgrace du Dauphin. Joachim Rouaut, Seigneur de Gamaches (a), obtint la dignité de Maréchal de France ; cependant sa faveur déclina sur la fin de ce Regne, & ses services n'empêcherent pas qu'il n'y eût un Arrêt rendu contre lui pour concussions & malversations. Ce Prince sçavoit récompenser ; mais il ne vouloit pas qu'on lui manquât en rien, ni qu'on se récompensât soi-même. Il exigeoit que ses Favoris lui eussent obligation des graces qu'ils sçavoient mériter par des services ou par un attachement sans bornes. Deux jours après le Sacre, le Duc de Bourgogne fit hommage au Roy (**) de tout ce qu'il tenoit de la Couronne. De Reims toute

taineries & la garde de Blaye & de Dax. (Voy n°. 5). (Note des Éditeurs).

(a) Près de la ville d'Eu au pays de Caux.

(**) Voyez les Preuv. de la Préface numéros 15 & 16.

la Cour se rendit à Meaux & à Saint **Denis**, où l'on fit un Service pour le repos de l'ame du feu Roy ; enfin le dernier jour du mois, Louis fit à Paris l'Entrée la plus célèbre qu'on eût vû jusqu'alors.

Les premiers soins du nouveau Roy le portèrent à régler les affaires du Gouvernement. Jamais Prince ne monta sur le Trône dans des conjonctures plus favorables, ni avec des qualités plus propres pour en profiter. Il avoit passé les premiers feux de la jeunesse ; sa réputation étoit bien établie au dedans & & au dehors. Les disgraces & les persécutions avoient augmenté son expérience, & devoient l'empêcher de se livrer à son humeur. Il courut trop tôt à la vengeance ; il commença par la Robe, & alla successivement aux autres Etats. La prison que souffrit d'abord Guillaume Cousinot, Bailli de Rouen, homme d'un rare merite, fut un avertissement aux autres, d'éviter par la fuite un pareil traitement ; on ne vit que changemens dans la fortune de ceux qui par la fidelité & leurs services, avoient merité sous le feu Roy, d'être mis dans les grands postes de la Cour, & des Provinces, qu'ils remplissoient avec honneur. On étoit au contraire étonné de ne voir entrer à leur place que des hommes

PREFACE.

nouveaux dans des emplois, dont ils s'ac-
quitterent très-mal. Louis eut tout lieu depuis de se repentir de cette conduite, aussi-
bien que des remissions qu'il accorda & de
la liberté qu'il rendit au Duc d'Alençon &
au Comte d'Armagnac, justement condamnés
sous le dernier regne. Le premier par un
crime d'Etat, avoit cherché à introduire dans
le Royaume les Anglois, anciens ennemis
de la Couronne; & le Comte d'Armagnac
fut convaincu, non-seulement de crime de
leze-Majesté, mais encore d'un inceste ha-
bituel avec sa propre sœur, qu'il avoit épou-
sée sous l'autorité d'une fausse dispense, enfin
il étoit coupable de sédition, de meurtres,
& de tous les autres excès, ausquels se livre un Seigneur, soutenu de forces consi-
dérables, mais qui n'avoit ni mœurs, ni
aucun des principes de la vie civile; on le
verra périr dans la suite, d'une maniere cependant moins funeste que ses crimes ne
meritoient. Les séditions de Reims, d'Angers, d'Alençon, d'Aurillac, furent de tristes
présages d'un règne qui seroit agité & tu-
multueux.

Quand le Roy fut sorti des embarras que
donnent les commencemens d'un gouvernement aussi étendu que celui d'un grand

Royaume, il envoya vers le Pape Pie II
pour faire au Saint Siége, l'obedience filiale,
que nos Rois nouvellement arrivés à la Couronne, (*) rendent comme très-Chrétiens &
fils aînés de l'Eglise. Les lettres d'obedience
sont de la fin du mois de Novembre. L'Ambaffade néanmoins ne partit que vers le commencement de l'année 1462; Louis fit dans
cette occafion une démarche qui furprit l'E-
glife de France; il promit au Pape l'abro-
gation de la Pragmatique fanction, loi peu
agréable à la Cour de Rome, parce qu'elle
remettoit en vigueur les Elections aux Préla-
tures, conformement au droit commun ancien; & par là, elle privoit cette Cour de
beaucoup de droits qu'elle croyoit lui appartenir. Cette affaire avoit été négociée par
Jean Joffredy, Evêque d'Arras & Légat du
Pape auprès de Louis XI; il en eut le Chapeau de Cardinal, & devint enfuite Evêque
d'Albi. Cependant le peu de menagemens
que les Papes eurent alors pour nos Rois,
empêcherent l'entier anéantiffement de cette
loi, qui fubfifta encore jufques au commencement du regne de François I, c'eft-à-dire,

(a) Voyez ces Lettres d'obédience, vol. 8445 de la
Bibliothèque du Roi, folio 8 parmi ceux de Bethune.

pendant près de foixante ans. L'Evêque d'Angers, Jean de Beauveau, qui fut de cette ambaffade, conduifit avec lui à Rome, Jean Baluë, homme célèbre fous le regne de Louis XI foit par fa grande faveur auprès du Roy, foit par fa trahifon, foit enfin par une difgrace complette, qu'il n'avoit que trop meritée. Louis ne put tirer aucun fruit de l'abolition de la Pragmatique : le Pape néanmoins lui envoya une épée benite, par fon Nonce, Antoine de Nocetis ou de Noxe, à qui le Roy fit des prefens qui valoient beaucoup plus que cette épée. L'ambaffade du Roy fut reçûë très-favorablement à Rome, on lui prodigua les honneurs; le Pape fit l'éloge (*) de la pieté de nos Rois, & furtout de Louis XI. Il s'épuifa en paroles pour louer un Prince qui venoit de fupprimer une loi odieufe; en quoi, felon le Souverain Pontife, il avoit plus fait que tous les Rois & les Empereurs de la Maifon de France, qui avoient été les défenfeurs de la Réligion, & les protecteurs du S. Siége.

Le Pape fit bien voir qu'il parloit d'affection dans cette rencontre, puifqu'il ordonna

(a) La harangue du Pape Pie II fe trouve au vol. 529 des MSS. de Dupuy.

que toutes les boutiques de Rome feroient
fermées pendant trois jours; qu'on feroit des
proceffions en actions de graces dans toutes
les Eglifes; que le foir il y auroit dans toutes
les ruës, des illuminations & des feux. Ces
ordres fi exactement donnés, firent croire
au peuple, qu'il ne pouvoit témoigner trop
de joye pour la fuppreffion d'une loi, qui
paroiffoit à Rome la plus inique de toutes
les loix. On la repréfenta donc par des
Phantômes, que l'on traîna dans les ruës,
& qu'enfin on brûla avec éclat & folemnité.
Cette Capitale du monde Chrétien retentif-
foit des éloges d'un Pape qui avoit terminé
une affaire que fes trois prédeceffeurs immé-
diats n'avoient ofé entreprendre. Louis cependant n'étoit pas content, il avoit demandé
pour l'abolition de la Pragmatique que le
Pape accordât à René, Duc d'Anjou, l'in-
veftiture du Royaume de Naples; mais Sixte
en avoit difpofé autrement. Et comme la
première ambaffade n'avoit pas reuffi, le
Roy en depêcha une feconde; il envoya au
Pape, Hugues Maffip, connu fous le nom
de Bournafel, Sénéchal de Touloufe. Il remit à Pie II une lettre de plaintes de la part
du Roy; il parla ferme dans l'audience qui
lui fut donnée : mais le Pape étoit guidé

par le Cardinal d'Arras, qui lui conseilla de répondre avec encore plus de fermeté. Le Roy avoit fait la demarche que Rome demandoit, il n'y avoit plus à en revenir. Ainſi, le Pape ſuivit ſes propres interêts, d'une maniere plus exacte, que n'avoit fait Louis XI.

Dès que le Roy Charles VII fut décédé, François II, Duc de Bretagne, envoya vers le nouveau Roy, pour lui faire des complimens ſur la mort de ſon pere, & ſur ſon avénement à la Couronne. Quoique Louis ne fut pas content de la conduite que le Duc avoit tenue à ſon égard; il eut cependant la prudence de n'en faire rien connoître; on ſçait que la diſſimulation fut la baze de ſa politique. Le Duc de Bretagne, qui étoit vaſſal de la Couronne, ſe diſpoſa pour venir faire hommage au nouveau Roy. Il tint un grand Conſeil, pour ſçavoir de quelle manière il ſe conduiroit; enfin après bien des difficultés formées de part & d'autre, il fut réſolu (a) que ce ſeroit conformément à

_____

(a) DÉLIBÉRATION du Conseil du Duc de Bretagne sur son hommage.

« Furent ordonées & délibérées les choſes qui enſuivent, qui ſont à beſongner touchant le voyage que fait le Duc en France,

ce qu'avoient fait ſes prédéceſſeurs. Tel fut le ſage tempéramment que l'on trouva pour empêcher toutes les conteſtations qui pouvoient naître entre le Roy & ſon vaſſal. Le Duc, muni des avis de ſon Conſeil, ſe rendit à Tours, près de Louis XI, où il ſe fit accompagner par ce qu'il y avoit de plus diſtingué dans la nobleſſe de Bretagne. Comme il vouloit paroître dans ce premier

» Le Duc faiſant ſon homage du Duché de Bretagne, » dira qu'il ne fait point l'homage lige ; mais fait ſon » homage en la maniere que ſes prédeceſſeurs ont fait : & » quelque réiteration de paroles qu'il ait en cette ma- » tiere de la part du Roy, le Duc & ſes gens demeu- » reront en celui entendement, & leur en demeureront » les dernieres paroles. Et à ſervir cet article le Tré- » ſorier des Lettres baillera au Vice-Chancelier les » Lettres & inſtrumens des précedens homages, tant de » la part du Duc que de la part du Roy : & à difference » dudit homage de Bretagne en faiſant ſon homage de » la Comté de Montfort & des autres Terres qu'il tient » en France, fera l'homage-lige déceint & à genoux.

» Item. De la Pairie de France ne ſera fait nul ho- » mage ; & ſi le Roy & ſes gens en parlent, ſera ex- » preſſément dit qu'il n'en fait point d'homage pour le » preſent.

» Item. D'obtenir caſſation & annulation des exploits » faits par M. Arnould Boucher & Guillaume de Paris, » Commiſſaires du Roy, & Nicolas Furant, Sergent » du Roy.

voyage

ge avec magnificence , il fit marcher avec
lui fes plus riches meubles, fa tréforerie, &
tout ce qu'il s'imagina pouvoir éblouir Louis
& toute fa Cour. Il fe difpofoit à faire beaucoup de préfens , mais le Roy qui craignoit
qu'on ne féduisît fes Courtifans, ne le trouva
pas bon ; il permit feulement au Comte de
Dunois , à l'Amiral de Montauban , & à
quelques autres de régaler le Duc , qui fut
contraint de remporter les préfens qu'il avoit
deftinés à plufieurs perfonnes de marque. Il

» Touchant l'execution de l'Arrêt contre l'Evêque
» de Nantes, fi on peut trouver moyen, ou en com-
» muniquant des autres matieres du Roy & du Duc, ou
» fur les remontrances d'aucunes novalités qui ont été
» faites fous une claufe génerale ou autrement , de fur-
» féoir l'execution dudit Arrêt, fans parler de la com-
» munication autrefois accordée, feroit bon d'impetrer
» ladite furféance en plus long terme qu'eftre fe pourra,
» & en doit-on paffer (ou parler) avec Meffieurs de
» Dunois & l'Amiral (c'étoit Montauban) afin que par
» leur moyen on y puiffe parvenir, fi eftre peut.

» Sinon on remonftrera la matière de ladite conven-
» tion, pendant laquelle a été toujours furfife l'execution
» dudit Arrêt; & requerra, dit-on, ladite Surféance jufqu'à
» ce que ladite convention fe fera , ou par le moyen de
» mefdits Sieurs mettre le terme au plus loing qu'eftre
» fe pourra. Expedié à Nantes en Confeil, le 5 Décem-
» bre 1461» (V. les Recueils de M. l'Abbé Le Grand.)

Tome X. G

fit fon hommage tel qu'il avoit été **reglé;**
& le Roy, loin de faire paroître aucun mécontentement, voulut lui-même gagner le
Duc par fes bienfaits, & par quelque forte
de confiance. Il lui donna des lettres de
Lieutenant - Général des Provinces d'audeça
de la Loire, pour le tems que Sa Majefté
employeroit à un voyage qu'elle avoit réfolu de faire vers les frontières de France
& d'Efpagne. Louis cependant ne vouloit
point partir fans aller auparavant en Pélérinage à Saint Sauveur de Redon, ville &
Abbaye célèbre du Diocèfe de Vannes. Mais
le Duc appréhendoit que ce Prince ne ca-
chât quelque deffein, fous un prétexte de
dévotion : il ne fe paffa rien néanmoins au
préjudice du Duc de Bretagne; & le Roy
fut cette fois vrayment dévot.

Louis revint à Nantes, d'où il prit la route
de Bordeaux; il s'arrêta quelque tems aux
environs de cette ville, pour attendre que
le Roy d'Arragon fût au rendez-vous qu'ils
s'étoient donnés. Le fujet de leur entrevuë,
étoit la pacification des troubles de Catalogne, dont les habitans foulevés avoient pris
les armes. Louis marcha de Bordeaux à Dax
& à Ortez; & de-là à Sauveterre dans le
Bearn. Jean II, Roy d'Arragon, fe rendit

à Saint-Palais dans la baffe Navarre : on convint du tems & du lieu de l'entrevuë, qui fe fit au pont de Serain, à moitié chemin des endroits où s'étoient rendus les deux Rois. Cette entrevuë produifit une ligue offenfive & défenfive, entre Louis XI & le Roy d'Arragon. Ce dernier manquoit d'argent, fans quoi il ne lui étoit pas poffible de foutenir la guerre, ni de foumettre fes fujets révoltés. Louis lui prêta trois cent cinquante mille écus d'or ; & pour fûreté d'une fomme auffi confidérable, il lui engagea (*) le Rouffillon & la Cerdaigne, & principalement les places de Perpignan & de Collioure : ce traité fut figné à Bayonne le 9 de May, & ratifié par le Roy Jean à Sarragoce le 23 du même mois ; & par le Roy Louis à Chinon le 15 Juin fuivant. Les rebelles furent foumis par les (**) armes de France ; mais le Roy d'Arragon, qui croyoit n'avoir plus befoin du fecours de Louis XI, employa des intrigues fecrettes pour faire foulever les habitans de Perpignan ; la revolte dura peu, mais il fallut y employer la voye des armes.

(*) Voyez les Preuves, n°. 28.
(**) N°. 39 des Preuves.

Henri IV Roy de Castille, eut tout lieu d'être inquiet des secours que Louis dormoit au Roy Jean d'Arragon, avec lequel le Castillan avoit quelques contestations : les inquiétudes de Henri étoient d'autant mieux fondées, qu'il y avoit depuis plus de 300 ans des alliances entre les Royaumes de France & de Castille ; ces alliances renouvellées depuis peu, étoient stipulées, non-seulement de Couronne à Couronne, & de Roi à Roi ; mais même de peuple à peuple. Il fallut en venir à des éclaircissemens qui exigeoient une entrevuë entre ces trois Rois. Louis s'y prêta volontiers, & crut qu'il pourroit trouver moyen d'accorder ces deux Puissances, qui l'avoient pris pour médiateur. Il se rendit donc à Bayonne : on tint des conférences, où chacun cherchoit à se tromper ; le Roy d'Arragon vouloit retirer le Roussillon, sans payer Louis XI, qui d'un autre côté s'appliquoit à tromper l'Arragonois, par les droits qu'il avoit du chef de sa mere sur l'Arragon. Elle étoit aussi-bien que son ayeule, de la Maison d'Anjou, dont Louis soutenoit les intérêts. Henri IV ne parloit que de ses prétentions sur le Royaume de Navarre ; prétentions également extraordinaires & mal-fondées. Louis fut donc arbitre de leurs différens, & toutes les parties se plaignirent de son jugement; les uns prétendoient qu'il ne leur avoit point accordé assez ; les autres publioient qu'il avoit traité leur partie trop favorablement. Louis en se rendant à Bayonne, passa par la Rochelle, où il vit la Reine sa mere pour la derniere fois. Cette Princesse avoit résolu, suivant la dévotion du tems, d'aller en Pélérinage à Saint Jacques de Compostelle, dans la Galice ; elle y fut, & mourut peu de tems après son retour. Dans sa route, le Roy reçut un courier de Jacques d'Armagnac, Duc de Nemours, qui lui annonçoit la réduction entière de la ville de Perpignan, qui s'étoit revoltée, & pour laquelle il fallut expédier une rémission. (*)

Henri Roy de Castille eut beaucoup de peine à consentir à l'entrevuë, cependant il s'y détermina & le fit. Comme il étoit magnifique, il y parut avec tout l'éclat d'un Roy qui aimoit extraordinairement le faste ; toute sa Cour ne fut pas moins brillante : le Roy d'Arragon n'y vint pas, il se contenta d'y envoyer la Reine son épouse avec un Conseil : le Roy Louis XI y fut, mais d'une

(*) Voyez cette rémission, n°. 40 des Preuves.

manière fimple, n'ayant pour toute décoration que le titre de Roy Très-Chrêtien. Sa fuite compofée des Seigneurs du Sang, & d'autres perfonnages diftingués par leur naiffance & par leurs charges, imita la fimplicité du Roy. Henri de Caftille paffa la riviere de Bidaffoa, & vint trouver Louis XI qui l'attendoit. Ces deux Princes s'embrafferent & fe retirerent à l'écart fur une petite éminence; après une demi heure de converfation, le Roy de France appella l'Archevêque de Tolede, le Marquis de Ville-na, le Comte de Cominges, & Alvare Gomez, Secrétaire Efpagnol, qui avoit écrit tout ce qui s'étoit paffé. Il lui commanda de lire le traité qui venoit d'être conclu. Après les conférences, Louis alla voir le 16 d'Avril la Reine d'Arragon, qui étoit à Uftariz, à quatre lieues au fud de Bayonne : Il lui envoya quelques rafraîchiffemens, & toute la Cour de cette Princeffe, auffi-bien que celle du Roy de Caftille, fut comblée des préfens que Louis leur diftribuoit avec une forte de profufion. Cependant les deux Rois fe féparerent affés mécontens l'un de l'autre.

Deux grandes affaires terminèrent cette année, l'une étoit particuliere, & l'autre intéreſſoit l'Etat ou l'ordre public. La premiere eſt celle du Comte de Dammartin ; la ſeconde regarde le rachat des villes de la riviere de Somme. Antoine de Chabannes, Comte de Dammartin, étoit un de ces hommes rares, dont on a peine à trouver deux exemples dans chaque ſiécle. Né d'une Maiſon qui remonte par les femmes aux anciens Comtes de Bigore ; il ſoutint, & par ſes ſervices, & par la dignité de ſon caractere, la nobleſſe de ſa naiſſance ; il avoit ſuivi le Dauphin dans preſque toutes ſes expéditions, même dans l'affaire de la Praguerie en 1440, auſſi-bien qu'à celle de Dieppe & des Suiſſes. Mais il étoit devenu déſagréable à ce Prince, pour avoir refuſé de tuer Pierre de Brezé, Grand Sénéchal de Normandie, (a) que Louis avoit pris en averſion. Dammartin vouloit bien ſe battre, ſuivant les régles de l'honneur, mais point autrement : le Dauphin au contraire exigeoit que ce fut de guet-à-pens. Telle fut la premiere cauſe de leur refroidiſſement, Dammartin eut même la prudence de paſſer ſur un démenti que lui donna le jeune Prince, en préſence du

(a) Vies de Jacques & Antoine de Chabanes, in-12, Paris, 1617, p. 38, &c.

G 4

Roy, quoiqu'il fçût lui faire fentir **combien**
il en étoit touché. L'indifférence augmenta
par la dépofition dont nous avons parlé :
enfin elle fe tourna en haine, à l'occafion
des ordres que Dammartin reçut de Charles, de pourfuivre le Dauphin, lorfqu'il
abandonna le Dauphiné en 1456. L'intime
faveur où il fut enfuite auprès du Roy, ne
fit qu'aggraver l'averfion que Louis avoit
conçue pour lui. Ainfi qu'on ne foit pas
étonné de voir Dammartin exclu de l'am-
niftie, que le Dauphin parvenu à la Couronne, accorda aux autres Officiers du Roy
fon pere, qui lui avoient été contraires. Ce
Seigneur fentit tout ce qu'il devoit craindre
d'un Prince irrité, tel que Louis XI, &
d'autant plus à redouter, qu'il avoit tort.
Dammartin auroit tenté de fortir du Royaume, s'il eut crû le pouvoir faire avec fûreté ; mais tous fes domeftiques le quittè-
rent, un feul lui refta fidèle ; ce fut le nommé
Voyault Dimonville, qui lui protefta que
jamais il ne l'abandonneroit (b). Dammartin (*) le chargea de plufieurs lettres pour

(b) Voyez la Chronique extraite.
(*) Voyez le n°. 4 des Preuves.

le Duc de Bourgongne, pour l'Amiral de Montauban ; fon ancien ami, auffi-bien que pour Boniface de Valpergue, & pour Joachim Rouault, Seigneur de Gamaches. Voyault part de Mehun, & fe rend à Avefnes, muni d'amples inftructions de la part de fon Maître. Il s'adreffa d'abord à Montauban. Ce Courtifan tout bouffi de la grace que le nouveau Roy venoit de lui faire, en lui accordant la charge d'Amiral, eut à peine apperçu la fignature de Dammartin, qu'il déchire la lettre & la foule aux pieds ; il arrête même ce fidèle domeftique ; & prie un Chevalier Flamand, homme hardi & courageux qu'il menoit dîner avec lui, de tenir Voyault jufqu'à ce qu'il eut trouvé quelqu'un pour le conduire en prifon. Le Chevalier le fit, croyant qu'il s'agiffoit de quelque grand crime : il ne laiffa pas d'interroger ce domeftique ; mais, dit l'Hiftorien, « quand le Chevalier eut bien entendu tout » le cas & la mauvaifté & ingratitude de » l'Admiral, fi le print par le bras en lui » difant, Monfieur, que voulez-vous faire ? » Vous fçavez qu'il n'y a gueres que le Roy » vous a donné l'office d'dAmiral, & par- » avant n'en aviez point d'autre ; montrez » que vous êtes fage & homme digne de

» mémoire, & devez tâcher d'acquérir bruit
» & honneur, & non pas croire votre fu-
» reur. Vous fçavez que du tems du feu Roy
» Charles, le Comte de Dammartin vous
» a fait tous les plaifirs qu'il a pû faire :
» confidérez auffi fi vous envoyiez un mef-
» fage par devers un, que vous penfiffiez
» qu'il fût votre ami, & le requeriez d'au-
» cune chofe, & il lui fît defplaifir, vous
» ne feriez pas joyeux ». Sans cette fage
remontrance du Chevalier Flamand, Voyault
couroit rifque d'être jetté dans la riviere;
c'étoit le ftyle du tems. Valpergue en ufa
de même, & fit de pareilles menaces.

L'émiffaire du Comte de Dammartin quoiqu'affligé, quoique trifte, ne fe décourage
pas. Il rencontre heureufement un domeftique
de fa connoiffance, qui étoit auprès de Jean
de Reilhac, Secretaire du Roy, qui l'emmene
avec luy. Reilhac au retour de chez le Roy,
voyant un homme inconnu, s'informe de fa
condition, lui parle & lui remontre la faute
qu'il faifoit d'abandonner un maître bienfaifant, parce qu'il eft dans la difgrace. Voyault
avoit d'abord déguifé fa miffion; il difoit qu'il
avoit quitté le fervice de Dammartin pour
chercher un maître : mais la remontrance
de Reilhac lui donna lieu de s'ouvrir fur

le fujet de fon voyage. Ce Miniftre, chofe
rare dans ces tems orageux, fut touché de
compaffion pour un homme difgracié ; il fit
fçavoir à Dammartin qu'il eût à prendre courage, & qu'il efperoit qu'on le rappelleroit
dans peu : mais que jufques-là, il lui con-
feilloit de mettre fa perfonne à couvert. Joachim Rouault étoit parti d'Avéfne, pour aller
exécuter à Laon quelques ordres du Roy.
Voyault le va trouver, & il en tira une réponfe auffi favorable qu'avoit été celle de
Reilhac. Dammartin qui attendoit à Saint
Fargeau, le retour de ce fidèle domeftique,
trouva quelques confolations dans les Lettres de Reilhac & Rouault : mais il ne falloit
point en refter là. Voyault fut donc envoyé
à Reims, où la Cour s'étoit renduë pour le
Sacre du Roy. Un parent de Dammartin le
préfenta au Duc Philippe de Bourgogne &
à Jéan Duc de Bourbon. Ces Princes remplis
des fentimens d'honneur & d'humanité qui
convenoient à leur naiffance, promirent d'a-
gir auprès du Roy. Le Duc de Bourgogne,
qui auroit fouhaité attirer le Comte à fon
fervice, prévit dès lors que Louis ne regne-
roit pas long-tems en paix ; & le Duc de
Bourbon fit fçavoir à Dammartin, qu'il auroit
de fes nouvelles dans quelque tems : il foup-

çonnoit déja quelque orage. C'étoit à la verité une consolation, qui donnoit de l'espe-
rance à ce Comte, mais qui ne le retiroit
pas encore d'un état de tristesse, qui l'obligea
d'être pendant deux ans errant & fugitif.
Ennuyé de se voir exclu d'une Cour, où il
avoit brillé, & dont il ne connoissoit que
la douceur, il résolut de s'aller jetter aux pieds
du Roy, qui étoit alors à Bordeaux. C'étoit
au retour de la Conference de Bayonne.
Louis surpris de voir le Comte à ses genoux,
lui fit quelques reproches sur sa conduite à
son égard, & lui demanda ce qu'il vouloit,
ou justice, ou misericorde ; Justice, répondit Dammartin : hé bien, lui repliqua ce
Prince, je vous bannis pour toujours de mon
Royaume ; & sur le champ, il lui fit donner
une somme considerable pour les frais de son
voyage : on dit quinze cens écus d'or, c'étoit
beaucoup ; il ordonna même de défrayer les
Archers qui le devoient conduire : cette
démarche du Roy n'empêchoit point les pour-
suites que l'on faisoit contre Dammartin. Le
Parlement qui l'avoit jugé par défaut, le déclara coupable du crime de leze - Majesté.
Cependant le Comte, ennuyé de vivre dans
les Pays Etrangers, & ne pouvant se résoudre
à rester toujours caché, se mit entre les mains

du Bailli de Mâcon, qui le conduifit dans les prifons de la Conciergerie du Palais à Paris, d'où il fut transferé dans la groffe Tour du Louvre. Enfin, à la pourfuite de Charles Comte de Melun fon ennemi, le Parlement rendit un Arrêt le 20 Août de cette année, qui déclare Dammartin convaincu de tous les crimes, dont il étoit accufé. La dépofition qu'il avoit faite en 1446, fût déclarée injurieufe, & lacerée en fa préfence. L'Arrêt le condamne à un banniffement perpétuel dans l'Ifle de Rhodes, & déclare tous fes biens acquis & confifqués au Roy. Mais ce Prince commua la peine du banniffement en celle d'une prifon ; & Dammartin fut enfermé à la Baftille. Il eut néanmoins le bonheur de s'évader au commencement de la guerre du bien public : il s'attacha aux Princes ligués ; & après la paix de Conflans & de Saint Maur, Louis XI le reçut en graces, & il devint un des plus intimes favoris de ce Prince : non pas un de ces favoris inutiles, qui font un objet d'averfion pour les fujets qui les méprifent ; il fut comme l'avoit été Jacques de Chabannes fon frere, Grand Maître de France ; & fe rendit par fes talens pour la guerre, l'un des hommes les plus néceffaires de ce règne. L'Arrêt donné contre lui, fut caſſé en 1468, pour raiſon d'une erreur intervenue dans la procedure. Cependant il ne laiſſa pas d'être diſgracié (*) une ſeconde fois en 1480, mais ſans rien perdre de ſes penſions, ni des dignités qu'il avoit meritées par les plus importans ſervices. Il a conduit ſa vie juſqu'à l'âge de 97 ans, qu'il eſt mort le jour de Noël 1508, après avoir ſervi honorablement ſous trois de nos Rois, & avoir vécu ſous cinq.

Le rachat des villes de la riviere de Somme, fut beaucoup plus important, & eut des ſuites plus conſidérables. Ces places, depuis S. Quentin juſqu'à Abbeville, auſſi-bien que le Comté de Ponthieu, n'étoit proprement qu'un gage pour indemniſer le Duc de Bourgogne au cas que les Anglois vinſſent à entamer ſes frontieres dans la guerre qui ſubſiſta encore long-tems après ce traité entre les deux Couronnes. Cependant l'engagement de ces places étoit conditionnel, & le rachat avoit été ſtipulé de la ſomme de quatre cens mille écus d'or, payables en deux payemens, au Duc de Bourgogne, ou à ſes Succeſſeurs. Le Roy Charles VII avoit

(a) Voyez les numéros 4 & ſuivans qui concernent le Comte de Dammartin.

projetté dès l'an 1449, de retirer ces villes ;
fur quoi il y eut un Conseil, où l'affaire
fut examinée : mais on la remit à un autre
tems. Le Roy Louis XI qui n'avoit plus de
guerre avec les Anglois, crut que ce gage
devenoit inutile ; il refolut donc de rentrer
dans les Places engagées, en fe conformant
néanmoins au traité, c'eft-à-dire, en payant
la fomme de quatre cents mille écus d'or.
Dès que le Comte de Charolois fut informé
de cette réfolution (*), il fit prier le Roy
de ne point penfer à retirer ces villes, qui
mettoient, difoit-il, à couvert, tout le pays
d'Artois : ce n'étoit là qu'un prétexte. La
vraie caufe fut, que le Roy avoit fait efperer
au Comte, qu'il lui remettroit à lui-même
les quatre cens mille écus qui devoient revenir de ce rachat ; cependant au grand chagrin du Comte, cette fomme fut remife
au Duc de Bourgorne, d'où elle paffa en
celles de Jacob Brefille, garde des Joyaux du
Duc, à qui il devoit rendre compte, & non au
Comte de Charolois. (a) Comme Louis n'étoit
pas content du Comte, il fit peu d'attention
à fes prieres, & le marché fut conclu avec

(*) Preuves, numéro 43.
(a) Olivier de la Marche, en fes Mémoires, Liv. I,
Chap. 35.

le Duc de Bourgogne, par le moyen d'Antoine de Croy, favori de Philippe; ce fut
un nouveau motif qui augmenta l'aversion
du Comte de Charolois contre ce Seigneur
& ceux de sa maison. Dès que le Roy eut
nouvelles de la conclusion, il fit partir de
Paris, Etienne Chevalier, (*) Trésorier
de France, avec deux cents mille écus, qui
devoient servir au premier payement. Il étoit
accompagné de cinquante Lances, c'est-à-
dire trois cents hommes, & de cent Archers
de ceux du Bailli d'Evreux. A Beauvais, Chevalier augmenta son escorte d'une centaine
d'hommes de la Compagnie du Maréchal de
Gamaches : il se rendit auprès du Comte
d'Eu, au pays de Caux, chez lequel il mit
en dépôt les deux cens mille écus, suivant
les ordres du Roy. De-là, il fut trouver le
Duc de Bourgogne, pour lui faire part de
sa commission, & il lui étoit ordonné de
se conduire en tout suivant les avis du Seigneur de Croy. Ce premier payement fut fait
à Hedin ; la quittance du Duc de Bourgogne (**) est du douziéme de Septembre &
le second se fit le huit Octobre suivant. Louis

(*) Preuves, numéros 48 & 49.
(**) Voyez le numéro 45 des Pieces justificatives.

qui

qui n'avoit pas les fonds néceffaires pour ce dernier payement, demanda au Parlement l'argent qui étoit aux Confignations, & l'on fe fervit même de celui qu'on avoit deftiné pour payer les gages des Officiers. Le Parlement perfuadé que les vuës du Roy étoient louables, fe prêta de bonne grace à ce qu'il defiroit, & tout reuffit à l'avantage du Royaume. Le Roy, pour rembourfer les fommes empruntées, fit affembler les Etats de chaque Province, & toutes y contribuèrent, peu à la verité, mais affez pour former la fomme dont le Roy avoit befoin.

L'affaire du rachat des villes de la riviere de Somme, n'étoit pas entierement confommée, que l'on arrêta un Exprès qui revenoit de Rome de la part du Duc de Bretagne. On lui prit fes inftructions qui portoient, que ce Prince introduiroit plutôt les Anglois dans fes Etats, que de fe foumettre au Roy. On fut informé à la Cour par la voye d'Ecoffe, & par quelques autres moyens, que Romillé, Vice-Chancelier de Bretagne, étoit à Londres, où il follicitoit le Roy Edouard, de fournir au Duc fix mille Archers ; & il promettoit de le recevoir dans fa Province, au cas que ce Prince voulût déclarer la guerre à la France. D'abord Louis fe plaignit de

cette perfidie ; le Duc protesta qu'il ignoroit
cette négociation. Il fit informer lui-même,
il ne trouva point de coupables. Il envoya
vers le Roy pour se justifier : mais on avoit
des preuves si convainquantes de sa mauvaise
conduite, qu'aucun du Conseil ne le crut.
On se contenta pendant quelque tems d'opposer la ruse à la ruse. On parut content de
ses excuses ; on l'en fit assurer par un Maître
des Requêtes, qu'on lui envoya pour lui
donner avis que le Roy venoit de nommer
des Commissaires, pour terminer à l'amiable
tous les differens qu'il avoit avec lui. Il y
eut même quelque chose de plus sur les dé-
fiances du Duc de Bretagne & du Comte de
Charolois. C'étoit entre ces deux Princes,
une correspondance reglée, dans laquelle ils
prenoient des mesures contre le Roy, avec
promesse de s'assister mutuellement. Le Duc
s'étoit allié avec le Roy d'Angleterre, sans
l'aveu du Roy. Ce Prince & son Conseil
avoient oublié sans doute, que Jean de Montfort & son pere, tous deux Ducs de Bretagne,
s'étoient vûs contraints de prendre des Lettres d'abolition, pour de pareilles alliances,
qui deviennent des crimes d'Etat dans un
Vassal. On avoit même arrêté un Exprès du
Pape, sur lequel on trouva des papiers, par

où il paroiſſoit que l'intention du Duc étoit
de ſe ſouſtraire entièrement à la Couronne de
France , & de s'en rendre indépendant. Il
eut la témérité de faire dire au Conſiſtoire
par ſon Procureur en Cour de Rome , qu'il
ne relèvoit point du Roy ; & qu'il mettroit
plutôt les Anglois en Bretagne , que d'y
ſouffrir les François. Tel étoit l'inconvénient
des Grands Vaſſaux , qui déclaroient ſouvent
la guerre à leurs Souverains , & qui cherchoient par les voyes les plus odieuſes à ne
les plus reconnoître pour avoir moyen de
traiter de paix avec eux.

Tous ces mouvemens n'empêchèrent pas
Louis de ſe rendre à Hedin , vers la fin du
mois de Septembre , pour engager le Duc de
Bourgogne à terminer une treve entre la
France & l'Angleterre , avec promeſſe de
lui donner les ſecours néceſſaires pour obliger le Comte de Charolois , qui étoit mal
avec ſon pere , à rentrer dans ſon devoir. Ce
fut encore un nouveau motif qui augmenta
le mécontentement que ce Comte avoit contre le Roy , qui ne s'éloigna pas de la frontiere de Picardie. Tant de voyages capables
de troubler la tranquillité de tout autre Prince,
ne lui faiſoient pas perdre de vûe les affaires
de l'intérieur du Royaume , ſoit en reglant

H 2

les Monnoyes, foit en ordonnant aux Gens d'Eglife de fournir des déclarations de leurs biens ; on fe plaignoit de tous côtés des ufurpations qu'ils faifoient. Il envoya des Commiffaires dans les Provinces pour la recherche de la Nobleffe & des Franc-Fiefs ; accorda le droit de Committimus a l'Univerfité de Paris, confirma les Privilèges des Officiers du Parlement, établit une Univerfité à Bourges, lieu de la naiffance ; enfin rien ne lui échappoit de tout ce qui exigeoit fes foins & fon autorité. Il prit occafion, fe trouvant fur la frontiere, d'aller à Tournay, pour fatisfaire aux inftances réitérées de cette Ville, ancien patrimoine de la Couronne qui n'avoit jamais été aliénée. Louis s'y rendit au commencement de Février, & y fut reçu avec tant d'éclat & de zéle, qu'il crut, par reconnoiffance, en devoir augmenter les privilèges ; & les habitans, pour témoigner leur affection à leur Souverain, lui rendirent l'obligation de vingt mille écus qu'ils lui avoient prêtés depuis quelques mois, pour lui aider à racheter les Villes de la Riviere de Somme. De-là il fe rendit à Lille où il refta peu de jours.

Le Duc de Bretagne qui foupçonnoit que fes intrigues pernicieufes avec l'Angleterre étoient découvertes, s'avisa, pour donner le change, d'accuser lui-même impudemment le Roy de vouloir introduire les Anglois dans le Royaume, pour leur rendre la Normandie & la Guyenne ; accusation qu'il porta jusques à Rome & qu'il réitera à Charles, Duc d'Orléans (a), que Louis envoya pour ramener le Duc à son devoir ; mais ce fut inutilement : ce Prince, loin de se soumettre, avoit fait toutes ses pratiques au-dedans & au-dehors, & le mal étoit prêt d'éclater. Il donnoit depuis long-tems retraite au Duc d'Alençon, qui avoit renoué ses correspondances avec les Anglois pour les attirer dans le Royaume : crime pour lequel le Roy à son avénement à la couronne lui avoit accordé une abolition : & ce ne fut qu'après d'instantes sollicitations qu'il accorda au coupable un nouveau pardon. Louis étoit retourné au mois de May sur les frontieres de Picardie, pour mettre la derniere main à la trève avec Edouard Roy d'Angleterre ; trève nécessaire, qu'il souhaitoit avec ardeur, & qu'il ratifia enfin le 20 de May ; après quoi, pour convaincre d'imposture le Duc de Bretagne, il fit publier la lettre de ce Prince, par la-

(a) Lettre de Louis XI au Duc d'Orleans, dans les Recueils de M. Le Grand.

H 3

quelle on découvroit fes deffeins pernicieux ;
& pour en donner une entiere conviction , le
Roy avoit réfolu de faire prendre mort ou
vif Jean de Romillé , Vice - Chancelier de
Bretagne , qui étoit paffé en Hollande en
habit de Dominicain , pour y négocier en
faveur de fon Maître. Il chargea de cette
expédition le Bâtard de Rubempré , homme
hardi & entreprenant , jufqu'à la témérité. On lui fit armer une fregate de vingt-
cinq hommes d'équipage ; il partit du Crotoy , petite Place à l'embouchure de la riviere de Somme , alla & vint dans la Man-
che & relâcha à Walkeren , l'une des Ifles
de Zélande , où il defcendit lui troifiéme ,
& fut fecrettement à Gorcum , médiocre ville
de la Hollande , où le Comte de Charolois
étoit comme relegué par fon pere. Il croyoit
y trouver Romillé. L'imprudence de Rubempré lui fit affecter un air myftérieux ; & comme rien ne fçauroit être caché dans un petit
endroit , il n'en fallut pas davantage pour
donner lieu de le foupçonner. Il fut arrêté ,
& fur la réputation qu'il avoit d'être un avan-
turier & un téméraire , ou plutôt , comme on
le qualifioit alors , un garnement & un mauvais garçon (a) , on fit courir le bruit qu'il

(a) Monftrelet, fur l'an 1464.

n'étoit venu en Hollande que pour enlever le Comte de Charolois, après quoi on se seroit rendu maître du Duc Philippe de Bourgogne son pere, & de sa fille Marie. Olivier de la Marche, Maître d'Hôtel du Comte, fut choisi pour porter cette fausse nouvelle à Hedin où le Duc étoit alors, il aggrava même si fort la méchancheté de cette entreprise, que Philippe saisi de frayeur croyoit déja être arrêté ; Louis eut beau lui écrire de l'attendre le lendemain à dîner, il n'en fit rien & partit aussi-tôt, c'étoit le premier Octobre, pour se rendre à Lille. Dès-lors on publia contre le Roy une infinité de calomnies jusques dans les Prédications. Le Duc laissa néanmoins Adolphe, Duc de Cleves son neveu, à qui il ordonna de recevoir le Roy au cas qu'il vînt à Hedin. Mais Louis affligé de ces bruits calomnieux, se retira à Rouën : il voulut néanmoins tirer raison de l'injustice qui lui étoit faite, & dépêcha une Ambassade vers le Duc de Bourgogne. Elle étoit composée du Comte d'Eu, Prince du Sang, d'une expérience consommée, d'Antoine du Bec-Crépin, Archevêque de Narbonne, Prélat sage & modéré, & du Chancelier Pierre de Morvilliers, homme dur & violent, qui porta la parole, & qui le fit avec trop peu de mo-

H 4

dération. Ils arrivèrent à Lille le 5 Novembre
1404 & eurent audience le lendemain. Comme
c'est à cette Ambaffade que Comines commence
fes Mémoires, je me difpenferai de continuer
cet extrait hiflorique, pour le laiffer parler.

Mais, pour revenir fur l'affaire du Bâtard
de Rubempré, le Roy pouvoit-il fe juftifier d'une entreprife qu'il faifoit contre le
droit des gens? Lui étoit-il permis de faire
enlever de force en tems de paix un fujet,
qui fe trouvoit fur un territoire, qui ne re-
levoit pas de lui ? A le prendre de ce côté
feulement, Louis n'étoit pas innocent aux
yeux de toute l'Europe : il eft vrai qu'il en
fut puni par la guerre que lui attira une fi
grande témérité.

Je fçai combien il eft difficile de donner au
vrai le portrait de Louis XI & faire exactement connoître le caractere de ce Prince. La
prévention eft fi forte à fon égard, elle a fi
bien pris le deffus, qu'il eft comme impoffible de ramener les efprits. Je vais rapporter
d'abord ce qu'en dit un de nos plus célèbres
Ecrivains. « On fait l'honneur à Louis XI
» de dire qu'il a mis les Rois de France hors
» de braffieres, ce font les paroles de Gom-
» berville (a), mais on l'accufe de n'y avoir

  (a) Vertus & vices de l'Hift. par Marin Le Roj de

» pas procedé en homme de bien ; que c'é-
» toit un renard qui fans fortir du Cabinet ,
» faifoit la guerre à tous ceux qui nuifoient
» à la grandeur de fa Courone. Je voudrois
» bien que l'on me pût prouver qu'il eſt plus
» juſte de déclarer ouvertement la guerre
» & d'aller attaquer fon ennemi avec tous
» ces grands appareils , qui accompagnent
» les armées. J'aime bien mieux la ruine de
» Catilina fans bataille , fans tumulte & fans
» fédition , que la perte de Pompée avec
» tant de meurtres , tant de Romains égorgés
» & tant d'autres malheurs qui fuivent tou-
» jours les grandes défaites. Pourquoi Louis XI
» ne fera-t'il pas auſſi eſtimé de s'être défait
» de ceux qui l'avoient enfermé dans des
» bornes fi étroites , fans y avoir prefque
» rien contribué que fon Confeil , que s'il
» les avoit tous défaits avec une grande
» armée , comme Charlemagne défit tant de
» Sarrafins & d'autres Peuples dans l'Eu-
» rope. Quant à moi je ne trouve point en
» cela d'occafion de calomnier la mémoire
» d'un Prince , & je louerai auſſi hardiment
» l'artifice de Louis XI , que la valeur de
» Charlemagne. Ce font des effets différens
» qui n'ont tous qu'une même caufe ».
Gomberville , in-4. Paris , 1620 , p. 149 & 150.

Ce n'eſt-là néanmoins qu'une partie de ſon portrait. D'autres ont crû le devoir peindre autrement, en marquant que ce Prince, quoique ſage, heureux & grand politique, quoique bon maître pour ceux qui ſavoient être véritablement valets, ne laiſſa point de paſſer pour un ami méſiant, pour un ennemi cruel, & pour un voiſin dangereux : qu'il fut auſſi mauvais pere & mauvais mari, qu'il avoit été mauvais fils. C'eſt ce qu'on a dit pour le caractériſer : en faut-il davantage pour montrer que c'étoit un aſſemblage de tout le bien qu'on pouvoit ſouhaiter, & de tout le mal qu'on devoit le plus redouter dans un Prince.

Le dernier qui nous a peint Louis XI, eſt M. Duclos, dans ſon élégante Hiſtoire de ce Roy. « La principale erreur (a) où l'on
» tombe, dit-il, en voulant peindre les
» hommes, eſt de ſuppoſer qu'ils ont un
» caractère fixe, au lieu que leur vie n'eſt
» qu'un tiſſu de contrariétés : plus on les
» approfondit, moins on oſe les définir. J'ai
» rapporté pluſieurs actions de Louis XI
» qui ne paroiſſent pas appartenir au même
» caractère. Je ne pretends, ni les accorder,
» ni les rendre conſéquentes. Il ſeroit même

(a) Duclos, Hiſtoire de Louis XI, Tome III, p. 466.

» dangereux de le faire : ce feroit former
» un fyftême , & rien n'eft plus contraire à
» l'Hiftoire , & par conféquent à la vérité.
» J'ai repréfenté Louis XI dévôt & fuperfti-
» tieux , avare & prodigue , entreprenant
» & timide ; clement & fevère , fidèle &
» parjure : tel enfin que je l'ai trouvé fui-
» vant les différentes occafions ». C'eft fur
cette efquiffe que Monfieur Duclos forme
enfuite fon tableau , qu'il étend, qu'il per-
fectionne , & qu'il prouve par les différens
faits , qui caracterifent ce Prince.

Mais feroit-il permis de donner avec plus
d'étendue ce même tableau , fur les traits
que Louis XI nous en a laiffés lui-même
dans fes Lettres ; par-là je m'éloigne également de la fatyre & de la flatterie. C'eft le
cœur qui parle dans ces Ecrits familiers ; au
lieu qu'on fe déguife fouvent dans des actions,
qui doivent paroitre au grand jour. Ces der-
nières font quelquefois équivoques , mais le
langage du cœur ne l'eft jamais. Sa pieté ne
fçauroit paffer en tout pour un problême. Je
n'en tire pas la preuve des préfens faits aux
Eglifes , comme au Puy Notre-Dame (a) en

(a) LETTRE DE LOUIS XI A M. DUPLESSIS
BOURRÉ.

Monfieur Dupleffys , j'ai ordonné à Maiftre Pierre

'Anjou , à Notre - Dame de Bonne - Espe-
rance (a) en Brabant , au Mont-Saint-Michel,

Parent vous bailler la somme de IIII mille escus ,
pour l'employer en rentes pour une Messe que je vueil
fonder en l'Eglise du Puy Nostre-Dame en Anjou à
(chacun) jour, & pour ce recouvrez incontinent dudit
Maistre Pierre Parent lesdits IIII mille escus, & faites
qu'ils soient employez en rentes dedans ung an , ou
plustost; & qu'il n'y ait point de faute, car je ne serai
à mon aise, jusques à ce que ladite Messe soit fondée.
Escrit à Estrées-au-Pont le VIIe jour de Juin. Signé ,
LOYS , & plus bas , PICOT. Tiré du MS. de Gagnieres
272 fol. 3 dans la Bibliotheque du Roy.

Le Puy-Nostre-Dame est en Anjou. Voici un Etat
des dons que lui a fait Louis XI. Le 14 Janvier 1482
par les mains de M. Bourré , 1°. 4590 liv. 2°. 4750
liv. 3°. 4605 liv. 4°. 4250 liv. 5°. 6416 liv. 13 s. ce
qui fait au total 27571 liv. Tiré du Volume 378 des
MSS. de Gagnieres , fol. 38 dans la Bibliotheque du
Roy; & au fol. 39 sont énoncées diverses rentes données à ladite Eglise.

(a) *ORDONNANCE du Roy Louis XI à M.*
Duplessis Bourré , pour remettre trois mille sept cens écus
d'or , pour présenter à Notre-Dame de Bonne-Esperance
en Brabant.

Maistre Jehan Bourré , baillez & délivrez à Frere
Laurent Albert , Prieur de Rochemore , la somme de
trois mille sept cens escus d'or, pour porter à Nostre-
Dame de Bonne-Esperance en Brebant, pour illec l'offrir de par Nous , laquelle nous vous avons baillée en

à Saint Martin de Tours, & à beaucoup
d'autres, aufquelles il fit des dons immenfes.
Les offrandes & les fondations ne font pas
toujours des marques certaines d'une piété
folide ; mais je la tire de fa charité pour
les pauvres, fur-tout ceux des Hôpitaux
(a), dont la trifte fituation implore le fecours de la pieté des fidèles : je la tire
de fon attention à remercier Dieu, lorfqu'il
lui arrivoit quelque profpérité : je la tire de
fon refpect pour le S. Siége, refpect qu'il fçut
allier avec la Majefté royale : enfin fes foins
fe portoient fur la réformation des mœurs
des Eccléfiaftiques & des Religieux. Il vouloit que chacun pratiquât les devoirs de
fon état. Je regarde la reconnoiffance comme

garde. Et par ces Préfentes nous vous en tenons quitte
& defchargié. Donné au Montils le xviie jour de
Avril, l'an mille cccc. foizante-neuf, aprés Pafques,
Signé, LOYS. Et plus bas, FAMENGS. Tiré du MS.
372 de Gagnieres, fol. 92, dans la Bibliotheque du
Roy.

La quittance & reçu fe trouve Vol. 375 des MS. de
Gagnieres, fol. 80.

(a) Volume 8441 de la Bibliotheq. du Roy, fol.
23 où font quelques quittances des Curés & Supérieurs
des Hôpitaux, aufquels le Roy faifoit des charités.

une vertu qui fuit la piété. L'ingratitude eſt auſſi-bien un vice dans la Religion que dans la vie civile. Louis a pratiqué exactement cette vertu, ſur-tout à l'égard de ceux qui pour le ſuivre dans ſa diſgrace, avoient abandonné leurs biens & leur famille. Les Princes comme les autres hommes, font beaucoup plus par eſperance des ſervices qu'on leur doit rendre, que par reconnoiſſance pour ceux dont il n'y a plus rien à eſperer.

L'amour de la juſtice vient aprés la religion, on la trouve dans ce Prince portée auſſi loin qu'elle peut aller. Il apprend qu'on ſe plaint d'un Procès mal jugé dans une Province ; il en fáit venir la procedure pour l'examiner lui-même. Le Chapitre d'Evreux lui repréſente le peu de juſtice de ſon Procureur ; ſur le champ il écrit au Chancelier en ces termes. *Monſieur le Chancelier* (a), *ceux du Chapitre d'Evreux ſe ſont venus plaindre à moi de mon Procureur. Oyez tout ce qu'ils voudront dire, & leur faites bonne & brieve juſtice ; & gardés bien que telles choſes de juſtice ne viennent plus à moi, car c'eſt à vous & non pas à moi, pour ce que je ne m'y*

(a) Tiré du MS. 8438 de la Bibliotheque du Roy, fol. 6.

congnois ; & adieu. Ecrit à Saint Laurent des Eaux, le 3 jour d'Août. Signé LOYS, & plus bas, *BESSONAT.* Et dans une autre Lettre il parle en ces termes. *Chancelier,* (a) *faites juftice incontinent de celui qui a tort, & incontinent me mandez, & laiffez toutes mes befognes pour ce faire.* On l'avoit averti que les Loix de Venife & de Florence, étoient plus juftes & plus équitables que toutes les autres (b), il veut en être informé, par le défir qu'il a de donner ordre à la juftice & à la police du Royaume. Je fçai néanmoins qu'on lui reproche, & même avec raifon, d'avoir pouffé trop loin ce qui regarde l'exercice de cette même juftice & d'avoir été jufques à la rigueur. On voit par-là combien il eft difficile de fe contenir dans les bornes de la vertu ? Cet amour de la juftice engageoit fouvent des Etrangers à recourir à lui. C'eft ce qui porte l'Abbé & les Religieux de Saint Hubert dans les Ardennes, à implorer fa protection (c), & à le fupplier

(a) Recueil de Pieces de M. Duclos, p. 459.
(b) Même Recueil, p. 449.

(c) *LETTRES des Abbés & Religieux de S. Hubert en Ardennes, à un Seigneur de la Cour, pour implorer la protection du Roy Louis XI.*

Très-honoré Seigneur & bienfaiteur, très-hum-

de continuer à les prendre en fa fauve-garde]
Il n'auroit pas fouffert qu'une puiſſance Etran-
gere s'appliquât à perſecuter cette Abbaye
célébre, comme on a fait depuis peu. L'exactitude de Louis, à payer & à rendre *les*
fommes qu'il avoit empruntées, firent *partie*
de fon efprit de juſtice. Auſſi dans ſes befoins avoit-il la facilité de faire de nou-

blement nous recommandons à votre bonne grace, **en**
fieuvant vos lettres qu'avons reçues touchant l'Ordonnance à vous faite de par le Roy noſtre fouverain
Seigneur, nous envoyons preſentement vers vous notre
Confreire le Prieur de Periers, commis de par nous,
pour faire & conclurre avec vous felon le contenu de
vos Lettres, & vous fupplions très-humblement que à
noſtre dit Confreire vous plaife ordonner & conclurre
en cefte matiere, comme à nous mefmes, fe nous eſtoiens
prefens, & nous prierons à Dieu & au benoiſt Saint
pour l'Eſtat de noſtre dit fouverain Seigneur & pour
vous, qui par les mérites & interceffion dudit glorieux
Corps faint vueille préferver en toutes félicitez felon
nos defirs. Efcript le xvii*e* jour de Novembre, an
lxxii. Signé, Vos très-humbles Chappelains & Ora-
teurs les Abbé & Couvent du Monaftere de Saint Hubert en Ardenne. (Tiré du MS. 373 de Gagnieres,
dans la Bibliotheque du Roy, fol. 42).

Et au MS. 3435 fol. 102 de la même Bibliotheque
fe trouve la Requête de l'Abbé & des Religieux de S.
Hubert, qui prient Louis XI de continuer à les prendre en fa fauve-garde.

veaux

veaux emprunts dans la bourse de ses
sujets (a).

(a) *ORDONNANCE de Louis XI, en faveur de Charles
de Gaucourt, pour lui faire payer une somme de trois mille
livres pour partie de celle de trente mille livres dont il avoit
répondu pour le Roy.*

DE PAR LE ROY.

Jehan Briçonnet, Receveur General de nos finances;
pour ce que à nostre Requeste nostre amé & féal Conseiller & Chambellan Charles Seigneur de Gaucourt
s'est obligé en son propre & privé nom & constitué
principal débteur envers nos chers & bien amés Jehan
de Beaune & Jehan Briçonnet, Marchans & Bourgeois
de Tours, en la somme de trois mille livres tournois,
pour partie de trente mille livres qui par eulx nous
a esté prestée & avancée, pour fournir au payement &
entretenement des gens de guerre, & autres affaires
de nostre armée, estant de present en nostre Pays de
Roussillon; nous voulons & vous mandons que sur la
somme de xxvi mille liv. que avons premierement ordonné estre mise sus és mettes de votre recepte pour
le fait de ladite armée, vous payez & baillez à notre
dit Conseiller & Chambelan ladite somme de trois
mille livres tournois, pour l'employer en son acquit
ou payement de semblable somme, dont il s'est obligé,
comme dit est, aux dessusdits Jehan de Beaune & Jehan
Briçonnet; & ou cas que icelle somme ne se pourroit
recouvrer sur les deniers dessusdits, nous voulons

Tome X.　　　　　　　　　　　　L

Son activité alloit au-delà de tout ce qu'on en peut dire. On voit par ses Lettres écrites de presque tous les endroits du Royaume, qu'il doit en avoir fait le tour deux ou trois fois. Cette même activité le porte à entrer dans une infinité de détails. Il n'est pas surprenant de voir qu'il veuille prendre connoissance par lui-même du Procès du Comte de Perche (a) ; cette affaire où il s'agissoit d'un Prince du Sang, le regardoit personnellement : mais on doit être étonné de remarquer combien il entroit dans l'intérieur des familles bourgeoises,

qu'elle soit prinse & payée sur les premiers & plus clers deniers de nos autres finances des mettes de vostre dite recepte, tant de cette presente année que de l'année prouchaine, & paravant toutes autres charges & assignations quelconques ; & en rapportant ces Presentes signées de nostre main, nous employerons ladite somme de trois mille liv. tournois en vos roolles sans difficulté. Donné à Amboise le septiéme jour de Juillet l'an mille cccc soixante-treze. Signé, LOYS. Et plus bas, FAMENGS. (Tiré du MS. 375 parmi ceux de Gagnieres, dans la Bibliotheq. de Sa Majesté, fol. 86.

(a) Monsieur le Chancelier, j'ai reçu vos Lettres. Envoyez-moi incontinent le Procès de M. le Comte de Perche, & adieu. Ecrit à Chaumont le 12e jour de Mars (1482). Signé, LOYS. Et plus bas, BARBISEY. (Tiré du MS. 8432 de la Bibliotheq. du Roy, fol. 9).

pour se mêler de mariages (a). Il vouloit
tout connoître par lui - même, & il exigeoit souvent que les particuliers lui écri-
vissent. C'est le moyen qu'il avoit trouvé
pour éviter les tromperies, que lui auroient
pû faire ses Ministres : malgré ces précau-

(a) DE PAR LE ROY.

Cher & bien amé, nous avons sceu par notre amé
& féal Chevalier Jehan de Saint Gelays les termes
qui ont été tenus touchant la fille de la Dame Dauge,
en quoi de votre part & pour l'amour de nous vous
êtes très-grandement porté, dont vous savons très-
grand gré & très-fort vous en remercions ; & pour ce
que nostre desir & affection est que notre amé & féal
Josselin du Boys, Bailly des Montaignes d'Auvergne
& notre Maréchal des logis, ait ladite fille en mariage,
pour laquelle cause l'envoyons présentement pardevers
lad. Dame Dauge, & par vous y être besoignié, ainsi
que pour le mieulx sera advisé ; nous vous prions derechef bien à certes que en perseverant toujours en
notre bon vouloir, vous y veuillez toujours tenir la
main & y faire comme avez encommencé, & que notre
affection & desir & de nôtre part le recognoistrons vers
vous & vos parens & amys en temps & en lieu, tellement que de nous devrés être content. Donné à
Tours le VIIIe jour de Décembre. Signé, LOYS. (Et
plus bas,) P. LE PREVOST. Tiré sur l'original communiqué par M. de Mandajers, de l'Académie Royale
des Belles-Lettres.

tions, il ne laiſſoit pas d'être quelquefois trompé. Tel eſt le malheur des Princes & des Seigneurs, qui ne ſauroient tout voir par eux-mêmes. L'occaſion s'en préſenta dans un de ces mariages, auquel il ſe portoit avec inclination pour un de ſes domeſtiques. Le fait eſt ſingulier, & mérite d'être tiré de l'obſcurité.

Jean le Tellier, Marchand de Rouen, homme riche, ou du moins fort aiſé, avoit une fille nubile. Le Roy lui fit l'honneur de lui écrire, & lui demanda ſa fille en mariage, pour Pierre de Lille, l'un de ſes Valets de chambre, & Grenetier à Côſne. Les Négocians s'aſſemblèrent, & pluſieurs opinèrent que le Tellier devoit préſenter ſa Requête, après quoi on croyoit qu'il falloit écrire au Bailli de Rouen, pour ſçavoir de lui ſi on s'adreſſeroit directement au Roy, ou ſi on ſe ſerviroit de la médiation du Patriarche de Jéruſalem, ou du Chancelier, ou de Guillaume Picart, Général des Finances de la Province. Roger Gouel, concitoyen de le Tellier, fit connoître qu'en Normandie on étoit franc & libre, & qu'on étoit maître de marier ſes enfans à qui l'on jugeoit à propos; que ſon ſentiment étoit que l'on écrivît ſeulement au Patriarche,

au Bailli , & à Guillaume Picard , &
non au Roy , pour lui dire que le Tellier
vouloit marier fa fille à un homme de fon
état , fuppofé qu'elle voulût fe marier. Regnault de Villeneuve , autre Bourgeois , fut
d'avis qu'on écrivît au Roy , & que la Lettre
fût adreffée à Waft de Montefpedon , Bailli
de Rouen. Enfin , après bien des confulta-
tions , la conclufion qui parut la plus fimple , la plus fage & la plus raifonnable , fut
que la mere de la fille écriroit au Roy , &
fuppoferoit que fon Mari étoit abfent. Voici
la Lettre , telle qu'elle a mérité d'être inférée dans un Regiftre des Priviléges de la
Ville de Rouen.

(a) *Lettre d'Etiennette , femme de Jean
le Tellier , au Roy.*

« Mon Souverain Seigneur , je me re-
» commande à votre bonne grace , tant & fi
» humblement que je puis ; & vous plaife
» fçavoir , Mon très - Souverain Seigneur ,
» que j'ai reçu une Lettre qu'il vous a plû
» écrire à mon Mari & à moi , par laquelle
» vous mandez qu'avez entendu , qu'avons

(a) Tirée des Recueils de M. l'Abbé Le Grand à
l'an 1464.

I 3

» une fille prête à marier , & pour ce qu'i-
» celle voulions donner en mariage à Pierre
» de Lille , votre Valet de chambre , Grene-
» tier à Cofne : furquoi , Sire , vous plaife
» fçavoir que mondit Mari pour le prefent
» & paravant la reception de vofdites Let-
» tres , n'étant point ici , par quoi bonne-
» ment fur ce , ne fçaurois faire réponfe ,
» forfque les corps & biens de mondit Mari
» font vôtres , pour en faire & ordonner à
» voftre plaifir , & vous remercie fi très-hum-
» blement que je puis , de ce qu'il vous a plû
» nous écrire de l'avancement de noftre fille.
» Toute fois , Sire , il y a ja long-tems que
» par plufieurs advertiffemens , on a fait re-
» querir notre fille , pour avoir en mariage ;
» à quoy tousjours elle a fait réponfe , qu'elle
» n'avoit aucun vouloir de foy marier ; & de
» prefent lui ai parlé fur le contenu de vof-
» dites Lettres , laquelle derechef en la pre-
» fence de Meffieurs les Vicaires de Rouen ,
» Maître Robert Viote , dudit Pierre de Lille
» & autres , a fait réponfe qu'encore ne
» veut fe marier : & pour ce , Sire , fe voftre
» plaifir eft , fi aurez mondit Mari & moi &
» auffi noftredite fille pour recommandés ,
» mon Souverain Seigneur. Je prie à notre
» Seigneur qu'il vous donne très-bonne vie

» & longue. Ecrit à Rouen le 24 jour de » Juin » (1464). On ne trouve point la fuite de cette affaire , peut-être en refta-t'on à cet honnête refus.

L'idée populaire eft que Louis **XI** ne prenoit confeil que de lui-même : cependant on peut affurer qu'il y a peu de Princes qui ayent confulté plus exactement les perfonnes experimentées. C'étoit fouvent le Vicomte de la Belliere , c'eft-à-dire Tanneguy du Châtel , (a) Gouverneur de Rouffillon , auquel même il fait quelquefois des reproches d'amitié , (b) fur ce qu'il ne fe rendoit pas auprès de lui pour l'aider de fes lumieres. *Monfieur le Gouverneur. Je vois bien que vous ne tenez compte de moi ; car vous ne me daignez venir voir. Et pour ce, je vous prie que incontinent ces Lettres vûës, vous en venez devers moi pour aucunes chofes que j'ai à vous dire. Ecrit à Mons , près Blois , le 11 jour de Novembre. Signé LOYS , & plus bas , TILHART.* Au dos eft écrit , *à notre amé & féal Confeiller & Chambellan , le Vicomte de la Belliere , Gouverneur de Rouffillon.* Une autre fois il s'adreffe au Comte de Dammartin , pour receyoir dans

(a) Voyez le Recueil de M. Duclos , p. 383.

(b) Tiré des Recueils de M. l'Abbé le Grand.

L 4

l'ordre de S. Michel, Monsieur de Rohan, qui a, disoit-il, (a) *liberalement delaissé tout son bien en Bretagne, pour venir en mon service, auquel il est continuellement, & qu'il est de bien bonne & grande Maison ; de laquelle je pourrois au tems, à venir estre grandement servi.* Je m'en vais à Tours, lui dit-il, dans une autre Lettre. (b) *Je ne vous écris autre chose ; mais j'ai plus grande faim de parler à vous, afin de trouver le remede en cette matiere de Bourgogne, que je n'eus onc à Confesseur pour le salut de mon ame.* Ainsi Pierre de Brézé, Grand Sénéchal de Normandie ne connoissoit pas l'intérieur de la conduite du Roy, lorsque le voyant monté sur un petit cheval, il s'hazarda de lui dire : *Sire, votre Majesté est très-bien montée ; car je ne pense pas qu'il se puisse trouver Cheval de si grande force que cette hacquenée.* Comment cela, dit le Roy : *pour ce que,* repartit le Sénéchal, *elle porte votre Majesté & tout son Conseil.*

Quoique Louis n'eût pas de premier Ministre, il ne laissoit pas d'avoir un Conseil & des personnes sages, en qui il mettoit toute sa con-

(a) Recueil de M. Duclos, p. 401 & 436,
(b) Au même Recueil, p. 431.

fiance. L'un des plus diſtingués, fut Imbert
de Baſtarnay, ſieur du Bouchage, auquel il
écrivoit ſouvent, comme à un ami, dont il
connoiſſoit la capacité & la fidelité. Quelquefois il le laiſſoit maître des affaires qu'il dai-
gnoit lui confier ; il lui ordonnoit ſeulement
de l'avertir de ce qu'il avoit exécuté, afin
de ne ſe pas trouver en oppoſition avec lui-
même. J'ai remarqué que les Seigneurs, tels
furent le Roy René de Sicile, & le Cardinal de Saint (a) Pierre aux Liens, ne s'adreſ-

(a) *LETTRE du Cardinal de Saint Pierre* ad Vincula
à M. du Bouchage.

Monſieur du Boſchaige, je me recommande de très-
bon cueur à vous. Le preſent porteur eſt Maiſtre Jehan
Chardelli, lequel va par delà touchant l'Eveſché de
Verdun, ainſi que vous ay reſcript par lui meſmes.
J'ay chargé audit Chardelly vous dire & réferer aucunes
choſes touchant mon Abbaye de Gorze, auquel vueillez en ce & autres choſes quelles il vous dira de ma
part ajouter foy & creance, vous priant que vueillez
avoir le fait de madite Abbaye & mes autres affaires
de par delà en ſinguliere recommandation, & vous me
ferez très-grant plaiſir ; & quant en aucunes choſes vous
pourray ſervir par-deçà, en me le ſignifiant, je le
feray de trés-bon cueur. Monſieur, je vous prie derechief que me vueillez recommander à la bonne grace
du Roy, en le ſuppliant de ma part que ſon bon
plaiſir ſoit me commander tousjours ſes bons plaiſirs,

foient pas moins à lui qu'au Roy. Mais **il**
exigeoit que ceux en qui il mettoit fa confiance lui obéiffent exactement : *Gardez-fur*
votre vie, dit-il , *que vous ne faites aucuns paye-*
mens (a) (aux gens d'armes , qui ont abandonné le fervice de Monfieur de Calabre)**,**
dont nous fommes très - mal content. Il exigeoit la même ponctualité du Chancelier (b),

pour les accomplir à mon povoir , aydant le benoift
Fils de Dieu, qu'il vous doint , Monfieur du Bofchaige
parfaite joye de vos defirs. Efcript à Rome le vi^e jour
de Juing. Le tout voftre , le Cardinal *Sancti Petri ad*
Vincula. (Tiré du MS. 8436 de la Bibliotheque du
Roy , fol. 67. Voyez auffi les fol. 7 , 9 & 19 du même
Volume.

(a) Lettre de Louis XI au Tréforier des Guerres,
Volume 368 des MSS. de Gagnieres, dans la Biblioth.
du Roy , fol 2.

(b) *LETTRE de Louis XI, au Chancelier.*

Monfieur le Chancelier , j'ai fçeu que vous avez
refufé de fceller le Mandement que j'ai octroyé à
Monfieur de Bellenave , dont je ne fuis pas content ;
& pour ce incontinent fcellez-le-lui tel qu'il eft, & n'y
faites point de faulte , car je vueil qu'il l'ait. Efcript
aux Forges le xvie jour de Mars. Signé , LOYS. Et
plus bas, COURTIN. Tiré du MS. 4838 de la Bibliotheq. du Roy parmi ceux de Bethune , fol. 21.

Autre Lettre au même.

Monfieur le Chancelier , je vous avoye efcript dès la

& de tous les autres. Quelquefois il le faisoit
en maître, tel est ce reproche fait à ce Ma-
giftrat ; *je vous prie, Beau-Sire, (a) que en
mes befognes vous ne me foyez pas fi rigoureux ; car je ne le vous ai pas été aux vôtres.*
Quelquefois il le faifoit en ami ; comme on
le voit en une Lettre à Dupleffis Bourré.
Monfieur Dupleffis, mon ami, je vous (b)
*efcrit que j'ai fait vœu de ne manger point de
chair jufques à ce que le vœu que j'ai fait
d'envoyer 1200 écus pour deux cens marcs
d'argent, que j'ai ordonné pour faire une
Ville de Beauvais, en remembrance de ce que
Dieu m'a donné cette Ville, foit accompli :*
c'étoit après que le Duc de Bourgogne eût
levé le Siége de cette Ville en 1472. Une

femaine de Pafques que incontinent feiffez féeler les
Privileges que j'ai donnés au Colliege de mes Sécre-
taires, dont n'avez riens fait ; je n'en fuis pas content.
Et pour ce incontinent ces Lettres veues, faites - les
féeler fans plus y faire de difficultez, nonoftant tous
empefchemens, caufes, raifons & autres que vous voudriez dire au contraire ; & gardez qu'il n'y ait point
de faulte & que je n'en oye plus parler, autrement
je ne feray pas content de vous. Efcript au Pleffis-du
Parc le xviie jour d'Avril. Signé, LOYS. Et plus
bas, CHARPENTIER. Tiré du même Vol. fol. 9.

(a) Recueil de M. Duclos, p. 452.
(b) Au même Recueil, p. 399.

autre foîs il écrit au Chancelier d'une maniere polie & honnête. *Monsieur le Chan-*
celier (a) *soffrez & permettez assister en mon*
grand Conseil, Maîtres Jacques Achier, &
Hugues Josiam, qui ont Lettres de retenuës de
moi ; & leurs permettez & soffrez faire ser-
ment ès autres Conseillers, & Adieu. Ecrit
au Plessis du Parc, le 12 jour de Janvier.
Loys, & plus bas, BESSONAT. Quelquefois il adoucissoit ce ton severe ; rarement
néanmoins, & il falloit qu'il eût affaire à des
personnes qui fussent familiéres avec lui, ou
dont il eût un extrême besoin. (b) *Je vous*
donnerai la chose que aimez le mieux, qui est
argent, dit-il en badinant avec du Bouchage;
& dans une autre Lettre au Comte de Dammartin, il lui marque (c), *Vous êtes aussi-*
bien Officier de la Couronne, comme je suis,
& si je suis Roy, vous êtes Grand-Maître,
& Adieu.

Si le Roy Louis XI s'en étoit tenu aux
traits que nous venons de rapporter dans la
premiere face de ce Tableau, il passeroit

(a) Vol. 8432 des MS. de Bethune, dans la Biblioth. du Roy, fol. 89.
(b) Lettre de Louis XI, à M. du Bouchage, au
Vol. 8445 de la Biblioth. du Roy, fol. 6.
(c) Recueil de M. Duclos, p. 444.

avec raifon pour un des plus grands Rois de la Monarchie : mais il a eu le malheur de fe livrer trop facilement à fon humeur inquiette. L'envie de dominer d'une manière impérieufe, a été la caufe des chagrins qu'il a reçûs, & de ceux qu'il a donnés à fes fujets & à fes voifins. Elle lui à même fait tort dans la pofterité. C'eft de cette fource qu'eft fortie fa premiere défobéiffance au Roy fon pere, en 1440 : à peine pouvoit-il obéir avec fageffe & avec difcretion, qu'il voulut commander en maître, & fe mettre, pour ainfi-dire, au-deffus de celui qui avoit droit de le faire. Il prétendoit qu'on ne formât point la plus legere oppofition à fes volontés. Il n'y eut pas jufques à la Reine fon époufe, qu'il fît trembler en des chofes même de peu d'importance. Cette vertueufe Princeffe va par fon ordre, vifiter le Duc Philippe de Bourgogne à Hédin, & il lui marque de n'y refter que deux nuits. Philippe le Bon, par confidération pour le Roy, & par amitié pour la Reine la retient quelques jours de plus ; il eut beau fe charger d'écrire pour faire trouver bon ce retard. » La pieufe Reine » ploroit de peur, dit l'Hiftorien (*) tant

(*) Voyez les deux derniers Numéros des preuves qui fervent d'éclairciffement à cette Préface.

» fremiſſoit- elle de trepaſſer le commande-
» ment du Roy ; & la Princeſſe de Piedmont
» qui étoit du voyage, combien qu'elle ſen-
» toit & ſçavoit bien que la Reine avoit cauſe
» d'en avoir peur; ſi n'en faiſoit - elle que
» rire, & lui étoient roſes en cœur le refus
» de ſon partir. Le Duc la retint par puiſ-
» ſance, & n'y avoit ni plorer, ni fremir de
» nully qui le pût vaincre. Je ſuis, dit-il, le
» premier Pair, & le Doyen des Pairs de
» France, & comme ayant celle prééminence,
» ſur tous les autres emprés Monſieur le Roy,
» je vous retiens aujourd'hui de mon auto-
» rité, car j'ay bien tel pouvoir pour vous
» faire honneur & reverence. A ces mots,
» ni avoit femme ne homme qui oſât repli-
» quer, & ſe teuſt chacun ; mais oncques
» femmes ne furent tant aiſes que eſtoient
» très-toutes celles de la compagnie de la
» Reine de cette amiable force ; ains euſſent
» bien voulu qu'on les eût continué huit jours
» encore, par ſemblable myſtere. » Et le
Duc de Bourgogne fut obligé d'en écrire
au Roy, pour adoucir l'auſterité de cette humeur farouche. Louis ne ſentoit pas que plus
il cherchoit à inquiéter les autres, plus il
travailloit par ſes propres bizarreries à ſe
tourmenter lui-même ; & jamais il ne gouta

la douceur qu'ambitionnent les plus grands
hommes, de se faire aimer, respecter & re-
greter : au contraire ce Prince étoit content,
pourvû qu'il se fît craindre & redouter. Il
répandoit cet air sur tout ce qu'il disoit &
ce qu'il faisoit ; il ne connoissoit point de
petites fautes. (a) *Ne vous excusés pas en
disant que vous l'avez dit ; c'est ce qu'il marque à Duplessis Bourré, son plus intime con-
fident, car s'e y a faute, je m'en prendrai à
vous.* Il ne traitoit pas moins durement le
premier Magistrat du Royaume. On le voit
par cette Lettre. (b) *Chancelier, vous avés
refusé de sceller les Lettres de mon Maître
d'Hôtel, Bouchilas ; je sçai à l'appetit de qui
vous le faites : & le depéchés inconstinens sur
votre vie.*

Le peu de fidelité de Louis XI, à remplir
ses engagemens fut son principal défaut ; à
peine a-t'il accordé à son frere le Duché de
Normandie, pour son appanage, qu'il tra-
vaille à l'en chasser ; il en vient à bout, &
l'oblige de se refugier en Bretagne. Il lui
donne ensuite la Guyenne, & il étoit sur le

(a) Lettre de Louis XI, à Duplessis Bourré, au
Recueil de M. Duclos, p. 357.

(b) Recueil de M. Duclos, p. 453.

point de lui enlever cette Province, lorsque ce frere mourut en 1472. Les Traités d'alliances qu'il avoit faits avec les Suisses, ne pouvoient que lui être utiles. Cette Nation sincere & belliqueuse, s'en rapporte à sa bonne foi : il lui accorde des pensions, & peu de tems après, il fait agiter dans le Conseil, s'il ne doit pas retrancher ces mêmes pensions. Mais rien n'est à comparer aux ordres si singuliers qu'il donne à du Bouchage, dans l'affaire de la Province de Roussillon, dont il falloit appaiser les troubles. *M. Du Bouchage, dira à M. d'Albi,* (ce sont les termes du Roy) *qu'il preigne l'Evesché d'Eaulne* (c'est-à-dire, d'Elne) *en commande ; & s'il a quelque mauvais benefice par deça, qu'il le promette, & puis qu'il n'en tienne rien, & qu'il en laisse faire le Roy, lequel y remediera bien.* Et dans une autre Lettre, au même du Bouchage & dans la même affaire; *endormes-les de paroles le mieux que vous pourres, dit-il, & y faites tous les appointemens que vous pourrés, vaille que vaille, pour les amuser d'ici à l'hyver ; & si j'ai quelque treve, & que je y puisse aller, & Dieu me soutient & Madame & Monsieur Saint Martin, je irai en personne mettre le remede.* Et comme il ne se faisoit aucun scrupule de manquer à fes promeffes, il étoit toujours dans la plus extrême défiance fur tout ce qui l'environnoit; il engageoit par-là fes propres fujets à fe meffier auffi de lui. Il avoit commandé verbalement à Jean d'Aillon, Seigneur du Lude, d'arrêter René d'Alençon, Prince du Sang, prévenu de crime d'Etat. Mais après l'exécution de cette commiffion, le Seigneur du Lude eut la fage précaution fur l'intime connoiffance qu'il avoit du caractere de fon Maître, de l'obliger à déclarer par des Lettres Patentes qu'il lui en avoit donné l'ordre verbal.

Louis devoit-il donc être furpris, fi tous ceux qui traitoient avec lui étoient fi attentifs à en exiger tant de fermens; fermens mêmes que l'on auroit de là peine à croire fi nous ne les avions pas encore aujourd'hui. Voici un de ceux qu'on l'oblige de faire.» Je jure (a) » fur la vraie Croix de S. Lo, que je ne » prendrai, ne tuerai, ne ferai prendre, ne » tuer, ni ne confentirai qu'on pregne, ou » qu'on tuë mon beau neveu François, à » prefent Duc de Bretagne ; & que je ne » ferai faire, ne pourchaffer mal, dommage, » ne inconvenient à fa perfonne; ne ne fouf-

(a) Recueil de M. Duclos, p. 434 & 435.

Tome X. K

» frirai à perſonne quelconque le lui faire,
» & ſe je ſçai que aucun le veuille faire, en
» avertirai mondit Neveu, & l'en garderai
» & défenderai à mon pouvoir, comme je
» ferois ma propre perſonne ». Le ferment
du Duc de Bretaigne eſt rélatif à celui-ci,
& preſque le même. Mais il eſt encore plus
étonnant de voir le Roy obliger ſon propre
frere à une pareille démarche, & qui plus
eſt, à la faire avec des circonſtances beaucoup
plus extraordinaires qu'aux autres. Quelle
idée ces ſermens donnent-ils de ces Princes,
chez qui la ſeule parole devoit avoir force
de Loi. Mais ce n'étoit pas tant la foi & la
Religion du ſerment qui retenoit Louis XI
que la crainte de mourir dans l'année, s'il
venoit à y manquer. Telle étoit l'opinion
qu'il s'en étoit formée. (a) *Le dangier d'en-
fraindre (ce ſerment) eſt,* dit-il, *ſi grant,
comme de mourir mauvaiſement au dedans l'an,
& toujours eſt infailliblement advenu à ceux
qui ſont venus contre les ſermens faits ſur laditte vraie Croix, ainſi que n'aguieres, on
a vû par expérience à aucuns que ſe y ſont*

(a) Tiré de l'Inſtruction originale de Louis XI à
M. du Bouchage, en l'envoyant vers M. de Guyenne
ſon frere, le 10 Aouſt 1471. MS. 8447 de la Biblioth.
du Roy, parmi ceux de Bethune, fol. 3.

parjurés. C'eſt ce qui arriva au Duc de Guyenne ; & Louis XI a grand ſoin d'en apporter l'exemple dans une Lettre , au Vicomte de la Belliere, Gouverneur de Rouſſillon. (a) *Monſieur de Leſcun* (qui a été à Monſieur de Guyenne) *me veut faire jurer ſur la vraie Croix de Saint Lo, pour venir devers moi : mais je voudrois bien avant être aſſuré de vous , que vous ne fiſſiés point faire d'embuches ſur le chemin : car je ne voudrois point être en dangier de ce ſerment-là ; vû l'exemple que j'en ai vu cette année , de Monſieur de Guienne.* Il eſt vrai que ce Prince mourut dans l'année d'une maniere fatale ; mais jamais on n'a pû trouver de lumieres certaines ſur ce triſte évenement.

Enfin pour dernier trait de ce Tableau , je donnerai un eſſay de la rigueur exceſſive de Louis XI. Je ne m'en rapporte point aux contes que l'on débite à ce ſujet ; je n'y ajoute même aucune foi : mais je le prens ce trait, d'une de ſes Lettres, au ſieur de Saint Pierre , auquel il avoit confié la garde de Jacques d'Armagnac, Duc de Nemours, qui étoit à la Baſtille ». Monſieur » de Saint Pierre , dit ce Roy ; je ne ſuis

(a) Voyez le Recueil de M. Duclos, p. 385.

K 2

» pas content de ce que ne m'avez averti
» qu'on a ôté les fers des jambes au Duc
» de Némours ; qu'on le fait aller en autre
» chambre, pour befongner avec lui, & que
» l'on l'ôte hors de la cage, & auffi que
» l'on le mene ouir la Meffe là où les fem-
» mes vont, & qu'on lui a laiffé les gardes,
» qui fe plaignoient de payement ; & pour
» ce que die le Chancelier , ne autres :
» gardez-bien qu'il ne bouge plus de fa cage,
» & que l'on voife là béfongner avec lui ;
» & que l'on ne le mette jamais dehors, fi
» ce n'eft pour le gehenner, & que l'on le
» gêne en fa chambre ». Sont-ce là les paroles d'un Roy ? Cependant le Duc de Nemours fortoit d'une Maifon, qui pour l'an-
cienneté le difputoit à toutes celles du Royaume ; & s'il étoit coupable, fa naiffance &
les fervices de fes Ancêtres, pouvoient demander qu'on le traitât avec moins de rigueur. Je fuis fâché de finir ce portrait de
Louis XI par une action auffi peu convenable. Ce Roy alla même jufques à priver de
leurs Offices trois Confeillers au Parlement,
qui croyoient qu'on devoit civilifer la caufe
de ce Duc ; il ne vouloit pas, difoit-il, que
l'on *fit fi bon marché de fa peau.*

Ce Prince qui avoit fait paroître dans fa

jeuneffe, tant de courage dans les entreprifes, & tant de valeur dans l'action,
donna dans la fuite des marques d'une extrême timidité en certaines occafions; c'eft
ce qu'il déclare lui-même dans la Lettre fuivante au Chancelier. « M. le Chancelier,
» (a) je vous mercie des Lettres que vous
» m'avez écriptes, mais je vous pry que ne
» m'en envoyez plus par celui qui les m'a
» apportées; car je lui ai trouvé le vifage
» terriblement changé, depuis que je ne le
» veis; & vous promets par ma foi, qu'il
» m'a fait grand peur; & adieu. Ecript au
» Pleffis du Parc, le xxv jour de May.
» *Signé Loys, & plus bas, Toyart.*

(a) Lettre originale de Louis XI, tirée du Volume
8432 des MSS. de Bethune, dans la Bibliotheque du
Roy, fol. 36.

Fin de la première Partie.

SECONDE PARTIE DE LA PRÉFACE.

LA partie des Mémoires de Comines, qui regarde le règne de Charles VIII n'eſt pas à beaucoup près auſſi complette, que celle qui traite de l'Hiſtoire de Louis XI ainſi je n'y ferai que peu de remarques : & je les tire d'un Manuſcrit curieux, de la riche Bibliothéque de l'Abbaye Royale de Saint Germain des Prez. (a)

J'ai trouvé, dit l'Auteur, deux choſes ſur

(a) MS. de la Bibliothéque de l'Abbaye de Saint Germain, grand in-4. d'environ 50 feuillets, N°. 2199 ſous le titre de *Mémoires ſous Charles VIII*, où *Remarques & particularités d'Hiſtoire*. Une note qui eſt dans ce Volume, marque qu'il a été rédigé en 1572 ce qui ne ſauroit être, 1°. parce que l'Auteur cite *Belcarii Rerum Gallicarum Commentarii*, qui n'a paru qu'en 1625. 2°. l'Auteur parle de feu M. le Prince, qui rapporta de Moulins une partie du procès fait à Landais. Ce feu M. le Prince ne ſauroit être que Henri Prince de Condé mort à la fin de l'an 1646. Ainſi ce MS. eſt poſtérieur à cette année, & vient ou de M. Galland, ou de M. de Priezac, tous deux attachés au Chancelier Seguier, par ordre duquel ils travailloient. J'avois penſé d'abord à Theodore Godefroy, mais il étoit à Munſter, où il mourut en 1648 & la maniere d'écrire me ſemble de M. de Priezac; Gallant n'écrivoit pas auſſi purement.

Charles VIII l'une pour sa naissance, l'autre pour sa mort. Pour sa naissance, quelques-uns ont crû de son vivant & après sa mort, qu'il n'étoit pas fils de Louis XI ni de la Reine ; mais que ce Roy voyant qu'il n'avoit pas d'enfans qui pussent vivre, en avoit pris un d'une pauvre femme des environs de Blois, & l'avoit supposé au Berceau à la place du sien, qui étoit langoureux & moribond. De fait, ce Prince ne ressembloit gueres à Louis XI ni de visage, ni d'humeur. Mais ce n'étoit pas là l'origine de ce bruit. Je l'ai découverte dans le procès de mort de Pierre Landais, qui est dans les papiers de la Maison de Bourbon, dont feu Monsieur le Prince apporta une partie, du Château de Moulins. Dans ce procès, Pierre Landais avoüe qu'il a été porté par quelques Grands, à prouver que le Roy Charles avoit été supposé. Il ne specifie point qui étoient ces Grands. Sans doute qu'il le déclara, mais de pareilles choses ne se mettent jamais dans les interrogatoires. Il est aisé de voir néanmoins, que c'étoit Louis Duc d'Orleans, auquel la Couronne appartenoit après lui, ou du moins son Conseil & ceux de son parti. Il ne dit point non plus de quels moyens, ni de quels témoignages il vouloit fe fervir pour prouver cette fuppofition, & quand il les auroit déclarés, les Juges n'avoient garde de les mettre par écrit.

Pour fa mort il y eut auffi un autre foupçon; fçavoir qu'il fut empoifonné par une orange, qui lui fut baillée par un Valet de chambre. Belle-Foreft en touche quelques mots fur la fin de fa vie. A caufe de cela le Grand Roy François difoit en voyant des oranges, que la fenteur lui en déplaifoit. Ludovic Sforce en étoit accufé, lequel avoit déja traité fon neveu de même, & la Nation Lombarde étoit dans ce tems-là fort décriée de femblables malefices. Mais il me femble que ce n'étoit pas l'interêt de Ludovic, que Charles VIII mourût; car il avoit de nouveau, fait un traité fecret avec lui, & Sforce avoit bien plus à craindre de Louis, Duc d'Orleans, lequel étoit fon ennemi irréconciliable, pour ce qu'il prétendoit directement à la Duché de Milan; joint que ce Milanois avoit fouvent tâché de lui donner le boucon, & avoit penfé lui faire perdre l'honneur & la vie dans Novarre; tellement que par le traité fecret avec le Roy Charles, il étoit dit que le Duc feroit envoyé en Allemagne, afin de l'éloigner de la Cour. Or comme cela étoit prêt de s'exécuter, & que de l'autre côté on vouloit écarter de lui, Georges d'Amboise, Archevêque de Rouen, qui étoit son Conseil, & l'envoyer à Rome ou à Aſt; le Roy Charles vint à mourir, & comme dit Montlieu dans la vie de Louis XII: *Ceux qui avoient braſſé cette menée en penſoient une, & il en advint une autre.*

« Si ces anecdotes tomboient en des mains
» plus crédules & moins ſcrupuleuſes, peut-
» être voudroit-on les faire regarder comme
» des curioſités hiſtoriques de grande impor-
» tance ; mais je crois qu'on doit les réduire
» à leur juſte valeur. Qui ne voit dans la
» première un de ces doutes populaires, qui
» ſe trouvent détruits dès le moment qu'ils
» ſont ſemés ? Croit - on qu'il ſoit poſſible
» de ſuppoſer un enfant en la place d'un
» Dauphin mourant ? Combien de perſonnes
» doivent entrer dans un pareil complot !
» Et dès qu'il eſt ſçu de pluſieurs il ne tarde
» pas à devenir public. Nos Princes ni les
» enfans de France n'ont jamais été élevés
» dans un Sérail inacceſſible, ſervi ſeulement
» par des muets & des aveugles. On a vû
» ce qui eſt arrivé il y a cent ans, lorſqu'on
» a voulu ſubſtituer le fameux Tancrede à
» à la véritable héritiere de la branche des

» Ducs de Rohan. A-t'on pu y réuffir ? Ne
» l'a - t'on pas toujours regardé comme un
» Aventurier, un chetif Garçon de Bouti-
» que, & peut-être le fruit infâme de la
» débauche de quelque Valet ; c'eft ainfi
» que Patru (a) le qualifie. Cependant Tan-
» crede avoit pour lui le témoignage de la
» Ducheffe de Rohan, qui vouloit bien le
» reconnoître pour fon fils ; & malgré l'Arrêt
» du Parlement de Paris, qui déchira le voile
» honorable dont on vouloit couvrir Tan-
» crede, & qui le remit dans fon état natu-
» rel, la Ducheffe l'a toujours foutenu dans
» nos troupes avec diftinction, & il s'y eft
» comporté avec courage : enfin il eft mort
» au lit d'honneur dans les guerres civiles de
» la minorité de Louis XIV.

« Peut - on s'imaginer que la fuppofition
» d'un fils de France foit plus aifée que
» celle d'un héritier d'une grande Maifon ?
» Croira-t'on que la Nation Françoife qui a
» toujours été fi jaloufe de la fucceffion lé-
» gitime de fes Rois, fe feroit foumife à un
» enfant qu'elle auroit juftement foupçonné
» de n'être pas le fils du Roy & de la Reine ?
» Une pareille fuppofition pouvoit-elle être

(a) Olivier Patru, Plaidoy 2 Tome I.

» cachée aux Seigneurs du Sang, interreſſés
» pour eux-mêmes à ne pas laiſſer tomber
» en des mains étrangeres un ſceptre qui les
» regardoit tous ſucceſſivement & ſuivant le
» degré de leur parenté ? Louis Duc d'Or-
» leans, préſomptif héritier de la Couronne
» après Charles VIII auroit - il gardé le
» ſilence avant & après la mort du Roi
» Louis XI? Et dans les troubles qui arri-
» verent ſous la regence de Madame de Beau-
» jeu, ne ſe ſeroit-il pas ſervi de ce motif
» pour reclamer ſes juſtes droits ; & après
» la pacification des differends, ſe ſeroit-il
» ſoumis avec autant de reſpect qu'il a fait
» à ce jeune Roi, s'il y avoit eu lieu de
» penſer que ce fût le fils de quelque mer-
» cenaire? Anne de Bretagne, Princeſſe qui
» avoit tant de dignité & de grandeur, pour
» ne pas dire de fierté, auroit-elle ambi-
» tionné d'être mariée à Charles VIII s'il y
» avoit eu de ſon tems quelques ſoupçons
» au ſujet de ſa naiſſance ?

« Mais on cite le procès du fameux Lan-
» dais, indigne favori de François II Duc
» de Bretague. Qui ne voit que ce diſcours,
» ſuppoſé que Landais ait eu la temerité de
» le tenir n'étoit qu'un ſubterfuge de l'hom-
» me coupable, qui cherche à former des

» incidens & à éloigner une mort infâme
» que fes crimes lui avoient juftement atti-
» rée ? Ne retrouve - t'on pas dans cette
» accufation fi odieufe le caractere de ce
» miferable, qui avoit rempli l'Angleterre
» & l'Allemagne de diffentions ? Peu fatif-
» fait d'avoir armé le Duc de Bretagne fon
» Maître contre fa Nobleffe & d'avoir fou-
» levé les Seigneurs Bretons contre leur Duc,
» il veut encore en mourant jetter des fe-
» mences de révolte dans l'efprit des Fran-
» çois contre leur légitime Souverain. Le
» Duc de Bretagne qui au tems de cette
» procedure étoit armé contre Charles VIII
» n'auroit - il pas employé ce moyen pour
» montrer que dans fa prife d'armes il travail-
» loit pour la Loi de l'Etat ? N'auroit-il pas
» retardé la condamnation de cet homme,
» ou même n'auroit-il pas fait de plus grands
» efforts pour l'enlever à la juftice qui le
» jugeoit & le faifoit mourir malgré le Duc,
» s'il avoit trouvé quelque vraifemblance dans
» la déclaration qu'il faifoit fur la naiffance
» du Roi. Le Duc d'Orleans lui-même re-
» tiré en Bretagne, où il avoit pris les armes
» en faveur du Duc, ne fe feroit-il pas fervi
» de ce motif pour juftifier fa démarche ;
» chofe néanmoins qu'il n'a jamais faite ;

» quoiqu'il y fût plus intereſſé que per-
» ſonne par ſa qualité de préſomptif hé-
» ritier.

» Ce qui regarde la mort de Charles VIII
» n'a pas plus de fondement. Ce Prince étoit
» foible, il ſe bleſſe & tombe en apoplexie
» ſans aucun ſigne de malefices. L'endroit
» que l'on cite de Jean de S. Gelais Mont-
» lieu (a), Hiſtorien du tems, n'a pas ſon
» application à cette mort, mais à la re-
» traite du Duc d'Orleans. J'ai cru devoir
» faire ces réflexions pour prévenir les im-
» preſſions que ces faits peuvent faire ſur
» des eſprits ſuperficiels ». Les autres traits
du MS. ont plus de verités, & je les continue.

Il eſt vray que Charles étoit extrêmement
debile & freſle, & qui naturellement ne
pouvoit vivre long-tems. Barthelemi Coclés
Phyſionomiſte Italien, fort entendu en cette
matiere, fit ce jugement ſur ſa phyſionomie,
qui lui fût décrite & envoyée par un de ſes
amis en cette ſorte. « Il avoit la tête groſſe,
» & le nez extrêmement aquilin & grand;
» les levres un peu plates, le menton rond

(a) Jean de S. Gelais Montlieu, Hiſtoire de Louis
XII, p. 105 Ed. de 1622.

» avec une petite fosse; les yeux grands, &
» sortans au dehors; le col trop court & non
» assez roide, la poitrine & le dos larges; les
» flans assez pleins, le ventre charnu, le siege
» bonne largeur; mais les cuisses & les jambes
» fort gresles quoique bien longues : d'où
» ce Philosophe concluoit que ce corps étoit
» composé de mauvaise pâte , & de ma-
» tiere cathareuse ». Au reste , il étoit de
petite taille. C'est pourquoi le surnom de
petit Roy, lui demeura dans les regnes sui-
vans. les Italiens qui ont eû grande raison de
le haïr , parce qu'il alla remuer une guerre ,
qui enfin les a mis sous le joug étranger,
l'appelloient par mépris , *Cabezzucco* , c'est-
à-dire, têtu, faisant allusion à sa grosse tête
& à l'opiniatreté qu'ils lui reprochoient,
comme s'il eut entrepris ce voyage contre
toute sorte d'avis & de raison : mais ceux
qui le vouloient louer lui donnoient cette
devise.

Major in exiguo regnabat corpore virtus.

Louis, Duc d'Orleans qui avoit grande
passion pour ce voyage, se servit du moyen
suivant pour y porter le Roy. Il dressoit tous
les jours de nouvelles parties de joustes, de
tournois, de combats à la barriere. A chaque

coin de rue. dans Lyon, il y avoit des perrons & des échaffaux pour combattre; on ne voyoit que Chevaliers habillés à la Grecque, à la Romaine, à la Morifque, à la Turque avec de belles devifes. Les Poëtes ne chantoient que la guerre; les Dames ne parloient d'autre chofe. Ainfi par ces reffemblances de combats, par ces magnificences, par les fanfares des trompettes, par les chants des Poëtes & les enchantemens des Dames, il éleva le cœur de ce jeune Roy à de hautes entreprifes, & l'enflamma tellement du defir de la gloire, qu'il ne pouvoit dormir jufqu'à ce que le voyage d'Italie fut réfolu.

La feconde partie de ce Manufcrit parle d'une quinzaine de Familles qui ont brillé fous le regne de Charles VIII mais que l'on trouve mieux détaillée ailleurs. Après quoi on lit les particularités fuivantes fur les perfonnes illuftres qui fe diftinguerent à la Cour.

PERSONNES.

CHARLOTTE DE SAVOYE, Veuve de Louis XI & mere de Charles VIII affez belle de vifage, de petite taille, aimoit fort la lecture & les Livres; à quoi elle s'étoit adonnée pour fe défennuyer dans la grande contrainte que fon Mari exerçoit en fon endroit : car il la tenoit de fi court, qu'elle n'ofoit parler à perfonne qu'à deux ou trois de fes domeftiques, ni s'éloigner du Château d'Amboife fans fa permiffion ; là où il ne l'alloit jamais voir que pour le defir d'avoir des enfans. Si bien qu'ayant paffé fa vie comme dans une prifon, elle en devint plus melancholique & plus timide, & contracta même une difficulté de parler. Au refte, elle étoit toute bonne & toute fimple : ce qui donna lieu à Madame de Beaujeu de prendre la Regence, que plufieurs difoient lui appartenir, ou du moins la garde de la perfonne de fon fils. Le Comte de Dunois, & Jean Tiercelin, pere du gentil la Roche-du-Maine, lui éveillerent le courage pour ne pas fouffrir cette injure, & l'exciterent de telle forte, qu'elle voulut avoir la perfonne de fon fils ; comme l'affaire étoit déja bien avancée par leur moyen, elle vint à mourir, non fans quelque mauvais foupçon (a).

Trois Princes du Sang eurent part au Gouvernement : Jean Duc de Bourbon, Pierre de Beaujeu fon cadet, & François Duc de

(a) Autre anecdote peu vraifemblable.

Vendôme ;

Vendôme; tous trois fort bons Princes, doux, équitables, bienfaisans, ménagers selon l'humeur de la Maison. Le Duc de Bourbon, comme le plus puissant, étoit aussi le plus ardent & le moins endurant, comme il l'avoit bien fait voir à Louis XI (a), ayant embrassé la ligue du bien public; au reste, si homme de bien qu'il ne voulut point se mêler de la guerre que ce Roy fit à Marie, fille de Charles Duc de Bourgogne. Il ne dissimula point que Louis devoit donner un meilleur titre à ses armes, que le simple desir de joindre les Pays-Bas à sa Couronne. Ce qui fâcha si fort le Roy, qu'il fit secrettement informer contre lui, & fit prendre ses domestiques, que le Parlement élargit, connoissant bien que c'étoit un artifice pour faire de la peine au maître. La voix publique lui donna le surnom de Bon : & quoiqu'il fût fâché d'obéir à la femme de son cadet, il ne voulut point troubler le repos de l'Etat, & se contenta du titre de Connétable, comme le marque Saint Gelais. Il dissuada le voyage d'Italie, & sollicita fortement la liberté du Duc d'Orléans. Il mourut

(a) Voyez la Lettre du Duc de Bourbon au Roi Louis XI. n°. 12 des Preuves du premier Livre.

l'an 1488, fans laiffer d'enfans légitimes.

Pierre fon frere qui lui fuccéda en la Du-ché, avoit époufé Anne de France, fille de Louis XI. Pierre qui étoit fin & rufé, pré-vit bien que le Roy ne la lui avoit donnée que pour ruiner la Maifon de Bourbon. Louis qui vit que l'aîné n'avoit point d'en-fans, & que Pierre étoit pauvre & endetté, la lui donna avec cent mille écus d'or, à condition qu'il confentiroit autant qu'il étoit en lui, que toutes les Duchés, Comtés & Seigneuries qui étoient dans la Maifon de Bourbon, retourneroient au Roy & à fes Succeffeurs, au cas qu'il décédât fans en-fans mâles. Louis XI en mourant, lui donna toute la charge & gouvernement de fon fils, conjointement avec fa femme, c'eft-à-dire, indirectement la régence. Son naturel étoit bon & facile, bien éloigné des rigoureux procédés de fa femme. Ce fut contre fon avis qu'on détint le Duc d'Orléans prifonnier; & s'il eut été auffi ferme & vigoureux, qu'il étoit bien intentionné, il n'y eût point eu de guerre dans la minorité. Mais fa femme étoit le maître, & avoit toujours gardé fur lui l'autorité de fille de Roy. Il avoit con-fumé en fa jeuneffe prefque toute fa légi-time par des prodigalités exceffives, qu'il repara avec un grand ménage quand il fut plus âgé. Sa femme étoit altière, impérieuse, inexorable, qui fuivoir en tout les maximes du feu Roy fon pere; & lui reffembloit prefque tout-à-fait d'humeur : fort fuperftitieufe, c'eft pourquoi elle porta le Roy à faire reftitution du Rouffillon, n'étant pas plus confciencieufe d'aimer, qu'elle ne le fut dans fes jeunes ans. Pour fe maintenir dans le gouvernement, elle appella le Duc de Lorraine (a), & fi elle en eut eû encore plus befoin qu'elle ffeut, on croit qu'elle eut cédé la Provence ou l'Anjou.

Ce Duc René de Lorraine étoit grand homme de guerre, qu'il avoit apprife à fes dépens, contre Charles Duc de Bourgogne. Au refte un peu étourdi, ce qu'il témoigna dans toute la conduite de fa vie; & en ce qu'il fit à Louis Duc d'Orleans, fi la tradition eft vraie. Car on dit que ce Prince jouant à la paulme aux Halles, il y eut difpute pour un coup. La Régente (j'appelle

(a) C'eft fur cette démarche de Madame de Beaujeu d'appeler un Prince étranger pour fe mêler du Gouvernement, que Guillaume Coquillart fit les quatre Ballades fur les verds manteaux, couleur qui eft la livrée de Lorraine. Voyez œuvres de Coquillart , Edition de 1723 page 175 & fuivantes

L 2

ainſi Madame de Beaujeu) le jugea contre
le Duc d'Orléans. Louis ne ſçachant pas,
comme il eſt vrai-ſemblable, qui avoit jugé
ce coup, dit que ceux qui le condamnoient
en avoient menti; ſurquoi le Duc de Lorraine lui donna un ſoufflet, dont il ſe fut
repenti, ſi le Duc d'Orléans eut été auſſi
vindicatif, quand il fut Roy, comme l'autre avoit été prompt & leger.

François Comte de Vendôme, Prince
d'humeur gaie & joviale, qui aimoit la tranquillité, & s'appliquoit toûjours à pacifier
les différens, demeurant toujours auprès du
Roy, n'y ſervoit pourtant que pour faire
nombre, tandis que Madame de Beaujeu
gouvernoit. Mais par après le Roy le prit en
grande affection, & l'appelloit ſon bon parent. Il mourut de diſſenterie au retour du
voyage d'Italie. Le Roy voulut que le même
honneur lui fut fait à ſon enterrement, que
ſi c'eût été ſon frere. Auſſi étoit-il l'eſcarbou-
cle des Princes de ſon tems en beauté, bonté,
ſageſſe, douceur & benignité. Il épouſa Marie de Luxembourg, fille aînée & principale héritiere de Pierre, Comte de Saint
Pol, à cauſe de laquelle Henri-le-Grand
diſoit qu'il touchoit de parenté à tous les
Princes de l'Europe. Elle demeura en vi-

duité cinquante-un ans après la mort de fon mari.

Durant ce regne, l'Admiral de Graville & la Trimouille, auffi-bien que le Maréchal de Gié (de la Maifon de Rohan) bon ferviteur du Roy, mais mauvais Breton, furent les plus employez, perfonnages de grand fens; la Trimouille, grand Capitaine; Graville ennemi du Duc d'Orléans, pour quelques piques particulieres; de forte qu'il s'oppofa toujours à fa délivrance. Lorfque Charles VIII approcha de l'âge de 20 ans, le crédit de Graville diminua; & fes avis qui diffuadoient la guerre d'Italie le rendirent tout-à-fait odieux.

Charles VIII eut pour principal favori, premierement le Comte de Ligni, fon coufin, fils du malheureux Comte de Saint Pol, Connétable de France, Prince gentil, vaillant, adroit, généreux, qui étoit l'amour des Dames & l'admiration de la nobleffe. Et un peu au-deffous, Châtillon, Bourdillon, Galliot & Bonneval gouvernent le Sang royal; e'étoit le dictum du tems. Mais Guillaume Briçonnet & Etienne de Vaefc (a), admi-

(a) Sur ces deux Perfonnages, voyez les VII & VIIIe Livres des Mémoires de Philippe de Comines, qui en parle conformément à ce portrait.

L 3

niftroient abfolument les affaires, defquels
on peut dire, fi ce qu'en ont écrit tous les
Hiftoriens eft vrai, qu'il n'y en eut jamais
de plus incapables. De fait ils n'avoient aucune expérience, & prefque point d'autre
conduite, ni d'autre intention que de faire
leurs affaires particulieres. On dit qu'ils ne
confeillerent la guerre de Naples, l'un que
pour avoir un chapeau de Cardinal, & l'autre pour obtenir une Duché en ce pays-là;
ce qu'ils eurent l'un & l'autre : mais Vaefo
ne garda pas long-tems fa Duché. Charles
eut auffi quelques favoris de fes fimples domeftiques, comme Paris, Gabriel & Dijon,
pareillement Hervé du Chefnoi, qui fut
Prévôt de l'Hôtel, & exerça juftice à Rome
en cette qualité.

Dans les guerres de Bretagne, il y eut
deux principaux perfonnages, qui remuoient
prefque tout de part & d'autre. L'un étoit
François d'Orléans, fils de ce brave Comte
de Dunois, adroit & fubtil négociateur, doué
d'une vivacité merveilleufe, & fort heureux
à perfuader tout ce qu'il vouloit, & à nouer
& dénouer les intrigues. Comme il étoit attaché par devoir à la Maifon d'Orléans, il
porta toujours les intérêts du Duc, & remua
ciel & terre pour lui faire époufer la Ducheffe

Anne de Bretagne ; mais quand il vit qu'il n'y avoit pas d'autre moyen de le tirer de prifon, il négocia ce mariage pour le Roy, au retour duquel il fut fuffoqué d'un catharre. On remarque de lui & de François Duc de Guife, qu'il ne fe fioit à aucun Secrétaire, faifant fes dépêches lui-même, & les tenoit dans un coffre qu'on portoit toujours avec lui ; là étoient tous les fcellés, & toutes les fignatures des Seigneurs & Officiers de marque du Royaume, afin de les conférer avec ceux qu'il recevoit, de peur d'être trompé. Car Louis XI & Landais avoient appris en France à contré-faire les Sceaux & les Seings ; ce qui étoit devenu fi ordinaire, qu'il s'en falloit bien donner de garde. Ce Comte de Dunois fuccéda à Jeanne de Harcourt, fille du frere de fa mere, & par ce moyen il eut la Comté de Tancarville, & autres belles terres.

Le Maréchal de Rieux, à qui François II, Duc de Bretagne, recommanda fa fille Anne en mourant, fut un des plus grands Capitaines de fon tems, fage & judicieux ; mais également actif, hardi & vigilant, & fur-tout très-affectionné à la liberté de fon pays, pour la confervation de laquelle il tenta tous les moyens que la prudence humaine lui fug-

L 4

geroit ; & comme un autre Prothée il fe changea en mille formes pour y réuffir. Mais malgré toutes fes précautions, il ne put s'em- pêcher d'être trahi par fes propres domefti- ques. On a trouvé les lettres de fon Maître- d'Hôtel, qui réveloit tous fes fecrets à Ma- dame de Beaujeu : par-là toutes fes entre- prifes conçûes avec tant de précautions & de jugement, manquoient fouvent pour avoir été découvertes. La trahifon eft malheureu- fement le dernier mal que les grands puif- fent chaffer de chez eux. Le Roy Charles eftimoit fort tous fes confeils, & s'il les eut fuivis à Fornouë en pourfuivant les enne- mis qui étoient défaits, il y a toute appa- rence que cette feule journée l'auroit rendu maître de l'Italie. On rapporte deux chofes fingulières de ce Seigneur.

Durant les divifions de la Bretagne, il vou- lut avoir entre fes mains la Ducheffe : mais fon Chancelier & quelques autres perfonnes s'y oppofoient. Un jour donc le Maréchal la ren- contra en pleine campagne, affez mal accompa- gnée. Elle fut avertie que Rìeux venoit à elle pour s'en faifir. Ses gens la prierent de fe dé- tourner, ce qu'elle refufa de faire ; mais allant droit au Maréchal, elle lui commanda de fe retirer dans fa maifon ; à quoi il obéit fur le champ. Tout le monde fut étonné ; on ne fçavoit lequel étoit le plus généreux & plus digne d'admiration, ou le refpect d'un fujet auffi puiffant envers fa fouveraine, ou la hardieffe & le courage d'un Souveraine (*) envers fon fujet.

La feconde action n'eft pas moins admirable. Le Maréchal de Rieux fçachant que l'on avoit mené le Roy Charles devant Nantes, contre la parole qu'on lui en avoit donnée, s'en plaignit à la Régente Madame de Beaujeu, qui lui dit qu'il ne fçauroit montrer cette promeffe par écrit ; mais il répondit hardiment, *Hé quoi, Madame, la parole d'un Roy ne vaut-elle pas tous les fcellez ? Ne feroit-il pas plus glorieux que le Roy imitât fon ayeul que non pas fon pere ? Vrayment, c'eft lui apprendre de bonne heure à rompre fa foi.*

Philippe, Seigneur des Querdes, de l'ancienne maifon de Crevecœur, fut regardé comme le Pyrrhus de fon fiecle, parce qu'il apprit aux gens de guerre à camper avec ordre, & commença à faire combattre l'infanterie par rangs & par brigades, au lieu

(*) L'Auteur auroit pû dire même d'une Souveraine encore toute jeune.

qu'auparavant elle combattoit tumultuaire-
ment, & par-là devenoit presque inutile.
Mais pour établir cette discipline & les empêcher d'être pillars, comme ils avoient toujours été, il usa d'une grande sévérité, & fut
obligé de faire pendre jusques à vingt soldats par jour. Il dissuada toujours le voyage
d'Italie, & mourut à Lyon comme le Roy
étoit prêt d'y passer. Il avoit accoutumé de
dire, que la grandeur & le repos de la France
dépendoient de la conquête des Pays-Bas,
& que c'étoit de là principalement qu'elle
pouvoit être troublée.

La troisiéme partie du Manuscrit rapporte
diverses actions singulieres, généreuses ou
mauvaises, dont je choisirai quelques-unes.

ACTIONS.

LES préliminaires de la guerre d'Italie com-
mencèrent par une grande faute, ce fut la
restitution du Comté de Roussillon, à laquelle
le Roy fut poussé par le desir d'entreprendre
ce voyage, & par un scrupule de conscience.
Quelques gens d'Eglise lui firent croire que
son pere les avoit chargés à l'article de la
mort de l'obliger à faire cette restitution ; &
l'Ambassadeur d'Espagne trouva moyen de
gagner son Confesseur. Il sçut qu'il aimoit le

vin d'Efpagne, il lui en envoya deux ba-
rils, l'un plein de cette liqueur, & l'autre
rempli de réales de plate (*), qui tous deux
lui parurent fort doux, & fortifierent fa parole en faveur du Roy Ferdinand.

Louis, Duc d'Orléans, fe trouvant invefti
dans Beaugency par Charles VIII à l'inftigation de la Régente, quoique le Duc eut
avec lui affez de gens de guerre très - expérimentés & capables de défaire les troupes
du Roy, jamais il ne voulut ufer de cet avantage. On lui remontra que s'il alloit trouver
le Roy, comme il avoit réfolu de le faire, il
feroit arrêté prifonnier ; il répondit : *J'aime
mieux être prifonnier & innocent, que d'être
rébelle. Le Roy peut bien m'ôter la liberté ;
mais je ne perdrai jamais le refpeĉt.* Ce même
Prince étant affiégé dans Navarre, où les
vivres manquoient à la garnifon, & fur-tout
aux malades, fit diftribuer, principalement
à ces derniers, tous les rafraîchiffemens qui
étoient deftinés pour lui. Quoiqu'il eût la
fievre quarte, il ne fe réferva rien, mais il
prenoit comme le moindre foldat dans le
magazin commun & par égale portion, fans
aucune diftinĉtion : ce qui toucha fi fort tous

(*) Pieces d'argent qui valent environ douze fols de
notre monnoye.

ceux qui s'étoient enfermés avec lui, qu'on ne les entendit jamais plaindre, quoique la moitié mourût de mifere & de faim.

Les habitans d'une petite ville de la Seigneurie de Genes avoient pris le Roy Charles fi fort en averfion, qu'au retour de Naples ils firent quelques fêtes & quelques divertiffemens, pendant lefquels ils formerent une effigie de paille, à laquelle ils donnerent le nom de Charles; après plufieurs indignités, ils y mirent le feu. Quelques Franç̧ois irrités de ces infultes publiques, en porterent leurs plaintes au Seigneur de Serenon (l'Auteur met Cernon, mais mal-à-propos); il étoit fur la côte avec quelques vaiffeaux du Roy; à l'inftant il fit mettre à terre deux cens hommes de fes troupes, qui entrerent de furie dans cette ville, où il y avoit plus de trois mille habitans : ils tuèrent tous les hommes qu'ils trouvèrent, & mirent le feu dans la ville. Ainfi le fer & la flamme vengèrent l'injure faite à un Prince naturellement bon & bienfaifant.

J'ai voulu fçavoir qui étoit ce brave citoyen, ce Seigneur de Serenon. Voici ce que j'ai trouvé ; il fe nommoit Louis de Villeneuve (a), d'une maifon de ce nom

(a) » LOUIS, &c. à nos amés, &c. favoir vous

très-ancienne & très-diftinguée en Provence.
Sous les regnes de Louis XI & de Charles VIII, il fut connu fous le nom du Seigneur de Serenon, & enfuite fous celui de
Baron de Trans jufques en 1505, que
Louis XII, pour reconnoître les fervices de
ce Seigneur, érigea la terre de Trans en
Marquifat. C'eft le premier qui a été qualifié en France du titre (a) de Marquis. Il
fut Chambellan de Charles VIII & de Louis
XII, & deux fois Ambaffadeur à Rome. Au
voyage de Naples fous Charles VIII, ce
Prince lui donna la Principauté d'Avelline;
mais ce titre fut d'auffi courte durée fur fa
tête, que la poffeffion du Royaume de Na-

» faifons que nos amés & feaulx Confeilliers & Cham-
» bellans Raymond d'Agout, Seigneur & Baron de
» Sault, Louis de Ville-neuve, Baron de Trans & des
» Arcs & Sieur de Serenon, tant en leur nom, &c. ».
Déclaration de Louis XII, du 10 Juillet 1498 par
laquelle il confirme les Privileges de la Provence :
inferée dans la remontrance de la Nobleffe de Provence
au Roy, imprimée à Aix en 1669 fol. 123. Voyez
auffi Gauffridi, Hiftoire de Provence, p. 364 & 375;
Noftradamus, Hiftoire de Provence, p. 681 & 718.

(a) Il eut l'avantage de voir ériger Trans, l'une de
fes Terres, en Marquifat dans la premiere érection des
Marquifats qui fe fit en France. Ce font les paroles
de Gauffridi.

ples fur celle de fon maître. Au retour de
cette expédition , il commanda l'armée na-
vale de France, ou feul, ou avec le Prince
(a) de Salerne ; ce qui ne l'empêcha point
auffi de commander fur terre. André de la
Vigne rapporte l'avanture dont je viens de
parler : voici (b) fes paroles ; « vint devers
» le Roy Monfieur de Sernon des pays de
» Provence, difant que lui approchant fur
» mer de la terre de Genes, en revenant
» des pays de Naples, il envoya fon patron
» de gallée en une petite ville de ladite
» feigneurie de Genes (pour y faire pro-
» vifion de vivres ; & fur ce qu'il raconta
» qu'il avoit vû qu'on y repréfentoit un Roy
» de France à qui on mettoit le feu au der-
» riere) ledit Seigneur de Serenon fit pré-
» parer fes vaiffeaux, qui étoient en grand
» nombre ; & à la pointe du jour vint avec
» toute fa puiffance, mit le fiége devant
» icelle ville, tellement qu'à l'aide de fes
» gens d'armes & mariniers, ils l'affaillirent
» tant par mer, à force d'artillerie, que par

(a) *Scipione Ammirato , Famiglie de Napoli* , pag.
13 & *Guicciardini* , Hift. d'Italia , liv. 1 & 3.

(b) Voyage de Naples du Roy Charles VIII , par
André de la Vigne, édition du Louvre par Godefroy,
dans l'Hift. de Charles VIII p. 172.

» terre ; fi bien qu'ils la prirent par force
» & d'affaut, & mirent tout à feu & à fang,
» rez pieds rez terre, dont fut fait en Cour
» grande rifée ».

Cette Maifon de Villeneuve eft divifée en
plufieurs branches, dont une eft celle des
Marquis de Trans, & l'autre des Marquis
de Vence, qui fe divifent encore en plufieurs
autres rameaux.

Fin de la Préface.

PREUVES

DE LA PRÉFACE.

PREMIÈRE PREUVE.

S'enfuit en brief ce que par l'Evefque de Conftance & autres Ambaffadeurs du Roy a efté dit en créance de par le Roy, à Monfeigneur le Dauphin, le vingt-deuxiefme jour de Décembre, l'an 1459.

MON très-redoubté Seigneur, vous fçavez & connoiffez que par plufieurs fois, tant par les Ambaffadeurs que autres fois avez envoyés devers le Roy, que par ceux de mon très-redoubté Monfgr. de Bourgogne, envoyez à Saint Saphorin & derniérement à Monbafon, & auffi par nous autres, envoyez devers vous en cette ville de Bruxelles. Vous avez toujours dit & fait fçavoir au Roy que vous lui deviez honneur & obeiffance pour faire ce que bon fils doit à fon fouverain Seigneur & pere, mais que l'on vous avoit fait eu plufieurs paours & craintes, & bonnes caufes de doubter; parquoi avez fait fupplier Monfeigneur le Roy, que peuffiez demourer

en

Monfeigneur le Roy, que peuffiez demourer en voftre franchife & paffer encore un peu de temps jufques à ce que fuffiez hors defdites paours & craintes, qui encore vous occupoient & travailloient, pour laquelle caufe le Roy nous a chargé fçavoir de vous, fe le peu de temps que vous avez requis pour vous affurer & mettre hors defdites craintes & paours, eft point encore paffé, car le Roy le defire fçavoir, & n'eft pas de merveilles, attendu qu'il y a douze à treize ans paffés, que ne futes en la préfence du Roy voftre pere & voftre Seigneur.

Et en outre, mon très-redoubté Seigneur, le Roy nous a commandé de vous reduire à memoire le grand devoir & plufque devoir, en quoi il s'eft mis envers vous : vous fçavez, Monfeigneur, que le Roy a toujours defiré & voulu que veniez devers lui, & mefmement accompaigné des gens de voftre Hoftel, que bon vous femblera pour deux caufes, l'une pour ce que fur toutes chofes il vous defire voir pour fon plaifir & delectation, l'autre pour voftre bien & grand honneur ; & auffi il lui a toujours femblé que la plus convenable maniere pour vous ofter les paours & craintes, fe aucunes en avez, eft de les lui dire & declarer, & fi a efté le

Tome X. M

'Roy content que ce fait, vous peuffiez demourer ou vous en retourner & ceux de
voftre compagnie où bon vous fembleroit.

(Voyez les Recueils de M. l'Abbé Le Grand).

I I.

Lettre fur la maladie de Charles VII.

Nostre très-redouté Seigneur, nous nous
recommandons à voftre bonne grace, fi très-
humblement que plus nous pouvons. Plaife
vous fçavoir, noftre très-redouté Seigneur,
que certaine maladie eft puis aucun temps
en ça furvenuë au Roy voftre pere, noftre
fouverain Seigneur ; laquelle, premierement
a commencé par la douleur d'une dent, dont
à cefte caufe il a eu la jouë & une partie
du vifage fort chargée, & a rendu grande
quantité de matiere, & a efté fadite dent après
arrachée, & la playe curée en maniere, que
tant par ce que auffi, par le rapport que
les Medecins nous faifoient chafcun jour,
nous avions ferme efperance que brief il deuft
venir à guerifon. Toutesfois pource que la
chofe eft de plus longue durée que ne penfions, & que comme il nous femble il affoi-

blit plus qu'il ne faouloit, nous, comme ceux qui, après luy, vous defirons fervir & obeïr, avons deliberé le vous efcrire & faire fçavoir, pour vous en avertir, comme raifon eft; affin deffus tout avoir tel avis, que bon plaifir fera, & vous plaife, notre très-redouté Seigneur, nous mander & commander vos bons plaifirs, pour y obeyr de tous nos pouvoirs, au plaifir de Noftre-Seigneur, qui par fa fainéte grace vous doint très-bonne vie & longue. Efcript à Meun fur Evre, le dix-feptiefme jour de Juillet. *Ainfi fignés*, Vos très-humbles & obeyffans ferviteurs.

Charles d'Anjou.

Gafton (*).

Guillaume Juvenel, Chancellier.

Jehan.

Conftan.

A. de Laval.

Amenyon Delebret.

Anthoine de Chabanes.

Jehan d'Eftouteville.

(*) C'eft le même Gafton de Foix, dont on va lire une Lettre.

M 2

Machelin Brachet.

Tanneguy du Chaftel.

Jehan Bureau.

Guillaume Coufinot.

P. Doriole.

Chaligant.

(Voyez les Recueils de M. l'Abbé Le Grand, 6 Aouft 1471.)

I I I.

Declaration de M. de Foix, fur les brigues pendant la maladie de Charles VII.

SIRE, pour vous avertir au vray fur les points dont Montbardon & Janot du Lion ont parlé de par vous, vous trouverez à peine de ma vie la verité eftre telle, comme cy-après eft declaré.

Premierement, en tant qu'il touche la ligue & les fermens que on vous a rapporté, que Mr. du Maine, moy & aütres, avons faits ; je vous jure Dieu & le ferment que je vous dois, que je n'ai ligue ne ferment avecques Seigneur, ne perfonne qui vive de ce Royaume, excepté avecques le Comte d'Armaignac, qui fut par commandement & ordonnance de vous.

Il eſt vray que la journée qu'il fut deliberé que on vous eſcriroit par Vermandois le Herault, la diſpoſition en quoy le Roy voſtre pere eſtoit pour lors, auquel on eſperoit encores vie & gueriſon, Mr. du Maine ouvrit en la preſence de tous ceux du Conſeil, qu'il eſtoit neceſſité, ſi le Roy voſtre pere pouvoit guerir, que chaſcun ſe acquittaſt loyaument envers luy touchant voſtre fait, & que nous ne demouriſſions plus en cet inconvenient, en quoy nous eſtions pour les differences qui eſtoient entre lui & vous, & juraſmes tous, & promiſmes à Dieu que ſi le Roy voſtre pere pouvoit venir en ſanté, que pour perdre eſtat, ne offices, ne ſa grace, nous ne faudrions point, que nous ne nous acquictiſſions loyaument envers luy, affin de faire ceſſer toutes les differences, & qu'il vous reprenſiſt en ſa bonne grace, & vous traictaſt ainſi qu'il appartient.

Et le lendemain derechief nous nous trouvaſmes tous enſemble, & auquel temps encores eſperions la gueriſon du Roy voſredit pere, & fut remonſtré comme les differences & malveillances, qui avoient eſté entre aucuns des Seigneurs, & de ceux du Conſeil,

M 3

eftoient très-mal féans , & en pouvoient venir de grans inconveniens , & pource qu'il
eftoit bien requis pour le bien du Roy voftredit pere, & de la chofe publique, que chafcun
oftaft toute rancune & malveillance , qu'ils
avoient les uns & les autres, & qu'il y eut
entre nous tous bon amour & union. Et dit
lors M. du Maine , que de fa part il en
eftoit & promettoit à Dieu de ainfi le faire, fi
fis-je moy de la mienne, Mr. de Dunòis de
la fienne , & tous les autres pareillement.
Et quelque chofe , Sire, que on vous rapporte, vous ne trouverez point qu'il y ait
autre chofe que ce que deffus eft dit. Et
y a par de - là des gens qui eftoient prefens à toutes ces chofes par lefquels , s'ils
veulent dire verité, vous pourriez fçavoir
s'il eft ainfi ; car fur ma vie & fur mon honneur vous n'y trouverez autre chofe.

Et de dire que depuis j'aye fait ligue ne
ferment à perfonne quelconque, ne fçû autre
qui l'ait faicte, fur ma foy non ay, & fe vous
trouvez le contraire , puniffez-moy à votre
bon plaifir.

Et au regard du fait d'Angleterre, il eft vray
qu'il y a eu plufieurs voyages qui ont efté
faits par de-là, & y fut premierement un
nommé Doulcereau , lequel le grand Senef-

chal de Normandie y envoya, pour fçavoir des nouvelles, & eftoit ledit Doulcereau à la bataille de Norantonne quand le Roy (*) d'Angleterre fut pris; & en fe cuidant fauver pour venir par deçà, il fut pris par aucuns Anglois, & mené prifonnier à Anthonne, ou en je ne fçay quel lieu par de - là. Et quand le Duc de Sommerfet paffa en Angleterre, il le delivra, & vint par deçà, & depuis fut renvoyé par devers la Reine d'Angleterre pour luy dire que le Roy eftoit difpofé de l'ayder & fecourir, & ceux de fon party en la querelle qu'elle avoit contre le Roy Edouard, & qu'il l'avoit fait fçavoir aux Roys d'Efpagne & Efcoffe fes alliez, afin qu'ils fiffent le femblable de leur part.

Il eft vray auffi qu'il vint un Maiftre d'une Trenelle de Bretagne, & un Chapelain de la Reyne d'Angleterre devant Noël, lefquels ladite Reyne envoyoit devers le Roy voftredit pere, pour luy dire l'eftat en quoy elle eftoit pour lors, & la pitié qui eftoit en fon fait, & du Prince fon fils; & qu'il luy pleuft avoir pitié d'elle & de fondit fils, & les envoyer querir & recueillir en ce Royaume, & leur donner fauf-conduit pour y eftre trois ou quatre ans, jufques à ce qu'ils fe

(*) Henri VI.

M 4

puſſent remettre ſûr par-de-là; & fut la matiere bien fort debattuë au Conſeil du Roy voſtredit pere, & en la preſence de tous les Seigneurs & gens de ſon Conſeil; & après pluſieurs altercations, fût conclud, preſent le Roy voſtredit pere, que on devoit envoyer par-de-là le ſieur de Janly, Meſſire Jehan Carbonnel & un Secretaire, & leurs furent baillées lettres & inſtructions pour remonſtrer à ladite Reine, que elle ſe pouvoit tenir par-de-là, qu'elle ſe y tinſiſt, & les inconveniens qui pouvoient advenir de ſa venuë de par-deçà; toutesfois ſe au devant elle veoit qu'il lui fût force pour ſoy ſauver de venir par-deça, le Roy voſtredit pere en ce cas eſtoit content qu'elle y vinſiſt & ſondit fils, & luy envoya ſauf-conduit pour ce faire, & ne ſera point trouvé qu'ils euſſent charge de autre choſe faire.

Item, & leſquels de Janly & Carbonnel ne trouverent point ladite Dame au pays de Galles, là où les autres l'avoient laiſſée, mais s'en eſtòit allée desja en Eſcoſſe, & par ce s'en retournerent ſans rien faire.

Il eſt vray auſſi qu'en iceluy temps le Roy voſtredit pere envoya ſon Ambaſſade en Eſcoſſe pour cette matiere, & pour prier le Roy, la Reyne ſa mere, les gens des trois

Eſtats dudit pays, qu'ils voulſiſſent donner à ladite Reine & au Prince ſon fils, tout le ſecours, ayde & confort que faire ſe pourroit; & eſcrivit ſemblablement à ladite Reyne d'Angleterre ce qu'il avoit fait ſçavoir en Eſcoſſe en faveur d'elle.

Depuis ces choſes, & après la derniere bataille, que la Reyne d'Angleterre eut contre ſes adverſaires, là où le Roy d'Angleterre ſon mary a eſté recouvré, ladite Dame a envoyé devers le Roy voſtredit pere, deux Jacobins & ledit Douleereau, l'un deſdits Jacobins alloit à Rome à l'encontre d'un Legat qui avoit eſté en Angleterre, & d'aucuns Prelats dudit pays qui avoyent eſté contraires au Roy Henry, & requerroit lettres de recommandation à noſtre Saint Pere, & aux Cardinaux, leſquelles le Roy que Dieu abſolve, ſi luy bailla.

L'autre des Jacobins requerroit que le Roy voſtre pere preſtaſt quatre-vingt mille eſcus à ladite Reyne d'Angleterre, & qu'il fiſt armer par mer contre le Roy Edouard, & qu'il revoquaſt tous ſes ſaufs-conduits, & n'en donnaſt plus nuls à ceux qui tenoient le party dudit Edouard, & qu'il envoyaſt certains Anglois qui avoient eſté pris n'agueres

sur la mer devers ledit Roy Henry , & ladite
Reyne, pource que c'estoient ceux qui avoient
menez toutes les trahisons du Comte de Warvic & dudit Roy Edouard , qu'ils appelloient
le Comte de la Marche, & promettoient de
payer comme leur finance monteroit.

A quoy fut respondu que en tant que touchoit l'argent qu'il demandoit à emprunter,
le Roy vostredit pere avoit eu de grandes
charges à supporter cette presente année en
plusieurs manieres qui furent declarées , &
que à cette cause il ne leur pouvoit bonnement secourir dudit argent.

Et au regard des saufs-conduits , il ne pouvoit honnestement revoquer ceux qui estoient
ja donnez pour cette année , mais il deffen-
droit à Monsieur l'Admiral qu'il n'en donnast
nuls nouveaux à nuls d'iceux, qui tenoient
le party contraire dudit Roy Henry.

Touchant les prisonniers Anglois que ledit
Roy Henry & la Reyne demandoient, fut
respondu, que on les feroit bien garder par-
deça, mais les leur envoyer sans le consentement de ceux à qui ils estoient, bonnement
ne se pouvoit faire.

Quant à l'armée de la mer le Roy estoit
content de la faire , & en ce les secourir

au mieux qu'il seroit possible, de laquelle armée estoit Chef le Grand Seneschal de Normandie.

Et à ce, Sire, que on vous a dit qu'il y avoit alliances entre le Roy vostre pere, & ledit Roy Henry, & que je vous fisse sçavoir quelles alliances c'estoient, je vous jure Dieu, Sire, que jour de ma vie je ne sceus que depuis la reddition de Normandie & de Guyenne, il y ait eu autres treves, paix, ne alliances entre le Roy vostredit pere, & ledit Roy Henry, & la Reyne d'Angleterre sa femme, que ce que dessus est dit. Et ne sera point trouvé que de mon sceu il y ait eu autre chose faite; mais encores me souvient bien que quand le Seigneur de Molins & le Jacobin, qui vinrent, parlerent de ces matieres, le Roy vostredit pere respondoit toujours, qu'il n'estoit pas temps d'en parler, & que quand le Roy Henry seroit remis en son Royaume, & auroit subjugué ses adversaires que chacun adonc demourroit en sa liberté de faire guerre ou de faire paix, & lors seroit temps d'en parler, & non pas maintenant; ne oncques autre reponse n'en ouïs de luy, ny ne sceu qu'il ait faicte; & disoit que ce qu'il faisoit en faveur dudit Roy Henry & de la Reyne sa niepce, c'estoit pour soy acquiter

envers Dieu & honneur, comme un Roy
doit faire à l'autre, & aussi à la proximité
du lignage, à quoy ledit Roy & ladite Reyne
d'Angleterre luy attenoient, & que raison-
nablement il devoit faire ainsi en cette querelle.

Il est vray aussi, Sire, que depuis la maladie du Roy vostredit pere, il est venu aucunes gens de par ledit Roy Henry & ladite
Reyne d'Angleterre, qui avoient charge de
parler à luy touchant les matieres de par-de-
là, mais à l'occasion de ladite maladie, ils
n'y ont point parlé, & n'y a rien esté fait;
& c'est, Sire, tout ce que j'ay sceu de ladite
matiere.

Sauf que estant le Roy à Remorantin, au
partir de Montrichart, le Duc d'Yorc fist
faire ouverture au Roy vostredit pere, par
le móyen de ceux d'Ecosse, & autres qu'il
luy pleust luy donner faveur & aide en sa
querelle à l'encontre du Roy Henry, & faisoit de grandes offres, au cas que le Roy
vostredit pere l'eût voulu accepter, & fut
la chose fort debattue au Conseil dudit Seigneur, & mesme y estoit le Duc de Bretagne,
& fut l'opinion de tous, pource que il sembloit que ladite querelle n'estoit pas bonne,
que le Roy n'y devoit atteindre; & mesme

que le Duc d'Yorc estoit subject dudit Roy
Henry, & luy avoit fait hommage & serment
de feaulté, comme à son Souverain, & que
nulles querelles de subjets voulant entreprendre contre leur Souverain, & le de-
bouter de sa Seigneurie, ne sont justes,
soutenables, ne raisonnables; & que quant
il n'y auroit autre raison, si le Roy devoit
rejetter ladite offre en toutes manieres, &
ainsi fut conclud de-faire. Et croy, Sire, que
on ne trouvera point plus largement desdites
matieres d'Angleterre, & vous assure que si
j'en sçavois plus largement, je ne vous le
cellerois point, ny ne feray de chose que
vous me demandez, dont vous yeuillez estre
informé que je ne vous die la verité de tout
ce que j'en sçauray.

Et pource que j'ay entendu que aucuns
vous ont rapporté que on a voulu faire faire
des choses au Roy vostredit pere, en vostre
prejudice, pour avantager Monsieur vostre
frere; sur mon ame, Sire, je ne sceus oncques rien de ladite matiere, ne n'en ay ouï
point parler, sinon que l'année passée estant
le Roy vostredit pere à Mehun, & que les
Ambassadeurs du Roy d'Espagne y estoient
qui traictoient le mariage de mondit Sieur
vostre frere, avec la sœur dudit Roy d'Espa-

gne, il fut ouvert que les Efpagnols réque-
roient que le Roy voftredit pere donnaft &
tranfportaft le Duché de Guyenne à mondit
Sieur voftre frere, à quoy le Roy voftredit
pere refpondift qu'il ne luy fembloit pas bien
raifonnable, & que vous eftiez frere aifné,
& que eftiez celuy à qui la chofe touchoit
le plus après luy, & que vous pourriez dire
que fans vous appeller on ne le devoit pas
faire, & auriez grand caufe de vous mal
contenter, & de dire après que vous n'en
tiendriez rien, & pour ce qu'il efperoit que
vous vous aviferiez & redrefferiez envers luy,
& cefferoient toutes les differences du temps
paffé, & adviferoit bon ce qui feroit à faire
au furplus; mais quand vous ne le voudriez
ainfi faire, & fur ce faudroit qu'il regardaft
à ce qu'il auroit à faire. Et fur ma foy,
Sire, je n'ay autre chofe fceu de ladite matiere que ce que dit eft; & ne vous celleray
de cela, ne d'autre chofe que je ne vous en
die la verité quand vous la voudrez demander.

Et quand à ce, que on vous a rapporté,
que par l'alliance de Monfieur du Maine &
de moy, je devois eftre Conneftable de France,
pour faire guerre à vous & à Monfieur de
Bourgogne; fur mon ame, Sire, je n'en eus

oncques alliance avec ledit Monſieur du
Maine, vray eſt que nous avons eſté bien
fort amis enſemble, & d'autres auſſi, contre
ceux qui eſtoient entour le Roy voſtredit
pere, qui nous ſembloit qui ne valoient pas
tant que faiſions, mais de dire que de vous,
ne de Monſieur de Bourgogne, euſt eſté fait
aucune mention ès choſes deſſuſdites., jamais
ne fut, ne que à cette cauſe je deuſſe avoir
la Conneſtablie. Bien eſt vray que je parlay au
Roy voſtredit pere, dudit Office de Conneſtable, pource qu'il vacquoit y avoit ja long-
temps, & m'en a tousjours donnée bonne reſ-
ponſe, & s'il euſt veſcu qu'il euſt entierement
tenu les paroles qu'il me diſoit, je croy que je
y euſſe eu bonne part; mais, comme dit eſt,
deſſus, que jamais euſt eſté fait mention de
vous, ne de Monſieur de Bourgogne, en parlant de cette matiere, ne que ce fuſt pour
courir ſus à vous ne à luy, il ne ſera point
trouvé, & afin que je ne le puiſſe nier,
gardez ces preſens articles, leſquels à cette
cauſe j'ay ſignez de ma main, ſeellez de mon
ſeel, & le contenu eſquels, je veuille maintenir eſtre vray en voſtre preſence, ſe voſtre
plaiſir eſt, & l'eſprouver par ma perſonne
contre ceux qui voudront dire le contraire;

excepté vous , Sire , & Mr. Charles , voftre frere. Fait à Tours le fixiefme jour d'Aouft, l'an mil quatre cens foixante & un. *Signé,* GASTON.

(Voyez les Recueils de M. l'Abbé Le Grand, en 1461).

I V.

Extrait d'une Chronique MS. fur le Comte de Dammartin.

LE Comte de Dampmartin pourpenfa foy évader & s'en aller hors du Royaume , pour éviter la fureur du Roy , laquelle n'avoit juftement deffervie , fi demanda fes gens & ferviteurs , qui de long-temps l'avoient fervy & auxquels il avoit fait moult de grands biens, s'ils eftoient deliberez de le fervir comme ils avoient accoûtumé , & de eux en aller avec luy hors dudit Royaume pour éviter la fureur du Roy , & la haîne qu'il avoit à luy , & la plufpart d'iceux luy refpondirent que non , & qu'ils ne fe mettroient point en danger pour luy, dequoy ledit Comte fut fort marry , en leur remonftrant les grands biens & honneurs qu'ils avoient eus de luy , & avoit ledit Comte pour lors du Roy dernier cent hommes d'armes ; & mefmement un nommé

nommé Carville, fon Varlet de chambre &
Tailleur, auquel ledit Comte demanda un
petit courtault qu'il avoit, qui ne valoit pas
cent fols, pour envoyer un Page dehors ;
lequel Carville luy refpondit tels mots ou
femblables : Mgr. fi vous me voulez donner
le mulet que Mgr. de Nemours vous a donné,
je vous bailleray mon courtault & non autrement, dont ledit Comte eut grand deuil,
& luy dift : ha ! Carville vous ne montrez
pas que vous foyez bon' ferviteur, ne loyal
de m'abandonner maintenant en ma grande
neceffité, & de me refufer fi petite chofe ;
c'eft mal reconneu les biens & honneurs
qu'avez eu de moy. Cedit mefme jour un
nommé Voyault Dimonville, qui pareillement eftoit ferviteur dudit Comte, s'en
eftoit allé en la falle du Chafteau dudit Mehun, où giffoit mort ledit feu Roy Charles
fur un grand lit de parement, couvert d'une
couverture de velours bleu femée de fleurs
de lys, qui eftoit merveilleufement belle, &
y avoit plufieurs torches allumées, & grande
quantité de cierges, & plufieurs grands Seigneurs & Dames qui pleuroient & gemiffoient
ledit feu Roy Charles. Et ainfi que ledit
Voyault s'en retournoit devers fondit Maiftre,
il rencontra en chemin un nommé le Tailleur,

Tome X.   N

qui le fervoit en fa chambre & fon buffet, lequel luy dift qu'il fe haftaft, & que ledit Comte le demandoît. Et ainfi qu'il entra en fa chambre pour aller parler à luy, il le vît qu'il eftoit à genoux devant un banc, & difoit fes vigilles, & pleuroit moult fort, dequoy ledit Voyault fut fort esbahy, en penfant en luy-mefme qu'il pouvoit avoir. & quant ledit Comte eut achevé fa dévotion, il demanda audit Voyault dont il venoit, lequel luy refpondit qu'il revenoit de la falle où giffoit mort le feu Roy Charles. Et alors ledit Comte luy dit celles paroles ou femblables : Voyault, vous fçavez que je vous ay nourry de vôftre jeuneffe, & ainfi qu'eftes mon vaffal ; n'eftes-vous pas deliberé de me fervir comme vous avez fait du temps paffé ? & il luy refpondit que oy, & qu'il ne l'abandonneroit point jufqu'à la mort. Et quand ledit Comte vit qu'il avoit bonne volonté de le fervir, fi efcrivit plufieurs Lettres miffives, & entre autres à Mr. Philippes, Duc de Bourgogne, à l'Admiral de Montauban, à Boniface de Valpergue, & à Joachim Rouault (*), qui eftoit lors en la bonne

(*) Il fut depuis difgracié, & condamné comme concuffionnaire.

grace du Roy ; & luy eſtoient ledit Valpergue & Admiral ſes ennemis à luy inconnus, pource qu'il penſoit que ils luy deuſſent aider à faire ſon appoinctement envers le Roy, & auſſi que il les tenoit pour ſes amis. Et bailla icelles Lettres audit Voyault en luy deffendant qu'il ne ſe renommaſt point pour eſtre à luy, ſinon en diſant qu'il avoit laiſſé ſon Maiſtre, & qu'il s'en alloit à ſon avanture pour trouver quelque bon Maiſtre. Et lors ledit Voyault print leſdites Lettres, & s'en partit dudit lieu de Mehun ſeul, & s'en alla à Avennes, où eſtoit ledit Roy Loys, & quant il fut arrivé en ladite ville, il s'en alla vers le logis du Roy, en regardant s'il verroit perſonne de ceux à qui il avoit à beſogner, ſi va choiſir entre les autres ledit Admiral de Montauban, qui s'en vouloit aller diſner, ſi ſe tira vers luy, & regarda bien qu'il n'y euſt perſonne & qu'il ne fuſt veu, & le ſalua ainſi qu'il appartenoit en luy preſentant leſdites Lettres de par ledit Comte ; & quant ledit Admiral eut ouvert leſdites Lettres, & veu le ſignet dudit Comte, lequel il conneut bien, ſans aucunement veoir la ſubſtance, les jetta par terre comme par deſpit, en regardant autour de luy s'il venoit perſonne de ſes gens pour le faire prendre,

N 2

en difant audit Voyault qu'il le feroit jetter
en un fac en la riviere, fi apperceut d'avanture un Chevalier Flament, qui eftoit homme
trés-hardy & vaillant Chevalier, qui s'en vouloit aller difner avec ledit Admiral, fi luy dit
qu'il tint bien ledit Voyault jufques à ce qu'il
euft trouvé un de fes gens pour le mener prifonnier. Et quand ledit Chevalier eut bien
entendu tout le cas, & la mauvaiftié & ingratitude dudit Admiral, fi le print par le bras,
en luy difant, Monfieur, que voulez – vous
faire, vous favez qu'il n'y a gueres que le
Roy vous a donné l'Office d'Admiral, & paravant vous n'en aviez point d'autre, monftrez
que vous eftes fage & homme digne de memoire, & devez tafcher d'accueillir bruit &
honneur, & non pas croire voftre fureur ;
vous favez que du temps du feu Roy Charles,
le Comte de Dampmartin vous a fait tous les
plaifirs qu'il a pû faire ; confiderez auffi fi
vous envoyiez un meffage par devers un, que
vous penfiffiez qu'il fuft voftre amy, & le
requeriez d'aucunes chofes, & il luy fift déplaifir, vous ne feriez pas joyeux.

Quant ledit Chevalier eut tout bien re-
monftré audit Admiral les chofes devant dites,
fi rappaifa un peu fa fureur, & appella ledit
Voyault, qui eftoit tout penfif, & luy dit qu'il

dift hardiment audit Comte, que fi le Roy le tenoit, qu'il feroit manger fon cœur aux chiens, & dit auffi audit Voyault qu'il s'en allaft bien-toft, & que s'il eftoit trouvé à fept heures près du Roy, qu'il le feroit noyer.

Et ledit jour à l'heure de fouper ledit Voyault s'en alla en l'Hoftel de Monfeigneur Phelippe de Savoye, pour bailler les Lettres à Boniface Valpergue, que ledit Comte luy efcrivoit, ainfi qu'il luy avoit chargé de faire, & lequel Mgr. de Savoye eftoit fort tenu audit Comte, à caufe du traité & appointement qu'il avoit fait entre le Roy Charles feptiéme & ledit Duc de Savoye, qui fut en l'an 1456. & fut ledit accord fait à l'honneur & avan-tage du Roy, & prouffit de fon Royaume ; & lequel Duc Phelippe de Savoye, connoif-fant le bon traité & accord que ledit Comte avoit fait entre le Roy & luy, qui n'eftoit au dommage de l'un ne de l'autre, il donna audit Comte la fomme de dix mille écus d'or, dont pour feureté de ce il luy bailla la Ba-ronnie de Clermont en Genevoys, pour en jouir luy & les fiens jufques à ce qu'il euft payé ladite fomme de dix mille efcus, de laquelle Seigneurie de Clermont, dont ledit Comte Dampmartin avoit jouy , & dont il

avoit efté receu en foy & hommage par ledit
Phelippe Duc de Savoye , luy fut oftée après
le deceds dudit Roy Charles feptiéme , & en
fut deffaifi par force & violence , & remife
en la main du Duc de Savoye fon fils ; lequel
non reconnoiffant les fervices que luy avoit
faits ledit Comte de Dampmartin , qui n'eftoient pas de petite eftimation , remit en fes
mains ladite Baronnie de Clermont , nonobftant que par les Lettres fignées & feellées
de fon grand fceau , à Paris , ladite Baronnie difoit eftre. & appartenir audit Comte de
Dampmartin à tousjours , & dont il avoit
efté receu en foy & hommage dudit Duc de
Savoye , jufques à ce que ladite fomme de
dix mille efcus luy fuft payée.

Après que ledit Boniface eut leu lefdites
Lettres , il fit tel recueil audit Voyault que
avoit fait ledit Admiral , qui pareillement le
vouloit mettre en prifon , n'euft efté aucunes
remontrances , qui luy furent faites & auffi
qu'il y euft aucuns Gentilshommes qui le
furent veoir , & le laifferent aller , & mirent
hors de la maifon. Et ainfi que ledit Voyault
s'en fortit hors d'icelle maifon , qui ne favoit
où s'en aller loger , & eftoit bien deux heures
de nuit , quand il apperceut à la Lune un des
Clercs de maiftre Jehan de Reilhac , Secre-

taire du Roy Loys, qui depuis fut General de France, lequel dit de Reilhac il avoit autrefois connu en la Cour dudit feu Roy Charles ; si se tira vers ledit Clerc & le salua, & quand ledit Clerc l'apperceut si le connut bien, & luy demanda d'où il venoit & s'il avoit souppé, lequel luy respondit que non, & qu'il ne faisoit que arriver ; & quant ledit Clerc ouït qu'il n'avoit point souppé, & qu'il ne savoit où aller loger, il le mena au logis de son Maistre, & le fit soupper avec eux, dequoy ledit Voyault fut fort joyeux, car il ne sçavoit où se retirer, tant pour ce qu'il estoit desja tard, que aussi qu'il ne fust conneu d'aucuns, qui luy eussent pû faire quelque desplaisir ; car, comme dit est, il avoit esté menacé par ledit Admiral, que s'il le trouvoit qu'il le feroit noyer.

Et quand ils eurent soupé il se print à deviser avec lesdits serviteurs en attendant ledit maistre Jehan de Reilhac, qui estoit au logis du Roy, lequel ne vint qu'il ne fut plus de minuit. Et quand iceluy de Reilhac fut avancé en sondit hostel & monté en sa chambre, il demanda à l'un des serviteurs, qui estoit en ladite chambre, qui estoit celuy qu'il avoit veu en bas parler à son Clerc, & qu'il cherchoit ; & alors ledit serviteur luy respondit

que c'eſtoit un qui avoit autrefois eſté ſerviteur du Comte de Dampmartin, & qu'il cherchoit ſon advanture, car il avoit laiſſé ſon
maiſtre comme il diſoit ; & quand ledit de
Reilhac ouït qu'il ſe diſoit avoir eſté ſerviteur dudit Comte de Dampmartin, ſi ſe doubta
bien qu'il eſtoit venu en Cour pour aucunes
affaires, car il ſçavoit bien que le Roy l'avoit
en haine du temps qu'il eſtoit Daulphin, jaçoit
ce que il l'euſt bien & loyaument ſervy, ſans
y eſpargner crainte de vie en pluſieurs lieux,
ſi manda ledit Voyault venir ſecrettement en
ſadite chambre, & ſi fit ſortir hors d'icelle
tous ceux qni y eſtoient, & luy demanda
qu'il eſtoit, & qu'il avoit affaire en Cour, ſi
luy reſpondit ledit Voyault qu'il avoit ſervi
autrefois le Comte de Dampmartin, & qu'il
eſtoit venu en Cour pour trouver quelque
bon maiſtre. Et lors ledit maiſtre Jehan de
Reilhac luy fit faire ſerment qu'il luy diroit
verité de ce qu'il luy demanderoit, ce qu'il
fit. Et puis luy demanda où il avoit laiſſé ſondit maiſtre, & ledit Voyault luy reſpondit
qu'il l'avoit laiſſé à Mehun ſur Yeure bien
troublé & penſif, & à donc luy dit ledit
Reilhac que n'eſtoit pas bien fait à un bon
ſerviteur de laiſſer ſon maiſtre en ſon ad-
verſité, & ſans autres choſes luy dire pour

celle nuit , le fit mener coucher en une belle
chambre près de la fienne.

Le lendemain au matin il envoya encore
querir ledit Voyault , & luy dit qu'il n'eut
doubte de luy , & qu'il luy dit hardiment ce
qui le menoit , & qu'il luy pourroit bien aider
en fes affaires. Et quant ledit Voyault vit
que ledit Reilhac luy tenoit fi bon termes , fi
fe penfa en luy-même qu'il fe decouvriroit
du tout à luy , & que en tant qu'il eftoit
Secretaire du Roy , qu'il luy pourroit dire
quelque bonne nouvelle ; & voyant ledit
Voyault , que ledit de Reilhac parloit fi fran-
chement à luy , fe découvrit du tout à luy ,
en difant telles parolles ou femblables : Monfeigneur , puifqu'il vous plaift que je vous
die la caufe qui me meine par deça , je la
vous diray ; il eft vray que depuis que le feu
Roy Charles , que Dieu abfolve , eft tref-
paffé , il a efté fait aucuns rapports à Monfeigneur mon maiftre , que le Roy l'avoit
très-fort en hayne , & que s'il le pouvoit
tenir qu'il le feroit manger aux chiens ; &
quand ledit de Reilhac l'eut ainfi ouï parler ,
& auffi qu'il favoit bien qu'il en eftoit ; car ,
comme dit eft , il eftoit Secretaire du Roy ,
fi luy demanda iceluy de Reilhac s'il avoit
apporté nulles Lettres de par ledit Comte à

aucuns pour pourchasser sa paix envers ledit
Seigneur ; lequel luy respondit que oy, &
qu'il en avoit apporté une à l'Admiral de Montauban, pour le joindre & unir au service
du Roy, & une autre à Boniface, lesquels
le Comte de Dampmartin tenoit pour ses
amis, & qu'il pensoit que ils luy eussent aidé
& secouru en ses affaires, ainsi que plusieurs
fois il avoit fait pour eux, & luy dit aussi
qu'il les leur avoit baillées, mais qu'ils l'a-
voient voulu faire noyer, n'eust esté aucuns
qui luy avoient fait le passage, & qui les
appaiserent. Et lors ledit de Reilhac appella
un Clerc qui avoit nom Robert, & quand
ledit Clerc fut venu, il luy dit ces mots ou
semblables : Baille moy ce sac où sont ces
mandemens de ces envieux qui demandent
les confiscations du Comte de Dampmartin,
& quand ledit Clerc eut apporté lesdits mandemens, ledit de Reilhac les montra audit
Voyault, en luy disant que c'estoient les
mandemens pour avoir la confiscation de
sondit maistre, que Sallezart & Anthoine du
Lau pourchassoient, mais que le Roy ne les
avoit pas voulu signer.

Après ces choses, ainsi dites que dit est,
ledit Voyault dit audit de Reilhac qu'il avoit
encore deux paires de Lettres à bailler,

l'une au Duc Phelippe de Bourgogne , Prince
très-bon & de haute renommée , auquel le
Roy eſtoit très-connu du ſecours , qu'il luy
avoit fait en ſa neceſſité , auquel Voyault
ledit maiſtre Jehan de Reilhac reſpondit ,
qu'il ne pouvoit bailler leſdites Lettres ,
pource que ledit Duc eſtoit un peu mal diſ-
poſé ; & une autre pour bailler à Joachim
Rouault , & lors ledit de Reilhac luy dit que
les luy monſtrat , ce qu'il fiſt. Et que au
regard de celle de Ioachim Rouault , Seigneur de Gamaiches , il ne luy pourroit bailler, car il s'en eſtoit allé prendre la poſſeſſion
de ce que le Roy luy avoit donné en Lanſnoys,
& qu'il s'en retournaſt hardiment devers le
Comte ſon maiſtre , & pria audit Voyault de
luy dire qu'il ſe recommandoit bien fort à luy,
& qu'il ne ſe ſouciaſt que de garder ſa perſonne , car avant qu'il fuſt peu de temps , que
on le rappelleroit bien volontiers , & auſſi
que tous les plaiſirs qu'il lui pourroit faire ,
qu'il le feroit volontiers ; car il ſe ſentoit eſtre
plus tenu à luy , que à homme du monde , &
deffendit bien audit Voyault qu'il ſe gardaſt
bien de ſe renommer eſtre audit Comte , en
quelque maniere que ce fuſt , & luy bailla
Lettres. Et ayant print congé ledit Voyault
dudit de Reilhac en le merciant très-humble-

ment des bonnes nouvelles qu'il luy avoit dites,
& s'en alla ledit Voyault en Lan en Lanſnoys ;
& ainſi que ledit Voyault s'en alloit parmy
ladite Ville de Lan , ledit Joachim Rouault ,
qui eſtoit en une feneſtre de ſa chambre le
conneut , avec lequel eſtoit le Baſtard d'Armignac & Sallezart ; & incontinent ledit Joachim envoya un ſien ſerviteur par devers ledit
Voyault luy demander qu'il cherchoit , &
quant ledit ſerviteur fut devers ledit Voyault,
ſi luy demanda qu'il cherchoit , & il luy reſpondit qu'il avoit un peu à parler audit
Joachim Rouault , maiſtre dudit ſerviteur. Et
quant Joachim Rouault ſçut qu'il demandoit ſi
renvoya ſon ſerviteur par devers ledit Voyault,
luy dire qu'il ne vînt point vers luy , juſques
à ce qu'il le mandaſt , & qu'il ſe gardaſt bien
de ſe renommer eſtre au Comte de Dampmartin ; & quand ledit Rouault eut laiſſé ledit
Baſtard d'Armignac & Sallezart , & qu'il ſe
fuſt retiré en ſa chambre , il envoya querir
ledit Voyault ſecrettement par un de ſes ſerviteurs , & quand ledit Voyault fut vers
luy , il luy demanda qu'il cherchoit ; car il
ſavoit bien que le Roy avoit ledit Comte
de Dampmartin en haine , dont il eſtoit
fort marry , car il connoiſſoit ledit Comte
long-temps eſtre bon & hardy Chevalier ,

que de long - temps il y avoit une ancienne amitié entre eux pour les plaisirs
que ils s'estoient faits l'un à l'autre , & ledit
Voyault voyant que il avoit opportunité de
luy bailler lesdites Lettres , les luy presenta ;
& quand il les eut leues se prinst à plorer en
disant telles parolles : Très-doux amy , si ce
n'estoit de peur que fussiez cherché en chemin , & detenu prisonnier , je rescrirois volontiers à Monseigneur de Dampmartin ,
vostre maistre ; lors luy monstra ledit Voyault
les Lettres de maistre Jehan de Reilhac : Et
quand ledit Rouault les eut vuës luy bailla
autres Lettres pour porter audit Comte , &
entre autres choses luy dit de bouche que le
plus fort de son affaire estoit de mettre sa personne en seureté , & que le Roy s'en alloit
à Rheims pour se faire sacrer , & qu'il ne faisoit nulle doubte que on le rappelleroit volontiers , & quand il eut fermé sesdites Lettres , il les bailla audit Voyault en luy
priant qu'il le recommandast bien fort audit
Comte , & que là où luy pourroit faire plaisir , il le feroit volontiers ; & lors print
congé de luy ledit Voyault , & monta à cheval pour s'en aller à S. Fargeau vers ledit
Comte son maistre , qui y estoit troublé en son
cœur, car de plus en plus avoit rapports que le

Roy de tous points estoit deliberé de le faire
mourir, & cherchoit de tous points sa des-
truction pour le rapport d'un nommé Georges
Damancy son serviteur, qui leur dit qu'il
l'avoit ouï dire pour vray, & ainsi que ledit
Comte se vouloit mettre à table pour disner,
ledit Voyault va arriver, & luy fit la reverence ainsi qu'il appartenoit ; & quand ledit
Comte le vit si mua couleur, & sans autre
chose dire luy demanda quelles nouvelles
il apportoit, lequel luy respondit qu'il les
apportoit bonnes selon le temps ; & lors se
leva ledit Comte de sa table, qui vouloit
commencer à disner, & le print par la main
& le mena parmi la Cour dudit Chastel dudit S. Fargeau, en luy demandant quelles
nouvelles il avoit apportées, & il luy conta
comment il avoit trouvé l'Admiral & Boniface, ausquels il avoit baillé les Lettres qu'il
leur rescrivoit ; mais ils luy avoient fait très-
mauvais recueil, & n'eust esté par le moyen
d'aucuns Seigneurs qu'il avoit autrefois con-
nus, ils le vouloient faire noyer ; dequoy
ledit Comte fut fort dolent & marry, en
disant que c'estoit mal reconnu à eux les
plaisirs qu'il leur avoit faits. Et après que
ledit Voyault luy eût conté bien au long les
parolles que Reilhac luy avoit dites, il en fut

moult resjouï leva les yeux vers le Ciel en rendant graces à Dieu des nouvelles qu'il avoit euës ; & lors print derechef iceluy Voyault, & le mena en la grand'salle du Chasteau de Saint Fargeau, en luy demandant tousjours quel bruit y avoit en Cour, & il luy dit que le Roy s'en estoit parti pour aller à Rheims, & puis tira les Lettres de Joachim Rouault qu'il avoit en son pourpoint, & les bailla audit Comte de Dampmartin, desquelles il fut encore plus joyeux que devant, & les monstra à son nepveu Robert de Balsac, Seigneur de Ranmartin. Et peu après ledit Comte tint conseil avec les dessusdits & adviserent que ledit Robert de Balsac s'en iroit au Sacre du Roy pour sçavoir des nouvelles, ainsi que ledit Rouault luy avoït escrit, & que ledit Comte s'en iroit en Limosin & meneroit avec luy ledit Voyault ; mais depuis ils conclurent que Voyault iroit au Sacre, pource qu'il connoissoit mieux les personnages à qui il se falloit addresser ; & aussi que ledit de Balsac savoit mieux les passages & chemins de Limosin que ledit Voyault, ce qui fut fait, & bailla enseigne audit Voyault où il le trouveroit, avec une Lettre qu'il escrivoit au Duc de Bourgogne.

Lors s'en partit ledit Voyault pour aller

à Rheims, & là trouva le Roy & plufieurs
grands Seigneurs & Princes, & entre autres
Mgr. de Charlus, qui eftoit nepveu dudit
Comte, auquel il fe addreffa, & luy conta
tout fon cas, & luy dit entre autres chofes,
qu'il avoit des lettres à Mgr. le Duc de Bourgogne que ledit Comte luy refcrivoit. Et
quand ledit Voyault eut longuement parlé
à luy touchant fon affaire, ledit Sgr. de Charlus luy dit qu'il le feroit depefcher, & quant
fe vint au foir que mondit Sgr. de Bourgogne fe voulut retirer en fa chambre, il appella avec luy Mgr. de Bourbon fon nepveu
pour s'en aller avec luy. Et lors ledit de
Charlus dit à Voyault, qu'il fe tint près de
la chambre, & qu'il le feroit depefcher; &
quant lefdits Seigneurs furent en la chambre du Duc Phelippe de Bourgogne, ils de-
viferent de plufieurs chofes, tant des affaires
du Roy que autrement, & puis ledit Seigneur de Bourbon appella à part ledit Sgr.
de Charlus, & luy dit qu'il fift entrer ledit
Voyault en la chambre, ce qu'il fit, & luy
demanda les lettres, & quand il les eut, il
les prefenta à mondit Sgr. de Bourbon, qui
les bailla au Duc de Bourgogne fon oncle,
lequel les print & les ouvrit, & en les lifant
fe feignoit, & demanda à Mgr. de Bourbon
qui

qui les avoit apportées, & il luy dit que ç'avoit esté un des Gentilshommes dudit Comte, lequel il fit appeller; & quand le Duc de Bourgogne le vit, il lui demanda où estoit le Comte de Dampmartin, & ledit Voyault luy respondit qu'il l'avoit laissé à Saint Fargeau, deliberé de s'en aller à son adventure, la où Dieu le conseilleroit, & qu'il estoit tant pensif & courroucé, que plus ne pouvoit; à donc, dit le Duc à Mgr. de Bourbon, que c'estoit l'un des honnestes Gentilshommes du Royaume de France, & qui autant valoit & sçavoit, & qu'il voudroit bien qu'il se retirast vers luy, & qu'il luy feroit des biens plus que ne fit jamais le Roy Charles. Et quand Mgr. de Bourbon oyt ainsi parler son oncle, il luy dist que s'il luy plaisoit rescrire quelque chose, qu'il resjouiroit, à quoy le Duc respondit qu'il ne faisoit ja mestier, en disant cet homme ne regnera pas longuement en paix sans avoir un merveilleusement grand trouble; & après ces choses dites chacun se departit de la chambre du Duc de Bourgogne, & le Duc de Bourbon s'en partit pour aller en son logis, puis appella ledit Voyault, & luy demanda s'il luy souviendroit bien de ce que le Duc de Bourgogne luy avoit dit, & il res-

Tome X.   O

pondit que oy ; & dit auffi audit Voyault
que quand il verroit ledit Comte, qu'il luy
diſt qu'il ſe recommandoit bien fort à luy,
& que avant qu'il fuſt deux ans, qu'il oyr-
roit d'autres nouvelles, mais quoiqu'il en
fuſt qu'il gardaſt ſa perſonne; lors print congé
ledit Voyault de Mgr. de Bourbon, & s'en
alla droit à S. Fargeau, où il ne trouva que
Madamoiſelle la Comteſſe de Dampmartin,
avec laquelle n'avoit que Loys du Soulier,
Gouverneur de Dampmartin, laquelle eſtoit
en grand penſée dudit Comte ſon mary,
pource qu'elle ne ſçavoit où il eſtoit, & ne
ſejourna ledit Voyault à S. Fargeau que
deux jours, qu'il ſe mit en chemin pour
trouver ſon maiſtre ; & ainſi qu'il paſſoit par
la Paliſſe, il trouva Mgr. de Charlus qui eſtoit retourné du Sacre, lequel eſcrivit une
lettre audit Comte, qu'il bailla audit Voyault,
par leſquelles il luy eſcrivoit ce qu'il avoit
fait à Rheims, & comment il avoit parlé à
Meſſeigneurs les Ducs de Bourgogne & de
Bourbon, & qu'il creuſt ledit Voyault de ce
qu'il luy diroit ; ſi s'en partit & s'en alla à
Charlus à deux lieuës de Bort, où il trouva
le Comte de Dampmartin, & quant il le
vit, ſi le tira à part & luy demanda quelles
nouvelles il avoit apportées; & il luy dit ce

qu'il avoit fait, & luy recita les paroles qu'il avoit ouï dire au Duc de Bourgogne & à Mgr. de Bourbon, & entre autres choses luy dit qu'il estoit de necessité de trouver quelque Prelat ou homme d'Eglise de bonne presentation pour envoyer à Paris à la venuë du Roy & des Princes, pour sçavoir comment son fait se porteroit ; & quand ledit Comte eut ainsi ouï parler ledit Voyault, il appella un de ses serviteurs, & envoya querir Mgr. de Bort son nepveu, fils de sa sœur ; & quand il fut venu il luy dit qu'il convenoit qu'il envoyast quelque Prelat ou autre homme d'honneur & de bonne presentation à Paris à la venue du Roy, & qu'il luy prioit qu'il y voulsist aller, car il luy feroit plaisir, lequel respondit que par ses bons dieux il n'en feroit rien, & que s'il luy eust fait plaisir le temps passé, qu'il l'eut trouvé à sa nécessité.

V.

Provision du Roy Louis XI en faveur d'Imbert de Batarnay , Sieur du Bouchage, pour les Capitaineries de Blaye & de Dax.

(Voyez le MS. 8449 de la Bibliothèque du Roi parmi ceux de Bethune 1461.)

V I.

Extrait des Memoires de Jacques du Clercq, Escuyer, Seigneur de Beauvoir en Ternois, depuis l'an 1448 jusqu'en 1467, tiré de la bibliotheque de S. Waast d'Arras. Livre III. Chapitre XXII.

L'AN de grace 1456, Loys Dauphin de Viennois, fils du Roy de France, sçachant que le Roy de France Charles son pere, avoit envoyé secretement Messire Antoine de Chabannes, Comte de Dammartin, avec grand nombre de Gensd'armes, pour prendre & amener devers luy sondit fils, pour certaines causes que je ne sçay pas ; les uns disans qu'il avoit fort vexé son pays, & particulierement les gens d'Eglise, qu'il avoit mis si bas, qu'ils n'avoient de leurs benefices que ce qu'il vouloit ; les autres disoient que c'étoit parce qu'autrefois il avoit fait mourir la belle Agnès, après la mort de laquelle le Roy retint à sa Cour sa niece, nommée Mademoiselle de Villequier, laquelle estoit moult belle, & avoit en sa compagnie les plus belles Damoiselles qu'elle pouvoit trouver, lesquelles suivoient tous-

jours le Roy où qu'il allaſt, & ſe logeoient
tousjours à une lieuë au moins près de luy;
duquel gouvernement le Daufin avoit eſté
& eſtoit fort deplaiſant, & pour cette raiſon s'eſtoit abſenté du Royaume de France
plus de douze (a) ans tout entiers, & s'eſtoit
tenu au pays de Daufiné, durant lequel
temps il n'avoit eu quelques deniers de ſon
pere, ne du Royaume, ains luy avoit fallu
vivre du pays. D'autres auſſi diſoient que
le Roy le vouloit retraire devers luy, & luy
donner eſtat comme il appartenoit; autres
encore diſoient que ſe le Roy ſon pere l'euſt
tenu, l'euſt mis en tel lieu que jamais on
n'en euſt ouï parler, & euſt fait Roy de
France après luy Monſeigneur Charles de
fait, deſquelles choſes je me tiens à ce qui
en eſt.

Le Daufin ſachant que le Roy ſon pere le
vouloit faire prendre ſecrettement, & en cas
qu'on le manquaſt, de faire entrer des troupes & de le prendre à force, fit appointer
un diſner en une foreſt, comme s'il euſt
voulu aller à la chaſſe, & luy ſixiéme ou
ſeptiéme ſe partit, & à tuë-cheval che-
vaucha vers les marches de Bourgogne;

(a) Il y a ici erreur de deux ans.

O 3

& bien que l'on sceut son départ, le Comte de Dammartin qui estoit aux aguets, le suivit de si près, qu'il le pensa prendre ; mais le Daufin eschappa & vint à S. Claude, où il fut receu fort honnorablement du Prince d'Orange, lequel estoit grand Seigneur en Bourgogne, & que le Daufin haïssoit auparavant pour aucunes destrousses que le Prince & le Marechal de Bourgogne avoient fait des troupes du Daufin.

VII.

Abregé des faits du Comte de Dammartin (a).

ANTOINE de Chabannes, Comte de Dammartin, de la Maison de Chabannes, qui rapporte son origine aux Comtes de Bigorre en Armagnac, fut en son vivant un notable Chevalier, qui servit fidellement les Rois de France, & défendit le bien public, tant en guerre qu'autrement, s'acquit un grand renom, & fut tenu pour un grand Capitaine & vaillant Chevalier.

(a) Voyez le MS. 8437 de la Bibliothèque du Roi parmi ceux de Bethune, folio 81 ; après quoi est aussi une généalogie de la Maison de Chabannes : mais nous en avons une en deux grandes feuilles de cette Maison, qui est fort bonne.

Il porta les armes à treize ans fous le Roy Charles VII, lequel l'ayant connu fage & vaillant, luy donna de grands Eftats, le fit grand Panetier de France, luy donnna une compagnie de cent lances, & autres grandes charges, & fut tousjours bien entretenu par luy jufques à fon trefpas. Il le qualifie notre amé & feal Confeiller & Chambellan, Antoine de Chabannes, Comte de Dammartin, grand Panetier de France.

En la premiere conquefte de Guyenne, ledit Roy Charles VII y envoya ledit Sieur Comte avec fes freres & parens, ayant la charge & conduite des autres gens de guerre, lequel nonobftant les pertes qui eftoient lors fur les lieux, & la grande réfiftance des Anglois, par fa prudence & bonne conduite les en chaffa, print le chafteau de Blancafort, & quatre cens Anglois qui eftoient dedans, & contraignit plufieurs navires chargez d'Anglois de fe retirer de devant Bourdeaux, & y perdit fix vingts hommes, entre autres plufieurs de fes parens, amis & ferviteurs.

Luy retourné devers le Roy, les Anglois fçachant qu'il n'y avoit perfonne pour leur refifter, affiegerent la ville de nouveau & reprirent Blancafort; le Roy l'y renvoya, & quoiqu'il y euft grand danger à caufe de

O 4

la mortalité qui eſtoit en tout le pays, &
que pluſieurs de ſes freres & parens y fuſſent
morts de la peſte ou tuez, pour complaire
au Roy il y retourna, chaſſa leſdits Anglois,
& reconquit ledit Blancafort, qui avoit autrefois appartenu aux predeceſſeurs de la
Comteſſe de Dammartin ſa femme, dont les
armes eſtoient empreintes partout.

En conſideration de ce ſervice, le Roy
luy fit don de la Baronie & chaſteau de Blancafort, tant par droit de confiſcation, qu'autres qui luy pouvoient appartenir, l'an 1451.

Le 13 Juillet audit an, Jacques Cœur,
Argentier de France, fut arreſté priſonnier
à Taillebourg en Xaintonge, & luy furent
donnez dix Commiſſaires pour faire ſon procès, dont Antoine de Chabannes fut l'un :
le procès inſtruit, fut jugé par le Roy en ſon
grand Conſeil, appellez pluſieurs Preſidens
& Conſeillers du Parlement, les gens du Roy
& le Chancellier, en preſence deſquels fut
ledit procès veu, receu par deux Greffiers,
l'extrait verifié, & furent preſque tous les
Juges, au nombre de trente à quarante,
conſonans. Et pour les cas y mentionnés, fut
ledit Cœur banni à perpetuité, condamné à
faire amende honorable au Procureur General, en quatre cens mille eſcus d'or d'a-

mende envers le Roy, ses biens acquis &
consisquez, & à tenir prison jusqu'à l'actuel
payement de l'amende; fut transferé à Poitiers, dont il évada, & se retira à Rhodes,
& mourut en combattant contre les Mes-
créans, au dire de ses héritiers. Des cas à
luy imposés, il en confessa les uns, pour lesquels il avoit besoin de la misericorde du
Roy, d'autres en fut atteint & convaincu,
& des autres ne les confessa, ny n'en fut
convaincu, & furent ouïs en l'information
cent cinquante temoins; l'Arrest fut donné
par le Roy, prononcé par le Sieur de Traynel, Chancelier, à Jacques Cœur le 29 May
1453, à Lusignan.

En execution dudit Arrest fut procedé par
le Procureur du Roy au Thresor, aux criées
des biens dudit Cœur, entre autres des terres de S. Fargeau, de Puisaye, & furent ad-
jugées à Antoine de Chabanes comme plus
offrant & dernier encherisseur, moyennant
vingt mille escus, dont il fit les foy & hommage au Roy, au Chastellard près Estreville,
le 10 Juillet 1456.

L'an 1457, le Roy Charles, à l'exception
des quatre cens mille escus d'amende portées par l'Arrest donné à Lusignan en 53,
& des dons qu'il avoit fait aux particuliers

des biens dudit Jacques Cœur, qu'il veut avoir lieu, donne & relasche tout le surplus des biens dudit Cœur, qui n'estoient pas venus en connoissance, debtes, promesses, obligations, & ce à Jean Archevesque de Bourges, Henry, Conseiller & Maistre des Comptes à Paris, Doyen de Limoges, Ravant (*) & Geoffroy Cœur, Valet de Chambre du Roy, enfans de Jacques, moyennant quoy seroient lesdits Cœur tenus renoncer à toutes les demandes qu'ils pourroient faire contre ledit Seigneur Roy, & les donataires des biens dudit feu Jacques Cœur, ce qu'ils firent.

Charles VII decedé, Louis XI luy succede, lequel irrité contre Antoine de Chabanes de ce qu'il l'avoit poursuivi par ordre du feu Roy en Dauphiné, lorsqu'il se retiroit en Bourgogne, & poussé par les ennemis dudit Antoine, luy met sus certains cas dont il estoit innocent, pour raison de quoy il se rendit volontairement prisonnier à la Conciergerie du Palais à Paris, pour s'en purger, dont il fut transferé au Louvre, & depuis à la Bastille.

Charles de Melun, Chevalier, Gouver-

(a) Je crois qu'il faut lire Rouaut.

neur de Paris & du Bois de Vincennes,
grand Maiſtre d'hoſtel de France, gendre du
Baron de Montmorency, homme qui ne perdoit aucune occaſion de ruiner les perſonnes auprès du Roy, deſquelles il pouvoit eſperer la confiſcation, abuſant de la faveur
qu'il avoit auprès du Prince, fut à meſme
temps commis à la regie des biens du Comte
de Dammartin, avec promeſſe de confiſcation en cas de condamnation. Il ne perd point
de temps, accompagné de ſon frere de Nantouillet, il enleve tous les meubles & har-
des qu'il trouve appartenir à Antoine ; vaiſ-
ſelle d'argent, tapiſſerie, licts, meubles, tant
à Dammartin, S. Fargeau, Rochefort, Bourges, en l'hoſtel de Beautreillis, ruë S. Antoine à Paris, les papiers inventoriez à Voul-
ne en Auvergne, & avec des charrettes em-
porte juſqu'à une grille de fer, qui n'eſtoit
encore attachée, qu'il fit ſervir à ſa maiſon
à Paris, diſpoſe des revenus des terres à ſa
fantaiſie, & reduit la Comteſſe de Dammartin à telle néceſſité, qu'elle fut contrainte
de ſe retirer à Mitry près Paris, chez Antoine le Fort, ſon Fermier, qui la nourrit,
elle & ſes enfans pendant trois mois ; non
content de ce, ledit Charles de Melun met
toute pierre en œuvre pour faire condamner

ledit Comte; il follicite les Juges de la part
du Roy, il tafche de fonder leur fentiment,
& n'ayant pû tirer éclairciffement du premier
Prefident, & d'aucuns des Juges, touchant
ladite condamnation, ayant par ordre du
Roy communiqué aux Advocat & Procureur
General, la dépofition de Meffire Regnault
de Darnezay, Chevalier, & fçeu qu'elle ne
faifoit nullement à l'intention du Roy, mais
bien à la defcharge du Comte, il la fupprima,
& ne voulut qu'elle fut produite au procès,
quoiqu'il eut efté ordonné par divers appointemens de la Cour qu'elle y feroit ad-
joûtée.

Les enfans de Jacques Cœur, qui avoient
efté deboutés de leurs oppofitions ès criées
qui s'eftoient faites en la Chambre du Thre-
for, des biens de leur pere, & qui n'eftoient
pas contens de la part que le Roy Charles
leur avoit faite, fe prévalans de la conjonc-
ture du temps, de la prifon & de la difgrace
du Comte de Dammartin, s'addrefferent au
Roy Louis, qu'ils eftiment leur devoir eftre
d'autant plus favorable, qu'il témoigne eftre
plus irrité contre le Comte, & qu'il fera
confideration fur l'affiftance qu'il avoit re-
ceuë de Jacques Cœur, d'argent & de confeil lors de fes retraites en Bourgogne, que

de Serres veut avoir efté caufe de fa ruine.

Obtiennent lettres de luy en 1461, par lefquelles ils demandent eftre receus appellans de l'Arreft donné contre leur pere, qu'ils appellent Sentence, & difent avoir efté donné par Commiffaires intereffez, eftre relevez de l'amende honorable, eftre reftituez contre le laps de temps & la renonciation faite par eux, enfuite du don que leur avoit fait le Roy Charles, comme faite par crainte & l'autorité du Prince ; font fignifier lefdites lettres, & donnent affignation à chacun des Commiffaires qui avoient inftruit le procès devant Meffieurs du Parlement, & parce que Antoine eft prifonnier, ils donnent l'exploit à un nommé Caillau en la falle du Palais, comme Agent de fes affaires, qui le nie & le refufe.

Charles de Melun & Geoffroy Cœur s'accordent enfemble; Geoffroy achete des meubles d'Antoine, dudit Melun, pour deux mille cinq cens efcus d'or.

L'affignation des heritiers de Cœur efcheuë, la caufe fut plaidée à huys clos fur l'enterinement de leurs lettres, le 20 May, 3 Juin & 4 Aouft 1462, & le 19 Janvier 1463, & après plufieurs dupliques & repliques, Mr. de Gannay pour le Procureur General, fouftient l'Arreſt donné contre Jacques Cœur, juridiquement donné ; ſouſtient leur requeſte incivile & impertinente , & leurs lettres obreptices & ſubreptices.

Charles de Melun avançoit tant qu'il pouvoit la condamnation d'Antoine de Chabanes , dont il vint enfin à bout, intervint Arreſt le 20 Aouſt 1463 , par lequel, ſur un prétendu rapport avoir eſté fait par Antoine de Chabanes au Roy Charles dernier treſpaſſé, à la charge du Roy, lors Dauphin, redigé par eſcrit , au lieu de Cande , par maiſtre Alain Roulant , Notaire & Secretaire dudit Seigneur, devant le Sieur de Traynel, lors Chancelier de France , le 27 Septembre 1446, il fut dit ledit rapport eſtre faux, & controuvé par ledit Antoine , comme tel feroit dechiré & laceré publiquement en plein parquet , & luy declaré crimineux de Leze-Majeſté, banny à perpetuité du Royaume, & ſes biens acquis & confiſquez.

Charles de Melun eut Mitry de la confiſcation , Geoffroy Cœur eut les Terres de Puiſaye, en donna une ſomme d'argent de deux mille eſcus, ou autre , audit de Melun, Vaſte (a) , Bailly de Rouen, Rochefort & Auriere

(a) C'eſt Vaſte de Monteſpedon , connu dans l'Hiſtoire de Louis XI.

en Auvergne; le Sieur du Lau, Blancafort.

Au mois de Mars 1464 les Ducs de Berry, Frere du Roy, de Bourbon, Bourgogne & Bretagne, & autres Seigneurs désappointés par Louis XI ayant pris les armes, Antoine trouve moyen de s'eschapper de la Bastille, & assisté de son frere & de ses amis, s'en vient droit à Saint-Maurice sur Laveron, & à Saint-Fargeau, les pille sur Geoffroy Cœur, le fait prisonnier du Duc de Berry, & s'en va en Auvergne, s'assure de Saint-Pourçain en passant, & se rend auprès de Mr. de Bourbon.

Le 6 Novembre (a) 1465 devant Paris, fut fait traité entre les Seigneurs qui avoient pris les armes pour le Bien Public, & le Roy, & par iceluy est porté par article particulier en faveur d'Antoine de Chabanes, qu'il sera remis par le premier Conseiller de la Cour du Parlement, ou des requestes, en la jouissance du Comté de Dammartin, de ses Terres & Seigneuries, & de ses biens meubles pris durant son emprisonnement, ordonné de l'en faire jouir, suivant le contenu audit article.

Depuis ce temps-là Antoine de Chabanes

(a) Il faut lire le 3 Octobre.

fut tousjours en faveur & en office près le Roy Louis XI ce qui se justifie par les emplois & les charges qu'il luy donna ensuite.

« Louis, &c. Sçavoir faisons, que par la
» grande & singuliere confiance que nous
» avons de la personne de nostre cher &
» amé Cousin, Conseiller & Chambellan,
» Antoine de Chabanes, Comte de Dam-
» martin,& pour consideration de bons,grands
» & notables services qu'il nous a dès long-
» temps faits, tant au fait des guerres, qu'en
» nos autres grandes affaires, fait & continué
» chacun jour en grand soin, cure & dili-
» gence. A iceluy pour ces causes & con-
» siderations, & autres à ce nous mouvans,
» avons donné & donnons de grace speciale
» par ces presentes, l'Office de Grand Maistre
» d'hostel de France, que n'agueres tenoit
» & occupoit Charles de Melun, Chevalier,
» & lequel avoit tenu paravant le Seigneur
» de Croy, comme vacant par le deceds
» de feu le Sire de Gaucourt, &c. Donné
» en la Tour des Champs, près nostre Hostel
» de Mehun sur Yevre, le ving – troisiéme
» jour de Fevrier, l'an de grace 1466 (a)
» & de nostre regne le six. Signé sur le re-

(a) C'est l'an 1467. Style nouveau.

pli 2

» pli, par le Roy le Seigneur de Chaftillon,
» prefent De la Loere. *Item* fur le repli.
· » Le vingt-huitiéme jour de Mars, avant
» Pafques 1466 Antoine de Chabanes, Comte
» de Dammartin, en la prefence du Roy
» noftre Seigneur, au Chaftel des Montils
» lez-Tours, fit le ferment au Roy, noftre-
» dit Seigneur, de le bien & loyaulment
» fervir en l'Office de Grand Maiftre d'Hof-
» tel de France, que le Roy luy a donné
» par lefdites Lettres, tant en l'Hoftel du-
» dit Seigneur, comme au fait de la Guerre,
» touchant icelluy Office, & qu'il le fervira
» envers & contre tous, fans nul en excepter,
» en ce & toutes autres chofes, ainfi qu'il
» appartient audit Office de Grand Maiftre,
» & comme bon & loyal ferviteur & Officier,
» eft tenu fervir fon Roy & fouverain Sei-
» gneur; prefens Monfieur le Duc de Bour-
» bon, Monfieur de Traynel, Chancelier de
» France, Monfieur de Cruffol, Chambellan
» dudit Seigneur, & moi fon Secretaire. De
» la Loere, fcellé du grand Sceau ».

Lettres données à Orleans le 18 Decembre 1465 commandées par le Roy, par lefquelles il confirme, approuve & ratifie la
reftitution, réintegration & délivrance faite
des biens du Comte de Dammartin par Mef-

Tome X. R

sire Hector Coquerel, Conseiller de la Cour, le 12 Novembre 1465.

Autres Lettres données à Mehun sur Loire, le 39 Juin 1466 par le Roy en son Conseil, par lesquelles il confirme, leve & ratifie derechef ladite restitution & réintegration des biens dudit Antoine, nonobstant l'Arrest contre luy donné par le Parlement, à la poursuite de ses haineux & malveillans.

Autres Lettres données aux Montils, le 6 Avril 1467 après Pasques, par lesquelles le Comte de Dammartin est ordonné par le Roy, de l'advis d'aucuns Seigneurs de son Sang & des Chefs de Guerre, son Lieutenant General en la Comté de Champagne & pays circonvoisins, sur quatre cens Lances; c'est à sçavoir cent Lances sous la charge & retenuë de nostre cher & amé Cousin le Comte de Dammartin; cent Lances sous charge de nostre amé & féal Conseiller & Chambellan, Jean de Salezart, Chevalier Seigneur de Saint Just; Cent Lances sous la charge d'Estiennot de Vignoles, & autre cent Lances sous la charge de Robert Cruguigan; bien informé de ses sens, vaillance, bonne conduite & grand diligence; ensemble sur quatre mille francs Archers, & sur leurs Capitaines, avec pouvoir de remettre tous crimes & délits, ainsi

qu'il eſt plus amplement porté par leſdites
Lettres ; ſignées ſur le reply par le Roy , le
Duc de Bourbon , le Conneſtable , les Ma-
reſchaux, les Sires de la Foreſt & de Cruſſol ,
& autres preſens. De la Loere.

Lettres données à Tours le 14 Avril 1467
aux Eſtatſts y tenus , par leſquelles le Roy
loue , ratifie & approuve les Lettres de reſtitution faite des biens dudit Comte. Autres
Lettres deſdits jour & an , par leſquelles le
Roy , tenant leſdits Eſtats , approuve autres
Lettres de reſtitution ci - devant octroyées
audit Comte.

Item , le 19 Juillet 1467 à Eſtampes, le
Roy ordonne audit Comte de loger ſes troupes à Guiſe, & ès Terres de Mr. de Marle ,
à cauſe de l'Epidemie.

Commiſſion dudit Comte , en execution du
Mandement cy-deſſus , au Sieur Alnequin ,
Capitaine des francs Archers au Baillage
de Vermandois , & le Procès verbal dudit
Alnequin accompagné de Guinot , Seigneur
de Lentillac , homme d'armes ſous la charge
de mondit Sieur le Comte. Signé ſur le repli
par le Roy , l'Eveſque d'Evreux , & autres
preſens. Touſtain.

Don de neuf mille livres de penſion accordée audit Comte de Dammartin par le

Roy, en confideration des grands, bons &
louables fervices qu'a fait dès fa jeuneffe
noftredit amé & feal Coufin, Confeiller &
Chambellan Antoine de Chabanes, à nous
& à la chofe publique de noftre Royaume,
au fait des guerres & autrement ; fait & con-
tinuë chacun jour en plufieurs manieres, &
efperons que plus faffe au temps à venir,
confiderans auffi les grands biens qu'il avoit
& prenoit à ladite caufe de feu noftre très-
cher Seigneur & Pere, que Dieu abfolve,
tant en penfions, dons, qu'au moyen des
Offices de Grand Panetier de France, de
Senefchal de Carcaffonne, de Capitaine de
Leucate & de Monteclaire, & d'autres qu'il
tenoit du vivant de noftredit Seigneur & Pere,
qui, chacun an, montoient à grande fomme
dé deniers, dont ne luy avons encore fait
aucune recompenfe. &c. Donné à Orleans
le 19 Octobre 1466. Signé fur le reply par
le Roy, Mr. le Duc de Bourbon, le Sire de
Baroges, maiftre Jean de Reilhac, & autres
prefens. De la Loere

    Auquel don eft attaché autre don d'augmen-
tation de trois mille livres de ladite penfion.
Donné aux Montils lez-Tours, le 5 Decembre 1472. Signé par le Roy Bourré.

    Lettres dònnées à Tours le 21 Septembre

1467 par lesquelles le Roy tenant les Estats, annulle l'Arrest donné par le Parlement contre Antoine de Chabanes, à la poursuite de ses malveillans, le reçoit en ses justifications, & à propos d'erreur.

Arrest du Parlement obtenu par ledit Antoine de Chabanes, contre le premier, sur la proposition d'erreur, donné avec le Procureur general, le 13 Aoust 1468.

Audit an, sur la fin d'Aoust, fit maistre Tristan l'Hermite, Grand Prevost de l'Hostel, le procès à Messire Charles de Melun sur plusieurs cas à luy imposez, & luy fit trancher la teste. Le Roy donna la confiscation de ses biens à Antoine de Chabanes, lequel meu de pitié des mineurs, & à la priere de leurs parens & tuteurs, se contenta de la Terre de Saint-Marc & les Tournelles, pour toute satisfaction de ses meubles, pris & vendus par ledit Charles, & pour la jouïssance qu'il avoit faite de tous ses biens pendant quatre ans qu'il l'avoit tenu prisonnier, & poursuivi sa condamnation, & il estoit si bien auprès du Roy, que nonobstant les réintegrandes & Arrest ci-dessus au profit d'Antoine, il n'avoit osé en faire la demande.

Audit an, le Roy informé qu'ès pays de Guyenne, Bourdelois, Gascogne, Langue-

P 3

doc, Albigeois, Rouergue, Quercy, Agenois, Perigord, Auvergne, haut & bas Limofin, la Marche, Xaintonge, & autres Pays voisins, on faifoit de grandes violences, pilleries, deftructions d'Eglifes, meurtres, ravissements publics, & autres maux intolerables, & oppreffions fur fes fubjets, par aucuns, qui, fous pretexte de fon fervice, s'eftoit mis en armes en tres-grand nombre, qui ne vouloient quitter les armes, ni comparoir; informé auffi que les Anglois, anciens ennemis de la France, avoient entrepris fur aucunes places du Duché de Guyenne, de Bourdelois & de Gafcogne; par advis de fon Confeil, déliberation de plufieurs Seigneurs du Sang, ordonna fon Lieutenant General Antoine de Chabanes, Grand Maiftre, pour y pourvoir, auquel fut donné plein pouvoir & authorité pour le fait de juftice & Police, comme fi le Roy y eftoit, dont il s'acquitta à fon grand honneur, tellement qu'à fon retour, le Roy eut le tout agréable & le confirma.

L'an 1469 le Roy adverty d'aucuns excès, voyes de faits, ufures manifeftes, & deffenduës en droit, exactions induës & illicites, qui fe faifoient en Languedoc, commit ledit Sieur Grand Maiftre fon Lieutenant General,

pour y remedier, en puniffant les définquiäns ;
ce qu'il fit en telle forte, que le Roy & fon
Conseil l'eurent merveilleufement agréable,
& y laiffa pour l'execution de fes Sentences
maiftre Jean de Lingny, Confeiller en la
Cour du Parlement de Thouloufe, & Maiftre
Guillaume Coftin, Advocat du Roy en la
Senechauffée de Rouerge, & fur les appel-
lations interjettées, d'aucunes d'icelles, le
Roy les confirma ; y donna ledit Seigneur
grace à Jehan de la Roche, Efcuyer, Sieur
de Seurac, qui avoit tué un homme d'un
coup d'efpée dans la cuiffe, & à plufieurs
autres, fuivant le pouvoir à luy donné.

Lettres en forme du Roy, portant pouvoir
audit Sieur Comte de tranfiger & accorder
en fon nom, avec Meffire Jaques d'Armagnac, Duc de Nemours, Comte de la Marche,
touchant plufieurs cas dont il eftoit chargé
envers le Roy. Données à Tours le 8 Decembre 1469. Signé par le Roy. De Cerifay.

Scellé dudit Jacques d'Armagnac, portant
pouvoir aux Sieurs de Brizons & de Sou, de
traitter en fon nom, donné au Chaftel de
Carlat le 4 Janvier 1469. Signé Jacques.
Aĉte en latin defdits de Brizons & de Sou,
du 9 Janvier audit an, par lequel ils promettent le faire venir à Chaudefaygues.

Tranfaction entre luy & ledit Grand Maiſtre à Saint Flour, le 27 Janvier audit an, par laquelle ledit d'Armagnac, pour ſeureté du Traité met dès à preſent ès mains du Roy les places & fortereſſes de Lieurers au Diocèſe d'Alby, Murat, Croulant & Montagu en Combraille.

Execution dudit accord par Draguinet Delaſtre, Chevalier, Conſeiller du Roy, Chambellan & Grand Maiſtre d'Hoſtel de la Reine, & Meſſire Pierre Bonmol, Doyen de Clermont, commis par le Roy pour recevoir le ſerment de fidelité des ſubjets dudit Jacques de Nemours, avec inſtruction pour cela, du 17 Fevrier audit an.

Lettres du Roy par leſquelles il ordonne ledit Grand Maiſtre ſon Lieutenant General en Beauvoiſis, avec tout pouvoir de traitter en ſon nom, donner grace, &c. Données à Amboiſe le 8 Decembre 1470. Signé par le Roy, l'Admiral, le Sieur de la Foreſt, Meſſire Guillaume Compaing & autres preſens. Demoulins.

Lettres de don fait audit de Chabanes par le Roy Louis XI tant en conſideration des grands, bons, notables & recommandables ſervices rendus au Roy Charles ſon pere, & à luy, tant au fait des guerres, qu'autour de leurs perfonnes, & pour aucunement le recompenfer & remunerer des grandes peines, frais, mifes & travaux qu'il a prifes, faites & foutenuës, comme noftre Lieutenant General par nous eftably à la reduction en noftre obeiffance, des Terres, Chafteaux, Baronnies, Chaftellenies, Mandemens, Terres & Seigneuries de Seveirrac en Severraguez, de la Guyole & de Cabrefpines, & membres d'icelles, affifes ès pays de Rouergue; Mandement de Seveirrac & la Guyole, en la haute marche & montagnes de Rouergue, & en la Comté de Rodès. *Item.* Par autres Lettres du mefme jour & an, & pour mefmes confiderations, don à luy fait des Places, Chafteaux, Baronnie & Chaftellenie de Banavant, Montefce, Lepuech & la Care, affifes au pays de Rouergue & de Bedeine. Données au mois de Novembre ès Montils, l'an 1470.

Commandement de Meffire Charles de France, Frere du Roy, Duc de Guyenne, audit Antoine pour fe mettre en poffeffion, en fon nom, des Terres & Seigneuries du Comté d'Armagnac, à luy delaiffées par le Roy depuis la confifcation du 27 Octobre 1469. Par Monfeigneur le Duc. Daniel.

Treves accordées pour trois mois entre le

beau Coufin de Bourgogne & le Roy, & pour l'obfervation d'icelles font nommés de la part dudit Seigneur Roy, le très-cher Coufin Antoine de Chabanes, Grand Maiftre ès marches d'Amiens, d'Amienois & Pays d'environ; le Sire de Mouy, Bailly de Tournay; le Comte de Nevers; le Vicomte de la Beliere, Gouverneur de Rouffillon, le Coufin, Sire de Chaftillon ès Pays de Champagne; les amés Coufins les Comtes Dauphins d'Auvergne, de Perigord & de Cominges, chacun en droit foy. A Fontaines le 10 Avril 1470.

Lettres par lefquelles le Roy commet Antoine de Chabanes avec Louis de Beaumont, Sieur de la Foreft, pour remettre en fon obéïffance le Pays de Poitou, enfemble, donner grace aux villes, vaffaux & fujects, le 12 May 1472 au Pleffis. Signé par le Roy, Monfeigneur le Duc de Bourbon, les Sires Curton & du Lude, & autres prefens. Tilhart.

Autres Lettres du 29 May 1472 par lefquelles il eft eftably Lieutenant General ès pays de Beauvoifis & marches de Picardie. Demoulins.

Autres Lettres par lefquelles le Roy commet Antoine de Chabanes pour faire montre

& revuë de la Compagnie de cent Lances fournies du Duc de Bourbon , de cent fournies de noftre Coufin le Comte de Penthievre , des cent Lances fournies du Coufin Sire de Bueil, & des cent Lances fournies de noftredit amé & feal Confeiller & Chambellan , le Sire de Curton ; enfemble des cent Lances fournies de voftredite charge & compagnie. Au Pleffis le 7 Decembre 1473.

Ordre audit Grand Maiftre de mettre des gens de guerre à Chauny en tel nombre qu'il advifera , fur l'advis qu'on a de quelque entreprife fur la Place , le 19 Decembre 1473.

Permiffion du Roy de trafiquer en Bourgogne à tous Marchands fous le congé d'Antoine de Chabanes , fon Lieutenant General , en payant un efcu pour queuë de vin , 1473 le 14 Decembre & 20 Novembre.

Sous Charles VIII.

Confirmation de la Charge de Grand Maiftre en faveur d'Antoine de Chabanes , du 23 Septembre 1483 à Amboife le premier de fon Regne. Signé fur le reply par le Roy , les Comtes de Clermont & Sieur de Beaujeu , les Sires des Querdes , de Gyé , de Curton & autres presens. Petit. Scellé du grand sceau.

Don de la charge de Capitaine de Harfleur, de Montierviller, & du Chastel & Place de Gaillart en trois Lettres separées. Données à Amboise le 23 Septembre 1483. Signé par le Roy, les Comtes de Clermont & de la Marche, de Dunois & de Merle presens. Brinon.

Commandement au Chancelier de recevoir le serment d'Antoine pour tout ce que dessus, d'autant que l'employ qu'il a auprès de sa personne ne luy permet pas d'aller sur les lieux le prester aux Baillifs de Rouen & de Caux. A Amboise les jour & an que dessus. Brinon, où est inseré l'acte de serment fait par ledit Antoine au Chancelier, le 30 Septembre 1483, signé Benard.

Lettres dudit Seigneur Roy par lesquelles il declare à Messieurs du Parlement, Chambre des Comptes, Gens d'Eglise, Prevost des Marchands, Eschevins, Bourgeois, Manans & Habitans de Paris, que pour la grande confiance qu'il a de la personne de son très-cher & feal Cousin le Comte de Dammartin, Grand Maistre, & de ses grands sens, vertus, vaillance, noblesse, loyauté, prud'hommie & bonne diligence; considéré aussi les très-grands, très-agréables & recommandables services, qu'il a par longtemps faits à feus nos très-chers Seigneurs Ayeul & Pere, que Dieu absolve, en leurs grands & principaux affaires, où bien & grandement il s'est employé, à nous fait & continue chacun jour; il le commet & ordonne dans Paris, &c. Donné au Plessis lez - Tours le deuxiéme jour de Fevrier 1485. Par le Roy, le Comte de Clermont & de la Marche, Sieur de Beaujeu, vous le Sieur du Graville, Admiral de France, & presens. Parent.

En 1475 fut ledit Antoine commis par Louis XI pour presider au combat à outrance d'entre Julio de Pise, convoquant, & Ponfile de Juge, Napolitain, & fit deffaut ledit Julio.

Après quoy suit dans le MS. la Généalogie de la Maison de Chabanes.

V I I I.

Pièces touchant le Procès d'Antoine de Chabannes, Comte de Dampmartin. Extrait du 26e Registre Criminel, fol. 212.

24 Décembre 1462.

IX.

Arreſt du Parlement. Tiré du 29 Regiſtre Criminel, fol. 219 verſo.

Voyez les Recueils de M. l'Abbé Le Grand.

X.

Procedure contre le Comte de Dammartin, tirée du même Regiſtre.

Voyez les mêmes Recueils.

XI.

Lettre de Charles de Melun, Baillif de Sens, au Roy Louis XI. (1461.)

Voyez les mêmes Recueils.

XII.

Arrêt du Parlement contre Antoine de Chabannes, Comte de Dammartin.

Du Samedy deuxiéme jour de Juillet 1464, au Conſeil en la Chambre.

Voyez le Volume 755 des MSS. de M. Dupuy.

XIII.

Reviſion du Procès d'Antoine de Chabannes, Comte de Dammartin. (1464.)

Du trente-deuxiéme Regiſtre Criminel, fol. 32.

Voyez les Recueils de M. l'Abbé Le Grand.

XIV.

Du trente-uniéme Regiſtre Criminel du Parlement.

Du Vendredy quinziéme Juillet 1468 , au Conſeil à huis clos.

Voyez les Recueils de M. l'Abbé Le Grand.

XV.

Aĉte de l'hommage-lige fait au Roy Louys XI , par le Duc de Bourgogne , des Duché de Bourgogne , Comtez de Flandres , d'Artois & autres qu'il tenoit de la Couronne.

A Saint-Thierry lez-Reims le 17 Août 1461.

Loys, par la grace de Dieu, Roy de France, à nos amés & feaulx, gens de nos Comptes & Treſoriers, aux Baillifs de , Vermandois , de Vitry de Chaumont, à nos Procureurs & Receveurs eſdits balliages , & à tous nos autres Juſticiers, ou à leurs Lieutenans : Salut & dilection. Sçavoir faiſons que noſtre très-cher & très-amé Oncle & Couſin le Duc de Bourgongne nous a aujourd'huy fait en nos

mains les foy & hommage-liges, qu'il nous
estoit tenu faire pour raison de sa dite Duché
de Bourgogne, Pairie & Doyenné des Pairs
à icelle appartenant, de la Comté de Flandres, Pairie d'icelle, & de la Comté d'Artois,
& generalement de toutes les autres terres &
Seigneuries, appartenances & appendances
d'icelles, qu'il tient de nous & de nostre
Couronne, & ainsi que luy & ses predecesseurs l'ont fait le temps passé à nos préde-
cesseurs, ausquels foy & hommage nous l'avons
receu, sauf nostre droit & l'autruy. Si vous
mandons, & expressément enjoignons, & à
chacun de vous, si comme à luy appartiendra,
que se, pour cause desdites foy & hommage
à nous non faits, lesdits Duché de Bourgogne, Comtés de Flandres & d'Artois, droits
de Pairie, & autres terres & Seigneuries de
nostredit oncle & cousin, ou aucunes de leurs
appartenances & appendances avoient esté
ou estoient prises, saisies, arrestées, ou autrement empêchées, mettez-les ou faites
mettre, chacun de vous en droit soy, incontinent & sans délay, à pleine delivrance ;
car ainsi nous plaist-il, & voulons estre fait,
pourveu toutesvoyes que nostre oncle & cousin baillera par escrit, son dénombrement &
adveu desdites choses dedans temps deu, &
qu'il

qu'il fera & payera les autres droits & devoirs, fe aucuns en font pour ce deus, fe
faits & payez ne les ait. Donné à Saint
Thierry lez-Rheims, le dix-feptiéme jour
d'Aouft, l'an de grace mil quatre cens foixante & un, & de noftre regne le premier.
Ainfi Signé par le Roy, Meffeigneurs le Duc
de Bourbon, le Comte de Charolois, le Duc
de Cleves, l'Archevefque de Lyon, les
Evefques du Liege, de Langres & de Tournay, les Comtes d'Eftampes & de Dunois,
le Seigneur de Croy, grand Maiftre-d'Hoftel,
le Baftard d'Armagnac, le Sieur de Montauban, Admiral, Meffire Jehan Bureau,
Chevalier, Treforier de France, & autres
prefens.

Voici les paroles que prononcea le Duc
de Bourgogne.

X V I.

COPPIE des paroles de l'hommage fait au
Roy Louys XI par Philippes, Duc de
Bourgogne, 1461.

MON très-redouté Seigneur, je vous fais
hommage prefentement de la Duché de Bourgogne, des Comtez de Flandres & d'Artois,

Tome X. Q

& de tous les pays que je tiens de la noble
Couronne de France , & vous tiens à Seigneur , & vous en promets obéyſſauce & ſervice , & non pas ſeulement de celles que je
tiens de vous , mais de tous mes autres pays,
que je ne tiens point de vous , & d'autant
de Seigneurs & de nobles hommes , de gens
de guerre , & d'autres qui y ſont , que j'en
pourray traire. Je vous promets faire ſervice
avec mon propre corps tant que je vivray,
avec auſſi quantque je pourray finer d'or où
d'argent.

(Voyez le T. III des Ducs & Pairs ,
par M. l'Abbé Le Grand.)

XVII.

Lettres Patentes, par leſquelles le Roy nomme
Eſtienne Petit, pour lever une taxe ſur le
Languedoc , pour les frais de ſon Sacre, &
autres beſoins , 1461.

Voyez les Recueils de M. l'Abbé Le Grand.

XVIII.

Abolition donnée par Louys XI à tous les Officiers du Duc de Bourgogne.

Voyez les mêmes Recueils au Regiſtre 148 des Chartes, Acte 306.

XIX.

Abolition donnée par le Roy Louys XI à Meſſire Jean, Duc d'Alençon, Pair de France, condamné pour crime de leze-Majeſté, par Arreſt de l'an 1458, dattée du 11 Octobre 1461 avec l'ampliation du mois de Decembre l'an 1462 ſur ce que l'on calomnioit les premiers Chrétiens.

Voyez le Volume III des Ducs & Pairs, n. 237, p. 71 & le Regiſtre 198 du Tréſor des Chartes, Acte 36.

Q 2

X X.

Promesse de Jean , Duc d'Alençon , Comte du Perche , d'observer de point en point les conditions contenues en la grace , que le Roy luy a faite , sur l'Arrest contre luy donné à Vendosme.

Voyez le troisiéme Volume des Ducs & Pairs de France , n. 237 , p. 63.

X X I.

Extrait des Lettres confirmatives en faveur du Duc d'Alençon (1461).

Voyez les Recueils de M. l'Abbé Le Grand,

X X I I.

Extrait des Lettres d'abolition en faveur du Duc d'Alençon & confirmation.

Voyez les mêmes Recueils.

XXIII.

Lettres du Roy Louys XI, par lesquelles il permet à Jean , Comte d'Armagnac , de requerir par Procureur l'enterinement des Lettres , par lesquelles il l'avoit restitué en-vers l'Arrest du Parlement de Paris , donné en contumace , par lequel ledit Comte avoit esté banni du Royaume , avec confiscation de ses biens.

Du 12 Octobre 1461.

Voyez les Recueils de M. l'Abbé Le Grand.

XXIV.

Arrest d'enregistrement. Procès differens d'Ar-magnac, 26 Registre Criminel du Parlement, fol. 92.

Voyez les mêmes Recueils.

XXV.

Lettres d'obedience filiale du Roy Louys XI au Papé Pie II.

Voyez le Volume 8445 de la Bibliothèque du Roi, fol. 8 , parmi ceux de Bethune (1462.)

XXVI.

Le Berry donné en appanage à Charles de France, Frere de Louys XI au mois de Nov. 1461.

Voyez les Recueils de M. l'Abbé Le Grand.

Q 3

XXVII.

Ratification du Traité, faite par le Roy
d'Arragon, le 21 May 1462.

Voyez les Recueils de M. l'Abbé Le Grand.

XXVIII.

Extrait de l'Obligation du Roy d'Arragon
pour la somme de deux cens mille écus, &
engagement du Comté de Roussillon & Cer-
daigne, au profit du Roy Louys XI.

Le Roy d'Arragon reconnoist que le Roy
Louys XI, estant à Sauveterre, & luy à Sainte
Pelage, Louys luy a offert sept cens lances
& des Arbalestriers, ou gens de trait à proportion, pour reduire la Catalogne, & quatre cens hommes d'armes, aussi à proportion
pour les autres guerres, qu'il pourroit avoir
dans le Royaume de Valence ou celuy d'Arragon, que Louys entretiendroit. Et il luy
promet, pourveu qu'il luy entretienne ce
nombre de troupes jusqu'à ce qu'il ait réduit
la Catalogne, de luy payer deux cens mille
escus d'or, vieille monnoye de France ; sçavoir, cent, un an après la réduction de la

Catalogne, & les cent autres un an après le premier payement ; & en cas qu'il lui fourniffe encore quatre cens lances pour les guerres d'Arragon, & de Valence, il luy promet pour tout, trois cens mille pareils efcus, dont les interefts feront payez fur les revenus, domaines & entrées des Comtez de Rouffillon & de Cerdaigne, les charges defdits Comtés préalablement payées par les mains de Charles de Ulmis, General des Finances dudit Roy d'Arragon dans lefdits Comtés de Cerdaigne & de Rouffillon, & donne pour caution les mefmes Seigneurs, devant qui l'acte precedent a efté paffé ; renonce de plus à tout fecours qu'il pourroit attendre de Louys XI en cas de contravention. Fait dans le Palais Archiepifcopal de Saragoffe, le 23 de May 1462.

Obligation ou caution des Seigneurs cy-deffus mentionnés, qui s'obligent folidairement & par corps, de faire toucher les revenus de Rouffillon & de Cerdaigne au Roy Louys XI datté du même jour, prefens, Antoine de Nogueras, Martin de la Nuca, *Bajolus Generalis Regni Arragonum*, Louis de Saint Ange, Avocat Fifcal & Docteur ès loix, & Ferdinand de Vaguedan.

Q 4

X X I X.

Le Roy d'Arragon engage le Rouſſillon à
Louys XI.

Voyez le Volume 8463 de la Bibliothèque du Roi,
parmi ceux de Bethune, fol. 145 (1461.)

X X X.

Traité de Louys XI avec Marguerite d'An-
jou, Reyne d'Angleterre.

Voyez les Recueils de M. l'Abbé Le Grand (1462.)

X X X I.

Ordre de Louis XI en conſequence du ſuſdit
Traité.

Voyez les mêmes Recueils.

X X X I I.

Alliance du Roy Louis XI avec Jean, Roy
d'Arragon.

Voyez les mêmes Recueils.

X X X I I I.

Lettres patentes du Roy Louis XI pour la
reforme de Clugny.

Voyez le Regiſtre 199 du Tréſor des Chartes,
Acte 436.

XXXIV.

Don fait par Louys XI du Duché de Luxem-
bourg, & Comté de Chiny, à Philippe le
Bon, Duc de Bourgogne.

Copié par M. l'Abbé Le Grand fur le Regiftre 198
du Tréfor des Chartes, Acte 483.

XXXV.

Pouvoir de Henry, Roy de Caftille, pour
traiter de paix & confederation avec le Roy
Louys XI.

Voyez les Recueils de M. l'Abbé Le Grand.

XXXVI.

Extrait d'une Lettre fur l'entrevuë des Roys
de France & de Caftille, du 14 Avril 1463.

Voyez les mêmes Recueils.

XXXVII.

Jugement rendu par le Roy Louys XI fur les
differens entre les Roys de Caftille & d'Ar-
ragon, pour les prétentions réciproques, qu'ils
avoient l'un fur l'autre. Donné à Bayonne
le 23 Avril 1463.

Voyez le Tréfor des Chartes. Arragon, 5.e fac,
n. 19.

X X X V I I I.

Sentence Arbitrale du Roy Louys XI entre le Roy de Castille & le Roy · d'Arragon. Avril 1463.

Copiée par M. l'Abbé Le Grand fur un Regiftre de M. Clairambaut, cotté X, p. 177.

X X X I X.

Secours donné par Louys XI au Roy d'Arragon.

Loys, par la grace de Dieu, Roy de France; fçavoir faifons à tous prefens & à venir : Que comme après noftre advenement à la Couronne de France, très-haut · & très-puiffant Prince noftre très-cher & très-amé Oncle & allié, le Roy d'Arragon & de Navarre, nous euft fait remonftrer que la Cité de Barcelonne, & plufieurs de fes autres Sujets des pays de Cathalogne & d'Arragon s'eftoient eflevez à l'encontre de luy en le voulant priver & de-bouter de fa Seigneurie, en nous requerrant que luy vouliffions donner confort & ayde à l'encontre defdits rebelles & défobéyffans, ainfi que chacun Roy & Prince le doit faire pour l'autre en tel cas, & par fpecial à l'en-contre des Sujets qui fe eflevent & rebellent

contre leur naturel & fouverain Seigneur , &
pour ce euffions deflors faits & paffez avec
noftredit Oncle d'Arragon , certains traitez
& appointemens, par lefquels entre autres
chofes , euffions promis luy ayder & fecourir
à l'encontre de fefdits Sujets rebelles & défobéyffans , & autres qui nuire & porter dommage luy voudroient , excepté à l'encontre
de très-haut & puiffant Prince , noftre très-
cher & amé Frere , Coufin & allié , le Roy
de Caftille & de Leon , & fans préjudice des
fraternités & alliances qui font anciennes
entre nous & nos prédeceffeurs , & noftredit
Frere , Coufin & allié de Caftille , & les
fiens ; lefquelles chofes nous euffions fait no-
tifier à noftredit Frere , Coufin & allié de
Caftille , en enfuivant lefquels appointemens
& promeffes , euffions la faifon paffée envoyé noftredite armée audit pays de Cathalogne pour ayder & fecourir notredit
Oncle d'Arragon contre lefdits rebelles, mais
notredit Frere , Coufin & allié de Caftille ,
non content de ce , pour aucunes grandes
différences & altercations qui eftoient entre
luy & noftredit Oncle d'Arragon , préten-
dant quelque droit ou intereft en la matiere ,
envoya certain grand nombre de gens de
guerre en icelùy pays de Cathalogne & d'Ar-

ragon, pour au contraire donner ayde & fupporter ceux qui étoient ainfi effevez & rebellez contre noftredit Oncle d'Arragon, & à ce moyen pouvoient les chofes cheoir en grands debats & inconveniens ; pourquoy nous defirans de tout noftre cœur appaifer lefdits debats & entretenir les fraternitez & alliances d'entre nous & noftredit Frere, Coufin & allié de Caftille, & auffi les appointemens faits entre nous & notredit Oncle d'Arragon, & pour obvier à tous dommages & inconveniens qui s'en pourroient enfuir, que nous voyons & connoiffons affez notoires, foyons venus en perfonne ès marche de par deçà pour affembler avec noftredit Frere, Coufin & allié de Caftille, qui s'y eft auffi trouvé, & pareillement aucuns de la part de notredit Oncle d'Arragon, en traitant lefquelles matieres, & pour le bien & utilité de nous & de noftredit Royaume, & allié de Caftille, & de noftre dit oncle d'Arragon, ayons baillé & delivré à noftre dit coufin & allié de Caftille le Merindad d'Eftelle & entretenir l'amitié de notredit Frere, coufin membre dudit Royaume de Navarre, pour eftre deformais joint & uny audit Royaume de Caftille ; & pour confideration de ce que noftre très-chere & très-amée Coufine la Comteffe de Foix, & fon fils aifné, mary &

eſpoux de noſtre très-chere & très-amée Sœur Magdelaine de France, peuvent & doivent ſuccęder audit Royaume de Navarre, après le deceds de noſtredit Oncle & Couſin le Roy d'Arragon & de Navarre, Pere de noſtredite Couſine de Foix, ont grand intereſt au bail que faiſons dudit Merindad d'Eſtelle, qui eſt l'un des principaux membres dudit Royaume de Navarre, en diminuant & démembrant iceluy Royaume, voulons de ce aucunement les recompenſer de noſtre propre, afin que eux ne les enfans qui deſcendront du mariage de leurdit fils aiſné, & de noſtredite Sœur, ne ſoient en ce par nous deçeus & deffraudez, & pour autres grands, juſtes & raiſonnables cauſes à ce nous mouvans, à noſdits Couſin & Couſine de Foix, & à leurs hoirs, ſucceſſeurs & ayans-cauſe, pour en recompenſation dudit Merindad d'Eſtelle, par nous baillé & accordé à noſtredit Frere, Couſin & allié de Caſtille pour la pacification des choſes deſſuſdites, avons donné, cédé, quitté, tranſporté & délaiſſé, donnons, cedons, quittons, tranſportons & délaiſſons de noſtre plaine puiſſance & autorité Royale, par ces preſentes, tout le droit, nom, raiſon & action que avons, & pouvons avoir en & ſur les Comtés, Terres & Sei-

gneuries de Rouſſillon , & de Cerdagne , &
ès Villes , Chaſteaux , places , rentes & revenus , hommes , hommages , vaſſaux , nobleſſes , fiefs , arriere-fiefs , droits , prérogatives , partenances & appendances d'icelles ,
quelles qu'elles ſoient , en quelques manieres
qu'elles conſiſtent ou viennent , eus & à
quelque valeur ou eſtimation qu'elles mon-
tent ou puiſſent monter au temps à venir ,
leſquels nous avons n'agueres acquis de noſtredit Oncle & Couſin d'Arragon , pour la
ſomme de trois cens mille viels eſcus d'or de
ſoixante & quatre au marc , & depuis preſté
ſur iceux à noſtredit Oncle & Couſin d'Arragon , la ſomme de cinquante mille eſcus
d'or , à préſent ayans cours en noſtre Royaume , pour iceux Comtés , Terres & Seigneuries
de Rouſſillon & de Cerdagne , Villes , Cités ,
Chaſteaux , places , rentes , revenus , hom-
més , hommages , vaſſaux , nobleſſes , prérogatives , partenances & appendances , pro-
fits & émolumens d'icelles , avoir , tenir , poſ-
ſeder & exploiter , & en jouïr d'oreſnavant
par noſdits Couſin & Couſine de Foix , leurs
dits hoirs , ſucceſſeurs & ayans cauſe , per-
petuellement & à tousjours , & autrement en
faire & diſpoſer purement , ſimplement &
abſolument , comme de leurs héritages &

propre chofe, fans aucunemnent y retenir & referver pour nous, ne les noftres, pour quelque caufe, ne en quelque maniere que ce foit, & fur ce impofons filence perpetuel à noftre Procureur prefent & à venir. Si donnons en mandement à nos amés & feaux Confeillers les Gens tenans, & qui tiendront noftre Parlement, & de nos Comptes, au Gouverneur de Rouffillon, & à nos autres Jufticiers ou à leurs Lieutenans & à chacun p'eux, fi, comme à luy appartiendra, que de nofdits Coufin & Coufine de Foix, leurs dits hoirs, fucceffeurs & ayans caufe, faffent, fouffrent & laiffent jouïr & ufer paifiblement de nos prefens don, ceffion, quittance & tranfport, fans leur faire, ne fouffrir eftre fait ores, ne pour le temps avenir, aucun empefchement, ou detourbier au contraire; ainçois ce fait ou donné leur eftoit aucune maniere, fi l'oftent ou faffent ofter & mettre fans delay à plaine délivrance, nonobftant quelconques Ordonnances faîtes par nos predeceffeurs & nous, de non donner & aliener aucune chofe de noftre Domaine, & autres à ce contraire; & avons promis & promettons par ces prefentes, de en bailler à nofdits Coufin & Coufine de Foix, toutes Lettres & enfeignemens que nous en avons de noftre

Oncle & Coufin le Roy d'Arragon, fervant
& touchant lefdites matieres ; & afin que ce
foit chofe ferme & ftable, & à toujours,
nous avons figné ces prefentes de noftre
main, & à icelles fait mettre noftre Scel,
fauf en autre chofe noftre droit, & l'autruy
en toutes. Donné à Auvret en Comminge
le vingt-quatre jour de May, l'an de grace
1463 & de noftre Regne le deuxiéme. Ainfi
Signé, Loys. Par le Roy, vous, le Comte
de Comminge, le Sire de Treynel, Meffire
Henry de Marle, Geoffroy de Saint Belin,
& Aymard de Puiffieu, Chevaliers, le Sire
de la Rofiere, & autres prefens. De la Loere.
Vifa, Contentor. J. du Ban.

Voyez M. l'Abbé Le Grand, au Regiftre 199 du Tréfor
des Chartres, Acte 338.

*Suivent dans le même Regiftre deux autres
Lettres Patentes, l'une par laquelle le Roy
Louis XI donne au Comte de Foix la Ville &
Comté de Mauleon de Soule, & par l'autre il
luy donne la Ville & Comté de Carcaffone.*

Remiffion

X L.

Remiſſion accordée aux Habitans de Perpignan.

Loys, par la grace de Dieu, Roy de France; ſçavoir faiſons à tous preſens & à venir : Comme moyennant la grace de Dieu, nous ayons, puis n'agueres, par force d'armes fait mettre en noſtre obéyſſance noſtre Ville de Perpignan, enſemble noſtre Comté de Rouſſillon; en faiſant laquelle reduction leſ- dits Bourgeois & Habitans de noſtreditte Ville ſe fuſſent mis en armes, & fait toute la reſiſtance qu'ils euſſent peu à l'encontre de nous & de nos gens; & depuis par force & contrainte euſſions mis leurs perſonnes & biens à noſtre volonté; & ſoit ainſi que de- puis leſdits Bourgeois & Habitans ayent en- voyé par devers nous Pierre Serregut, Conſul ſecond de ladite ville, & Jean Eſteve, Bour- geois d'icelle ville, par leſquels ils nous ont humblement fait ſupplier, que noſtre plaiſir fut avoir pitié & compaſſion d'eux, & les recevoir en noſtre bonne grace & bien-veil- lance, & leur remettre, quitter, pardonner & abolir les déſobéyſſances, réſiſtances, port d'armes, homicides & autres crimes, & dé-

Tome X. R

lits par eux commis & perpetrés à l'encontre
de nous & de nos Subjets, & fur tout leur
impartir noftre grace ; pourquoy nous, qui
ne voulant la deftruction de ladite ville, &
des Bourgeois & Habitans en icelle, mais
defirans leur bien & entretien en noftre
obéyffance, voulant mifericorde préferer à
rigueur de juftice, & inclinant aux humbles
fupplications & requeftes, qui fur ce nous
ont efté faites par lefdits Bourgeois & Habitans, & afin que d'orefnavant ils fe conduifent & gouvernent envers nous comme
nos bons & loyaux Subjets doivent faire, &
pour autres grandes caufes & confiderations
à ce nous mouvans, aufdits Bourgeois &
Habitans de noftredite ville de Perpignan,
avons quitté, remis, pardonné & aboly,
quittons, remettons, pardonnons & abo-
liffons de noftre grace efpeciale, pleine puiffance & autorité Royale par ces prefentes,
toutes les offenfes, rébellions, défobéiffances,
amendes, roberies, boutemens de feux, ab-
batemens de maifons & autres édifices, crimes & délits, & offenfes, en quelque lieu
ou en quelque maniere qu'ils les ayent faits
& commis, tant en general, comme en particulier à l'encontre de nofdits gens & Subjets, & autres tenans noftre party, & autres

quelconques , jaçoit ce que les cas, ne les
personnes & biens ne foient cy-dedans autrement fpecifiez & declarez, de tout le temps
paffé jufqu'au jour du ferment par eux à nous
fait de nous eftre bons & loyaux Subjects,
fans ce que pour occafion defdites rebellions,
défobéiffances & crimes deffufdits , commis
à l'encontre de nous & nofdits Subjets, &
tenans noftre party , ne auffi pour aucune
partie , qui , à l'occafion de ladite guerre,
puiffe eftre intereffée & endommagée par
lefdits Bourgeois & Habitans, en quelque
maniere que ce foit ; & pareillement pour
la défobéiffance & autres crimes & delits
par eux commis à l'encontre de noftre très-
cher & très-amé Oncle & Coufin le Roy
d'Arragon , ou noftre très-chere & très-amée
Tante & Coufine fon efpoufe , ou leur pri-
mogenit , aucune chofe leur en puiffe jamais
eftre imputée ou demandée ores , ne pour
le temps à venir, en quelque maniere que
ce foit, & les avons reftitués & remis, reftituons & remettons par ces prefentes à ladite ville, au Pays & à leurs biens, & furtout
impofons filence perpetuel à noftre Procureur , prefent & à venir, & à tous autres ;
& en outre pource que nous avons efté
advertis que plufieurs des Habitans de ladite

ville, après la reduction d'icelle en noftre obéyffance, ou devant icelle reduction doubtans rigueur de juftice, fe font abfentez, & pour occafion de leur abfence ont eftés à voix publique bannis de par nous, & leurs corps & biens declarés confifquez, nous, de noftre plus ample grace, avons voulu & ordonné, voulons & nous plaift, que lefdits abfens, condamnés ou non condamnés envers nous, comme dit eft, qui font retournés & retourneront demeurer en ladite ville dedans le terme de trois mois prochains, venant à compter d'aujourd'huy, jouiffent de l'abolition deffufdite comme les autres qui font demeurez en ladite ville, comme deffus eft dit, & iceux avons rappellez & reftituez, rappellons & reftituons par ces prefentes à nous & à noftre Royaume, nonobftant quelconques condamnations ou banniffions qui pourroient avoir efté faites contre eux durant leurdite abfence, laquelle ne leur voulons nuire ne préjudicier ; mais l'avons mife & mettons du tout au néant par ces prefentes. Si donnons en mandement aux Viguiers, Gens de noftre Parlement audit Perpignan, & à tous nos autres Jufticiers, ou à leurs Lieutenans, & à chacun d'eux, fi comme à luy appartiendra, que de nos prefens grace, quittance, abolition, conceſſion & rappeaux, faſſent, ſouffrent, laiſſent leſdits Bourgeois & Habitans jouïr & uſer pleinement & paiſiblement, ſans leur faire ou donner, ne ſouffrir eſtre fait & donné en corps ne en biens aucun detourbier, ou empeſchement au contraire en corps ne en bien en quelque maniere que ce ſoit, mais ſe leurs corps ou leurs biens ſont, ou eſtoient pour ce pris ou empeſchez, ſi les mettent ou faſſent mettre ſans délay en pleine délivrance : Et voulons & ordonnons que ces preſentes ſoient publiées par tous les lieux qu'il appartiendra ; & afin que ce ſoit choſe ferme & ſtable à tousjours, nous avons fait mettre noſtre Scel à ces preſentes, ſauf en autres choſes noſtre droit ; & l'autruy en toutes. Donné, &c.

X L I.

Remiſſion pour les Habitans de Collioure.
(*Juin 1463.*)

(Voyez le Regiſtre, n. 199, Acte 355.)

X L I I.

Extrait des Plaintes du Comte de Charolois contre Jean de Bourgogne Comte d'Eſtampes.
(*Juin 1463.*)

(Voyez les Recueils de M. l'Abbé Le Grand.)

R 3

X L I I I.

PIECES pour le rachapt des Villes de la Riviere de . Somme.

Inftruction à Maiftre Eftienne Chevalier, des chofes qu'il a à faire au voyage, où il va prefentement par le commandement & ordonnance du Roy.

PREMIEREMENT, partira de la ville de Paris le Mercredy vingt-quatriéme jour de ce prefent mois d'Aouft , accompagné de cinquante Lances & cent Archers de la Compagnie du Bailly d'Evreux, & menera les deux cens milles efcus neufs qu'il a en fa garde en la ville de Beauvais.

Item. Et luy arrivé audit lieu de Beauvais, il trouvera autres cinquante Lances & cent Archers de la Compagnie de Mr. le Marefchal de Gamache ; & d'illec tirera avec lefdites cent Lances & deux cens Archers à tout ledit argent en la ville d'Eu, & illec prefentera à Mr. d'Eu les Lettres que le Roy luy efcript , portant créance fur ledit Maiftre Eftienne Chevalier, en laquelle créance luy dira, que le Roy , pour la grande & bonne confiance qu'il a en luy, a ordonné que ladite

somme de deux cens mille escus soit portée
audit lieu d'Eu, & illec mise & laissée en
garde jusqu'à ce que ledit Maistre Estienne
Chevalier soit retourné de devers Mr. de
Bourgogne, où le Roy l'a chargé d'aller,
tant pour sçavoir à quels gens il luy plaira
que ledit argent soit baillé, comme pour re-
couvrer la quittance dudit argent, & aussi
seureté de Mr. de Bourgogne de recouvrer
les Villes, Places & Seigneuries engagées,
en luy faisant le payement de quatre cens
mille escus, qui pour ce luy sont deubs.

Item. Et ce fait, ledit Estienne Chevalier
s'en ira devers Mr. de Bourgongne, & luy
presentera les Lettres que le Roy luy escrit,
& pareillement à Mr. de Croy, & leur dira
comment le Roy est très-joyeux & content
de ce que Mr. de Bourgogne, à la priere
& requeste du Roy a esté content de prendre
de luy, pour partie des quatre cens mille
escus, deux cens mille escus neufs pour deux
cens mille escus vieux, & l'en mercie bien
acertes.

Item. Sçaura à mondit Sieur de Bourgogne,
à qui il luy plaira que ledit argent soit baillé,
& en le baillant recouvrera la quittance de
mondit Sieur de Bourgogne, & semblablement recouvrera la seureté dont dessus est

R 4

faite mention, & le apportera par devers
le Roy.

Item. Sçaura auffi de mondit Sieur de
Bourgogne, fe fon plaifir fera de bailler fous
fa main la charge & gouvernement defdites
Terres & Seigneuries ainfi engagées à Mr.
le Comte d'Eftampes, auquel cas le Roy en
fera content, moyennant que mondit Sieur
d'Eftampes jure & promette au Roy, & luy
en baille fon Scellé, du commandement &
ordonnance de mondit Sieur de Bourgogne,
de luy rendre & delivrer toutes lefdites Places, Léttres & Seigneuries, ainfi engagées,
incontinent qu'il luy apperra que le Roy aura
fait payement à mondit Sieur de Bourgogne
des derniers deux cens mille efcus, pofé
ores que Dieu euft fait fon commandement
de mondit Sieur de Bourgogne, que Dieu
ne veuille, & que Mr. de Charolois fon fils
fuft venu à la Seigneurie, & on fe gouver-
nera par l'advis & confeil de Mr. de Croy.

Item. Dira à mondit Sieur de Bourgogne
que le Roy a fceu les entreprifes, que Mr.
de Charolois fon fils fait à l'encontre de luy,
dont il a efté & eft fort defplaifant, & qu'il
eft conclud & deliberé de ayder, fecourir
& favorifer mondit Sieur de Bourgogne à
l'encontre de Mr. de Charolois de tout fon

pouvoir, fans efpargner corps ne biens, &
qu'il luy femble qu'en bien peu de temps
la chofe fera mife à fin & conclufion, en
maniere que ce fera à l'honneur & bon plaifir de mondit Sieur de Bourgogne, fi en
luy ne tient & que pour ce faire, & pour
veoir mondit Sieur de Bourgogne eft content d'aller jufqu'à Hefdin fi mondit Sieur de
Bourgogne y veut venir & qu'il voye que
faire fe doive.

Voyez les Recueils de M. l'Abbé Le Grand.

XLIV.

*Commiffion du Roy Louys XI pour le rachapt
des Villes de la Riviere de Somme. (Aouft
1463.)*

Voyez les mêmes Recueils.

XLV.

*Extrait des quittances de Philippe le bon,
Duc de Bourgogne.*

QUITTANCE de Philippes le bon, Duc de
Bourgogne, pour la fomme de deux cens
mille efcus reçus du Roy Louys XI en dé-
duction de quatre cens mille efcus, pour le
rachapt des villes & Seigneuries de la riviere
de Somme, à Hefdin le 12 Septembre 1463.

Quittance pour le refte, du 18 Octobre
fuivant, moyennant quoy il promet rendre
au premier Novembre lefdites villes & Seigneuries.

(Voyez les Recueils de M. l'Abbé Le Grand.)

XLVI.

*Vidimus d'une commiſſion de Louys XI pour
une levée de deniers pour rachapt des villes
de la riviere de Somme (Nov. 1463).*

Voyez les mêmes Recueils.

XLVII.

Autre commiſſion ſur le même ſujet (Nov. 1463).

Voyez les mêmes Recueils.

XLVIII.

*Extrait de l'inſtruction du Comte de Charolois,
ſur le rachapt deſdites villes.*

GUILLAUME de Biche a dit au Roy, que
Mgr. de Charolois a entendu que le Roy
veut racheter les terres de Picardie, & que
Mgr. de Charolois voudroit bien parler au
Roy, s'il eſtoit poſſible qu'il s'en paſſât pour
cette heure, & ſi c'eſtoit le grand profit du

Roy, & qu'il l'euſt ſi à cœur, il s'en attent à luy, mais au regard de ſon vouloir, il voudroit bien qu'il ne les racquittaſt point, & qu'il les laiſſaſt ainſi pour cette heure.

Item. Que ceux du pays d'Artois ont envoyé devers Mr. de Charolois luy prier que ces terres ne fuſſent rachetées, pour aucunes raiſons qu'ils luy ont fait dire, leſquelles il a fait ſçavoir à Mr. de Bourgogne par les Sieurs d'Ymbercourt & de Contay, & un Clerc.

Item. Que l'on a dit à Mr. de Charolois, que s'il venoit devers le Roy, que le Roy le feroit prendre, & qu'il ſe gardaſt bien de ſe trouver en lieu là ou le Roy euſt pouvoir, & qu'il le bailleroit, à Mr. de Bourgogne.

Item. Qu'il a oüi dire que le Roy eſt mal content de luy, c'eſt qu'il voudroit bien ſçavoir de quoy c'eſt, il n'a fait choſe pourquoy il en doye (rien apprehender (a)).

(a) Ces deux derniers mots manquent dans la copie.

X L L I X.

Lettre du Sieur Chevalier fur le rachapt
defdites villes.

Monseigneur, je me recommande à vous par ma foy du bon du cœur : le Roy a voulu, & pour ce dont , l'Admiral , vous & moy allissions devers Mgr. de Bourgogne, & luy portissions deux cens mille efcus, pour partie de quatre cens mille efcus qui luy font deus pour les terres engagées, commé vous fçavez. Mondit Sieur l'Admiral eft party de devers le Roy un jour avant moy , pour aller en Bretagne & en Normandie , & incontinent qu'il aura fait ce qu'il y a à befogner il fe rendra à Paris, auquel lieu il doit trouver vous & moy , pour d'illec aller tous enfemble devers mondit Sieur de Bourgogne. Je ne vous efcris point quant il y fera , pource que je ne fçay le jour , car avant qu'il y vienne , il a efperance d'avoir des nouvelles de Mgr. de Croy touchant le fait de la Treve.

J'ay amené avec moy le treforier des guerres pour faire toute diligence poffible de re-couvrer argent , & m'a dit ledit treforier que en la fin de ce mois il me rembourfera des

foixante mille livres que je luy avois avan-
cées pour la guerre de Catalogne, & en la
fin de Juin quatorze mille huit cent foixante-
une livres dix-fept fols, qu'il a receus pour
moy de maiftre Eftienne Petit, fur quoy j'en
avois efté appointé cette année.

Quant j'ay pris congé du Roy je luy ay
dit qu'il eftoit impoffible que il peut faire
payement à mondit Sieur de Bourgogne
defdits deux cens mille efcus, l'on fe peut
ayder de trente cinq mille livres, qui pour
ce faire, fe doivent prendre fur ledit trefor
des guerres, & que c'eftoit argent qui fe devoit recevoir au long de l'an, & auffi que
doubtoit que les dix mille livres qui doivent
eftre pris fur Jacques Piffeleu, ne feroient
pas prefts, & qu'on ne s'en pourroit ayder
pour cette heure, il me femble que le recouvrement defdites terres engagées, & le
fait de laditte treve font les deux plus grandes
matieres de ce Royaume, & qui plus touchent le fait du Roy ; & toutesfois il a def-
peché mondit Sieur l'Admiral & moy tant
ligierement, & à fi petite déliberation que à
grand peine avons nous eu loifir de prendre
nos houffeaux, & m'a dit que puifqu'il y a bon
fonds, il fçait bien que ne luy faudrez point,
& que vous luy prefterez ce que vous avez,

& auffi que nous trouverons des gens à Paris qui nous prefteront , & pour ce abreger ; c'eft tout ce que j'en ay pû tirer de luy, & luy femble que lefdits trente-cinq mille livres d'une part, & dix mille livres de l'autre, fe doivent trouver en un pas defiré. Je vous efcris ces chofes à ce que foyez adverti de tout, & que veniez pourvû de ce dont vous luy pourrez ayder.

Je voudrois pour Dieu que vous euffiez bien fait & achevé à voftre plaifir & profit tout ce que vous avez à faire, & vous fuffiez de cette heure icy, afin que puiffions befogner enfemble, & advifer les voyes & manieres que aurons à tenir pour parvenir à la fin à quoy le Roy tient, puis j'ay pitié de vous, & fçay bien l'aife & la plaifance que vous avez de prefent, & le déplaifir que prendrez à le laiffer, & efcrire, que veniez fi diligemment, comme la matiere le requiert; toutesfois, s'il vous plaift, vous acheverez ce que avez à faire par - de - là, & vous en viendrez le pluftoft que promptement pourrez à Tours, auquel lieu je m'en vais & vous y attendray, & cependant feray ce que je pourray, & vous commettrez encore fi je puis environ vingt-cinq mille livres de monnoye, que nous y avons. Il me femble qu'il

vaut mieux compter ladite monnoye en or,
& y perdre quelque chofe, que porter ladite
monnoye avec nous, car qui la porteroit ce
feroit une merveilleufe peine, & avec ce
coufteroit autant la voiture, comme fera la
charge de monnoye ; voyez fi nous aurons
beaucoup à befogner audit lieu de Paris ; &
vous conviendra bien ufer de nos cinq fens
naturels, parquoy eft befoin de nous y trouver le pluftoft que nous pourrons, car encore
n'y fçaurons-nous eftre fi long-temps, que
nous n'ayons bien à tirer au colier ; pour ce
vous prie derefchef que vous vous veuillez
rendre diligemment audit lieu de Tours ; fi
le Roy s'en va en Languedoc, & je crois
que la principale caufe pourquoy il y va, eft
pour bailler la poffeffion de Carcaffonne (a),
& d'illec fe part ès champs pour tirer à Lyon,
& par avanture en Savoye, l'on veuille (b)
au Marefchal de Bourgogne & aux fiens,
comme l'on m'a dit, la ville & Seigneurie
d'Efpinal. Monfeigneur, je prie à Dieu qu'il
vous doint & comble de vos defirs. Efcrit à
Saint Jean d'Angely le dix-neuviefme jour

(a) On a vû ci-deffus, Preuve 39e. que c'étoit pour
M. de Foix.

(b) Ajoutez, donner.

de May. Depuis ces lettres efcrites, Mgr. de Croy m'a dit qu'il a eu nouvelle de fon nepveu, qu'il avoit envoyé en Angleterre, & que fondit nepveu luy a fait fçavoir que certaine Ambaffade d'Angleterre fe trouvera à Saint Omer à la Saint Jehan, pour befogner au fait de ladite treve, & efpere, vû ce qu'il dit, que le Chancelier d'Angleterre fe y trouvera, & par avanture le Comte de Warwic; mondit Sieur l'Admiral dit hier à prefent, qu'il fera à Paris à la fefte de Saint Jehan, pour ce ne defaillez, & eft befoin que vous vous haftiez. Voftre Serviteur & Frere, Eftienne Chevalier.

L.

Acte de promeffe de Philippe, Duc de Bourgogne, de rendre au Roy la Comté de Ponthieu & autres terres feans deçà & de-là la riviere de Somme, en baillant quatre cens mille écus.

Voyez les Recueils de M. L'Abbé le Grand.

L I.

Information faite en 1448 de par le Roy, touchant le traité de luy & du Duc de Bourgogne, à Arras.

(Copiée fur l'original par M. l'Abbé Le Grand.)

LII.

L I I.

Plaintes du Roy Louys XI, contre Charles Comte de Nevers.

(Voyez le MS. 844 ½ de la Bibliothèque du Roy, parmi ceux de Bethune, fol. 12. Nov. 1463.)

L I I I.

Accord de mariage (May 1464.) de Madame Jeanne de France avec Louys, Duc d'Orleans (qui depuis a été Louys XII, Roy de France).

(Voyez le MS. 761 de M. Dupuy, aujourd'hui à M. Joli de Fleuri, Procureur-Général.)

L I V.

Trevè entre Louys XI & Edouard IV Roy d'Angleterre, en 1464, le 20 de May.

(Voyez les Recueils de M. l'Abbé Le Grand.)

L V.

Lettre de Philippe le Bon, Duc de Bourgogne au Roy Louis XI fur l'arrivée de la Reine à Hefdin.

MON très-redouté & fouverain Seigneur, je me recommande très-humblement à voftre

Tome X. S

bonne grace, & vous plaife fçavoir, mon
très-redouté & fouverain Seigneur, que ma
très-redoutée & fouveraine Dame Madame
la Royne arriva ici Dimanche derniérement
paffé, quinziefme jour de ce prefent mois, &
avec elle Madame la Princeffe & les autres
Dames de fa compagnie & de fa grace elle
a fait très-bonne chiere, dont je vous mercie en toute humilité : madite Dame fe voulut partir dès Mardy, toutesvoyes à ma priere
& requefte, elle demoura ce jour foubs efperance de faire bonne chiere aux fontaines;
mais le temps nous fut fi contraire, que la
compagnie fut contrainte de demourer. Mercredy femblablement elle s'en voulut partir,
& pour ce que le temps eftoit auffi indif-
pofé que le jour précedent, tant par requefte
comme autrement, je les feis encore demourer à bien grande peine, & à la verité efperant qu'il fe remettroit au bel, j'euffe bien
voulu, fe ce euft efté leur plaifir, qu'elles
feuffent demourées jufques au Jeudy, afin
que cependant j'euffe peu tout amender &
faire un peu de meilleure chiere que n'avions
encore fait ; mais je n'en ai peu finer, & fe
partirent le jour d'hier. Il me defplait bien
que je ne les ai mieux recueillies ; mais j'efpere qu'elles prendront en gré mon bon

vouloir. Au furplus, mon très-redouté &
fouverain Seigneur, depuis que derniérement
vous ai efcrit & envoyé les lettres qui m'eftoient venues d'Angleterre, rien ne m'eft
furvenu de nouvelle qui à efcrire face; mais
quand aucune chofe me furviendra, je le vous
feray fçavoir en toute diligence. Mon très-
redouté & fouverain Seigneur, plaife vous
ayés à moi mander & commander vos bons
plaifirs & commandemens, pour iceux faire
& accomplir de tout mon pouvoir, comme
raifon eft & tenu y fuis, à l'aide du benoift fils
de Dieu qui vous ait en fa très-fainte & digne garde, doint bonne vie & longue, avec
l'accompliffement de vos très-hauts & très-
nobles defirs. Efcrit à Hefdin le vingtiefme
jour de Juillet.

Voftre très-humble & très-
obeiffant Subjet & Ser-
viteur, PHILIPPE, Duc
de Bourgogne & de
Brabant.

A mon très-redouté & Souverain Seigneur
Monfeigneur le Roy.

(Voyez les Recueils de M. l'Abbé Le Grand,
en 1464.)

S 2

L V I.

Extrait de la Chronique de Georges Chaste-lain pour servir à l'intelligence de la lettre cy-dessus du Duc Philippe de Bourgogne.

Comment le Roy envoya la Royne devers son oncle, par un Dimanche après Vespres, entra en Hesdin.

E N ensuivant toutesfois, comme j'ai dit dessus d'iceux blandissemens que le Roy imaginoit, & qui peuvent donner diverses occasions de penser à qui voudroit estrutiner cette matiere. Le Roy lui partit de Hesdin, huit ou neuf jours après envoya la Royne devers son bel oncle, & par un Dimanche après Vespres entra en Hesdin le Duc avec elle, qui estoit allé au-devant à toute la Baronnie de sa Maison, qui moult estoit belle, & entra la Royne à cheval sur une basse haquenée blanche. La Princesse de Piedmond, sœur au Roy, & ses deux propres sœurs germaines avec elle, à multitude d'autres Dames & Damoiselles de grand estat; avoit esté commise en garde & en conduite au Comte d'Eu, comme Seigneur du sang, & par estroite commission à un gentil Chevalier, mi-

gnon du Roy en temps paſſé, le Seigneur
de Creſſ██, en qui le Roy ſe fioit moult,
pour cauſe de ſes vertus & ſens. Du feſtoy
ne convient parler, comment ne en quelle
maniere, car tout y eſtoit ce qui appartenoit
ès deux lez, tant à la Royale Majeſté d'une
telle Reine, comme à la hauteſſe & puiſſance
d'un tel Duc viſité encore en ſa propre maiſon, & pourtant je m'en paſſe ſur l'entendement des liſans, qui de tels cas, & de telles
perſonnes dont la matiere parle, ſçauront
bien entendre à peu de paroles ce qui en
pouvoit eſtre. Tous les ſoirs ſe feirent les
danſes juſques à la minuit, & tint la Reine
ſalle publiquement, pour embellir la feſte.
Là ſe trouva le Duc toujours d'en coſté elle
aſſis d'un lez à ſa main droite, & au lez ſe-
neſtre la Ducheſſe de Bourbón à force ; car
à envis & dur en prit l'honneur la Princeſſe
de Piedmont, fille au Roy Charles deffunct,
ne fut oncques aſſiſe en banc, ains, ſeule &
à part elle eſtoit aſſiſe en bas ſur un quarreau
de drap d'or aux pieds de la Reine, enſemble la Dame de Mauvy, fille baſtarde du Roy
Charles, eſtoient aſſiſes à baſſe terre emprès
la Princeſſe. Là furent multipliées les joyes
& redoublées par tout poſſible, danſes renouvellées de toutes façons, Dames laſſées

S 3

par hait de courre, compaignons mis à la
groffe halaine; & là fut tout monftré ce qui
eftoit en homme & en femme, de bon &
de beau, de hait & de bon vouloir en chafcun : & entre les autres y avoit une Dame,
femme au Maiftre d'hoftel de la Reyne, qui
par fes manieres & beau port en danfe, en
bleffa en cœur une douzaine ; car eftoit la
droite gorgiafe & le paffebruit de la route.
Je ne fçaurois efcrire de cette fefte autrement, fors que pour autant que la Reyne y
eftoit, & le Duc & toute fa famille fe travailloient à faire cher en tout ce qui eftoit de
pouvoir, de debvoir & de bon vouloir, &
n'y avoit chevance efpargnée puiffance, ne
voulenté feinte, ne nuls biens, plainte, mefmes la Reyne ne s'en peut taire ; mais dit
que de fon vivant n'avoit eu tant de bien
ni de joye, mais lui coufteroit bien cher ;
car fept ans après, elle le comparoit, & en
auroit regret, fe difoit-elle. La Princeffe de
Piedmont en dit autretant, & mouroit d'ennui, fe difoit quand elle penfoit au département de telle chere ; les autres Dames en
deffoubs certifioient que le moindre jour du
bon temps de ciens, valloit plus que tous
ce quoncques avoient eu de plaifir à l'hoftel de leurs maitreffes, là où il les conve-

noient eftre feules defeuvrées de toutes compagnies & de devifement d'hommes, mal
logées & eftroitement loin de bonnes villes,
en mefchantes places à l'efcart, ferves &
craintives, & pleines de danger; & dirent
bien auffi enfuivant leur maiftreffe, que voi-
rement leur feroit celle chere bien vendue
au retour devers le Roy par un droit contraire, & pourtant puifqu'elles y eftoient elles en prendroient leur plain & leur faoul,
tant qu'elles y feroient.

Comment le Roy avoit commandé à la Royne
de non demeurer à Hefdin que deux nuits
fans plus, le Dimanche & le Lundy.

MAIS y avoit ici un dur perfonnage à faire
& à mener; car la Royne avoit eu commandement du Roy de non demeurer ici
que deux nuits, fans plus, c'eftoit le Dimanche & le Lundy, & le Mardy s'en debvoit
partir & s'en venir de belle tirée vers Neuf-
chaftel, là où il l'attendroit, & en ce point
l'ordonna auffi & expreffement le chargea au
fieur de Creffol, ou quand ce vint le Lundy
bien tard, & ainfi que le Duc fe feoit emprès la Royne aux danfes, la Royne meift
en termes l'ordonnance qu'elle avoit du Roy

S 4

fon mary, & commença à parler de prendre
congé, pour partir le matin ; mais le Duc
advifé du refpondre en fouriant, lui dit,
Madame, il eſt meshui trop tard pour parler du département du matin, le département
donne ennui d'en parler : & c'eſt un lieu ici
& un temps de feſte, ſi Dieu plaiſt vous vous
leverez demain & difnerez, & puis après,
advis le temps vous apprendra ; & par ma
foy, beaux oncle, ce difoit la Royne, vous
me pardonnerez, il nous convient partir, le
Roy le nous a commandé, & pour rien du
monde nous n'oferions trefpaffer fon ordonnance ; Madame, Monfeigneur vous a envoyés ici & m'a fait cette honneur, ſi eſt
bien mon efpoir qui fe fie bien en moy,
que vous eſtes bien ; un jour plus ou moins
entre lui & moi ne feront point caufe de
voftre grief pardevers lui, & en cependant
furvindrent eux entreferir de paroles femblables, le Comte d'Eu & le fieur de Creffol, difans, « certes Monfieur, le demeurer
» ne fe peut faire, il eſt force que la Royne
» fe parte demain, il n'y a point de reme-
» de, & fe faute y avoit, jamais nous n'en
» viendrions à noſtre paix fouverainement » :
le fieur de Creffol en trembloit de peur, car
il cognoiffoit fon maiſtre & fa commiffion.

fi en requiſt & pria à genoux devant le Duc par diverſes fois, qui oncques n'y peut obtenir autre choſe, fors que la Royne dineroit au demain, & puis après on concluroit du départir; le Comte d'Eu voyant ceci, & conſiderant que le Duc en ſçauroit bien faire au fort, reſpondit & dit : « Or cha, Monſieur, ſur vous je m'en attens, vous en ſçaurez bien faire; nous vous avons amené la Royne ici par l'ordonnance du Roy, & nous la ramenerons arriere par devers lui, auſſi quand il vous plaira », ſi n'y avoit celui des deux qui ne ſe tint bien de rire quand ils virent que le partement ne leur eſtoit octroyé; mais mettant leur eſpoir ſur le diſner fait du lendemain, ſe fondoient de partir la journée, & d'aller à Dampierre trois lieues; la Reyne meſme à peine qu'elle ne ploroit de peur, tant fremiſſoit-elle de treſpaſſer le commandement du Roy; & la Princeſſe de Piedmont, combien qu'elle ſentoit & ſçavoit bien que la Reyne avoit cauſe d'en avoir peur, ſi n'en faiſoit-elle que rire, & lui eſtoient roſes en cœur le refus de ſon partir, meſme en reconfortoit la Reyne, ſi firent toutes les autres.

Comment la Royne le mardy après le difner
cuidoit partir ; mais y eut nouvel eftrif
entre le Duc & la Royne.

OR vint le Mardy & difna la Royne, &
avoit dit la nuit devant, que tout feuft preft
& appointé pour partir le difner fait ; là eut-
il nouvel eftrif entre le Duc & la Royne, là
eut-il des argumens faits & des repliques de
diverfes excufes. La Royne cuida vaincre par
priere & par donner à entendre le danger
qu'elle y attendoit : & le Duc fe fortifia fur
les raifons d'honneur par lefquelles ne la
pouvoit fouffrir partir, fe difoit-il, fans plus
amplement en faire ; & fomme toute prie
non prie, il rompit & refufa le partement
pour ce jour, & conftitua Meffire Adolf de
Cleves fon nepveu, garder la porte en bas,
afin que nuls n'en partift fans congé, & ledit de Cleves ainfi feift & s'y porta comme
avoit de commandement, & fi étoient tant
aifes la Princeffe de Piedmont & les autres
Dames, qu'elles en rirent de joie ; & ne fçavoit le fieur de Creffol trouver autre repli-
que à cefte fois que une feule ; c'eftoit que
la Royne ne partoit à ce Mardy, elle ne
pourroit partir auffi le Mercredy après, pour

les Innocens, & par ainſi ce feroit encore
un autre jour de retardement, & mal ſur mal
qui tout redonderoit ſur lui : & le Duc reſpondit qu'alors comme alors, du demain on
s'aviſeroit comme des autres jours, & quant
à partir venroit, il ne le faudroit point laiſſer pour les Innocens, par eſpecial aux Dames, car elles ont une ſinguliere loy, & ainſi
pour fin de compte le Duc la tint pour ce
Mardy, pour lui faire chere de plus belle,
& quant ce vint au Mercredy, arriere la retint par puiſſance, & n'y avoit ni plorer ni
fremir de nully qui le peuſt vaincre ; ains
dit à la Royne, « Madame, Monſieur ſe
» peut-il bien fier de moy, & je ſçais bien
» que s'y fieſt-il, ce que je vous retiens c'eſt
» pour lui faire honneur & amour comme je
» dois, & à vous : je ſuis le premier Pair
» & Doyen des Pairs de France, & comme
» ayant celle préminence ſur tous autres em-
» près Monſieur le Roy, je vous retiens au-
» jourd'huy de mon autorité, car j'ay bien tel
» pouvoir pour vous faire honneur & reve-
» rence ». A ces mots n'y avoit femme ne
homme qui oſaſt repliquer, ſe teuſt chaſcun ;
mais oncques femmes ne furent tant aiſes
que eſtoient très-toutes de cette amiable

force, ains euſſent bien voulu qu'on les euſſ continué huit jours encore par ſemblable miſtere.

Fin des Preuves de la Preface.

MÉMOIRES

DE

PHILIPPE DE COMINES,

SUR L'HISTOIRE

DE LOUIS XI,

ROY DE FRANCE.

XVe SIÈCLE.

MÉMOIRES
DE
PHILIPPE DE COMINES.

PROLOGUE,
A M. L'ARCHEVESQUE DE VIENNE.

Monseigneur l'Archevesque de Vienne, (*) pour satisfaire à la Requeste qu'il vous a pleu me faire de vous escrire, & mettre par memoire ce que j'ay sceu & connu des faits du feu Roy Loüis onziesme, à qui Dieu face pardon, nostre maistre & bienfaicteur, & Prince digne de très-excellente memoire, je l'ay fait le plus près de la verité que j'ay pu & sceu avoir la souvenance.

Du temps de sa jeunesse ne sçauroye parler, sinon pour ce que je luy en aye ouy parler & dire : mais depuis le temps que je vins en son service, (**) jusques à l'heure

(*) Cet Archevêque étoit Italien, & s'appelloit Angelo Catto : après avoir été au Duc Charles de Bourgogne, il fut Medecin & Aumônier du Roi Louis XI. C'est à la persuasion de cet Archevêque que Philippe de Comines écrit ses Mémoires. Voyez l'abrégé de sa vie, numéro 1 des Preuves du premier Livre.

(**) Philippe de Comines ne quitta le Duc de Bour

de fon trefpas, où j'eftoye prefent, ay fait
plus continuelle refidence avec luy, que nul
autre de l'eftat à quoy je le fervoye : qui
pour le moins ay tousjours efté des Chambellans, ou occupé en fes grandes affaires.
En luy & en tous autres Princes, que j'ay
connu ou fervy, ay connu du bien & du
mal : car ils font hommes comme nous. A
Dieu feul appartient la perfection. Mais,
quand en un Prince la vertu & bonnes conditions précedent (*) les vices, il eft digne de grand' memoire & loüange : veu que
tels perfonnages font plus enclins en chofes
volontaires qu'autres hommes, tant pour la
nourriture & petit chaftoy (**) qu'ils ont eu
en leur jeuneffe, que pour ce que venans
en l'aage d'homme, la plufpart des gens
tafchent à leur complaire, & à leurs com-
plexions & conditions.

gogne, pour s'attacher au Roi Louis XI, qu'en 1472 au
mois de Septembre, ou au commencement d'Octobre
au plus tard, comme on l'a vu dans la Notice.

(*) Précédent.] C'eft-à-dire, l'emportent fur les
vices.

(**) Chaftoy.] Il y avoit chaftiment en d'autres éditions, mais nous avons fuivi les Manufcrits. Chaftoy eft
le vrai mot, pour dire correction, févérité dans l'éducation.

Et

Et pour ce que je ne voudroye point mentir, se pourroit faire qu'en quelque endroit de cet escrit, se pourroit trouver quelque chose, qui du tout ne seroit à sa louange : mais j'ay espérance que ceux qui liront, considéreront les raisons dessusdites. Et tant osay-je bien dire de luy à son loz, (*) qu'il ne me semble pas que jamais j'aye connu nul Prince, où il y eust moins qu'en luy, (**) à regarder le tout. Si ay-je eu autant de connoissance des grands Princes, & autant de communication avec eux, que nul homme qui ait esté en France de mon temps, tant de ceux qui ont (***) regné en ce Royaume, que en Bretagne, & en ces parties de Flandres, Allemagne, Angleterre, Espagne, Portugal & Italie, tant Seigneurs spirituels que temporels, que de plusieurs autres dont je n'aye eu la vuë, mais con-noissance par communication de leurs am-

(*) A son loz.] Ou à sa recommandation & louange, ainsi que portent les imprimés ordinaires : mais j'ai suivi les Manuscrits. Loz vient du Latin *laus*, c'est-à-dire, louange ; terme usité dans nos vieux Auteurs François.

(**) Qu'en luy.] Ce n'est pas de quoi conviennent nos plus habiles Historiens, sur quoi voyez la Préface génerale

(***) Ou vescu, selon quelques Manuscrits.

Tome X. T

baffades , par lettres , & par leurs inftructions. Parquoy on peut affez avoir d'information de leurs natures & conditions. Toutesfois je ne prétends en rien, en le louant
en cet endroit, diminuer l'honneur & bonne
renommée des autres : mais vous envoye ce
dont promptement m'eft fouvenu, efpérant
que vous 'le demandez pour le mettre en
quelque œuvre, que vous avez intention de
faire en langue Latine, dont vous eftes bien
ufité. Par laquelle œuvre fe pourra connoiftre la grandeur du Prince dont vous parle-
ray, & auffi de voftre entendement. Et là
où je faudroye, vous trouverez Monfeigneur
du Bouchage (*) & autres, qui mieux vous

(*) Du Bouchage.] C'étoit Imbert de Batarnay ,
Baron du Bouchage & d'Auton , Sieur de Montrefor ,
Confeiller & Chambellan du Roi. Il en eft encore parlé
Liv. 6 , Chap. 7 , & Liv. 8 , Chap. 16. Voyez la Préface
génerale.

On prétend qu'il étoit le premier de fon nom & de fa
maifon, dont la poftérité mafculine eft finie par la mort
de Claude de Batarnay Comte du Bouchage , qui fut tué
à la bataille de S. Denis le 10 Novembre 1567. Mémoire
de Caftelnau , Tome 2 , p. 563 de l'ancienne édition.
Godefroy. M. du Bouchage fut un des plus intimes Favoris de Louis XI. On trouve dans les Manufcrits de la
Bibliothèque du Roi un grand nombre de lettres & d'inf-

en sçauroient parler que moy, & le coucher en meilleur langage. Mais pour obligation d'honneur, & grandes privautez & bienfaits, sans jamais entrerompre, jusques à la mort, que l'un ou l'autre n'y fust, nul n'en devroit avoir meilleure souvenance que moy : & aussi pour les pertes & douleurs que j'ay reçuës depuis son trespas (*). Qui est bien pour faire reduire à ma memoire les graces que j'ay reçuës de luy : combien que c'est chose assez accoustumée, qu'après le decès de si grands & puissans Princes, les mutations sont grandes : & y ont les uns pertes, & les autres gain. Car les biens & les honneurs ne se départent point à l'appetit de ceux qui les demandent.

Et pour vous informer du temps dont ay eu connoissence dudit Seigneur, dont faites demande, m'est force de commencer avant le temps que je vins à son service : & puis par ordre je continueray mon propos, jusques à l'heure que je devins son serviteur, & continueray jusques à son trespas.

truĉtions secretes que ce Roi lui écrivit. Par une lettre du Cardinal de S. Pierre aux Liens, on voit qu'il étoit fort bien allié.

(*) Depuis son trespas.] Voyez ce qui est dit de Philippe de Comines dans la Notice.

MÉMOIRES

DE

PHILIPPE DE COMINES.

LIVRE PREMIER.

CHAPITRE PREMIER.

De l'occasion des guerres, qui furent entre Louis onziesme, & le Comte de Charolois, depuis Duc de Bourgogne.

Au saillir de mon enfance, & en l'aage (a) de pouvoir monter à cheval, je fus amené à l'Isle, devers le Duc Charles de Bourgogne, lors appellé le Comte de Charolois : lequel me prit en son service : & fut l'an mil quatre cens soixante & quatre. Quelques jours après arriverent audit lieu de l'Isle, les (b) Ambassadeurs du Roy : où estoit le

(a) L'aage.] Philippe de Comines pouvoit alors avoir 19 ans, puisqu'à sa mort arrivée en 1509, il en avoit 64.

(b) Du Roy.] Les Ambassadeurs de Louis XI arriverent à Lille le cinquiéme jour de Novembre 1464. *Godefroy.* On rapporte dans les Preuves, numéro 2. le procès-verbal que firent ces Ambassadeurs de l'audience qu'ils eurent du Duc Philippe de Bourgogne.

Comte d'Eu, (a) le Chancelier de France,
(b) appellé Morvillier, & l'Archevefque de
Narbonne : (c) & en la prefence du Duc

(a) Le Comte d'Eu.] Charles d'Artois, Prince du
Sang de France, lequel après avoir demeuré vingt-
trois ans prifonnier en Angleterre, revint en France
l'an 1438. Il fut fort aimé de Louis XI, parce qu'il
ne tenoît rien des arrogantes humeurs de fes prédé-
cefleurs, & demeura dans le fervice du Roy dans les
tems les plus difficiles, lorfque les principaux Seigneurs quitterent Louis XI pour fuivre l'armée des
Princes en 1465. Il mit d'accord le Roy & le Duc
de Bretagne, par un traité fait entre ces deux Princes
à Saumur l'an 1469, leurs difficultés ayant été vui-
dées par la dextérité de ce Comte & du Comte de Dunois. Il mourut le 25 Juillet de l'an 1472, âgé de
près de quatre-vingts ans, fans enfans. Il eft inhumé
au Chœur de l'Abbaye d'Eu. Jean de Bourgogne,
Comte de Nevers fon neveu, fut fon héritier.

(b) Pierre de Morvillier, Seigneur dudit lieu de
Clary & de Charenton, fils de Philippe de Morvillier, Premier Préfident de la Cour de Parlement de
Paris, auparavant Préfident des Parlemens du Duc
de Bourgogne, pourvû le troifiéme Septembre 1461,
quitta l'an 1465 les Sceaux à Guillaume Juvenel des
Urfins, Baron de Treinel, qui avoit été fon prédé-
cefleur.

(c) L'Archevêque de Narbonne.] Antoine du Bec-
Crefpin, auparavant Evêque & Duc de Laon. « Epif-
» copi Laudunenfes dans le Gallia Chriftiana nume.

T 3

Philippe de Bourgogne , & dudit Comte de
Charolois & de tout leur conseil, à huis
ouvers , furent ouïs lesdits Ambassadeurs : &
parla ledit Morvillier fort arrogamment , disant que ledit Comte de Charolois avoit fait
prendre , luy estant en Holande , un petit
navire de guerre, (a) party de Dieppe, auquel estoit un Bastard de Rubempré, (b)
& l'avoit fait emprisonner , luy donnant
charge qu'il estoit là venu pour le prendre,

» 66. Antonius de Crespy vel Crespin 1452. translatus
» Narbonem , sacramentum fidelitatis præstat 1460.

(a) Ou plutôt un petit vaisseau de Pescheurs , ou
un bateau léger , comme le marque Olivier de la
Marche en ses Mémoires liv. 1. ch. 45. & Monstrelet
sur l'an 1464.

(b) De Rubempré.] Etoit fils naturel d'Antoine II
du nom , Sieur de Rubempré en Picardie (*Godefroy.*)
Rubempré aussi-bien que quelques-uns de ceux qui
l'accompagnoient, resterent cinq ans en prison ; mais
malgré les injustes soupçons du Comte de Charolois ,
on ne put avoir la moindre preuve que Rubempré
voulut se saisir de ce Prince. Le Roi Louis XI avoua
néanmoins qu'il avoit eu dessein de faire arrêter le
Vice-Chancelier de Bretagne , qui alloit négocier une
alliance avec les Anglois , anciens ennemis de la
France ; en quoi Louis XI violoit le droit des gens.
Sur Rubempré , voyez le mémoire qui est aux Preuves , numéro 3.

& qu'ainſi l'avoit fait publier par tout, & par eſpecial à Bruges, où hantent toutes nations de gens eſtranges, par un Chevalier de Bourgogne, appellé Meſſire Olivier de la Marche.

Pour leſquelles cauſes le Roy,. ſoy trouvant chargé de ces cas, contre verité, comme il diſoit, requeroit audit Duc Philippe, que ce Meſſire Olivier de la Marche luy fuſt envoyé priſonnier à Paris, pour en faire la punition telle que le cas le requeroit. A ce point lui reſpondit ledit Duc Philippe, que Meſſire Olivier de la Marche eſtoit né de la Comté de Bourgogne, & ſon Maiſtre-d'hoſtel, & n'eſtoit en rien ſubjeĉt à la couronne : toutesfois que s'il avoit fait & dit choſe qui fut contre l'honneur du Roy, & qu'ainſi le trouvaſt par information, qu'il en feroit la punition telle qu'au cas appartiendroit : & qu'au regard du Baſtard de Rubempré, il eſt vray qu'il eſtoit pris pour les ſignes & contenances, qu'avoit ledit Baſtard & ſes gens a l'environ de la Haye en Holande, où pour lors eſtoit ſon fils Comte de Charolois : & que ſi ledit Comte eſtoit ſoupçonneux, il ne le tenoit point de luy : (car il ne le fut oncques) mais le tenoit de ſa mere, qui avoit eſté la plus ſoupçon-

T 4

neuſe Dame qu'il euſt jamais cogneuë (a) :
mais, nonobſtant que lui, (comme dit eſt)
n'euſt jamais eſté ſoupçonneux, s'il ſe fuſt
trouvé au lieu de ſon fils, à l'heure que ce
Baſtard de Rubempré hantoit és environs,
qu'il l'euſt fait prendre comme il avoit eſté :
& que ſi ledit Baſtard ne ſe trouvoit chargé
d'avoir voulu prendre ſon fils, (comme l'on
diſoit) qu'incontinent le feroit delivrer, &
le renvoyeroit au Roy, comme ſes Ambaſſadeurs le requeroyent.

Après recommença ledit Morvillier, en
donnant grandes & deshonneſtes charges au
Duc de Bretagne, appellé François : diſant
que ledit Duc, & le Comte de Charolois,
là préſent, eſtant ledit Comte à Tours devers
le Roy (b) là où il l'eſtoit allé voir, s'eſtoient

(a) Qu'il eut jamais connue.] Se nommoit Iſabelle
de Portugal. Le Duc de Bourgogne, ajouta ſelon
Monſtrelet, *qui ſoupçonnoit maintefois que je n'al-
laſſe à autre femme qu'à elle.* Tout cet endroit eſt
raconté aſſez naïvement & avec bien du détail dans
Monſtrelet ſur l'an 1464.

(b) Le Comte de Charolois alla voir le Roi à
Tours en Novembre 1461, & y reſta juſques au 11
Décembre ſuivant, qu'il en partit pour aller à Aire
voir la Ducheſſe ſa mere.

baillez feellez l'un à l'autre (a) & faits freres
d'armes, & s'eftoient baillez lefdits feellez
par la main de Meffire Tanneguy du Chaftel,
(b) qui depuis a efté Gouverneur du Rouffillon, & a eu auctorité en ce Roiaume :
faifant ledit Morvillier ce cas fi énorme, &
fi crimineux, que nulle chofe, qui fe peuft
dire à ce propos; pour faire honte & vitupere
à un Prince, ne fuft qu'il ne dift. A quoy
ledit Comte de Charolois par plufieurs fois
voulut refpondre, comme fort paffionné de
cette injure, qui fe difoit de fon amy &

(a) Ces Princes avoient fait enfemble en 1461 une
alliance pour la deffenfive & pour l'offenfive. Voyez
les preuves, Numéros 4 & 5.

(b) Tanneguy du Chaftel.] Son oncle de même
nom, fut attaché au Roi Charles VII, & il eft très-
connu dans l'hiftoire de ce Prince. Comme ils étoient
Bretons, le neveu s'attacha au Duc de Bretagne; mais
il fut gagné par Louis XI, qui cherchoit à faire re-
cruë de braves gens. Il entra fort avant dans la faveur du Roi, qui le fit Gouverneur de Rouffillon,
& lui écrivoit avec beaucoup de confiance : il lui demandoit fouvent fon avis fur les affaires les plus importantes. On voit beaucoup de lettres de Louis XI
à Tanneguy du Chaftel aux Manufcrits de M. de Gagnieres, dans la Bibliotheque de S. M. Mais le Roi
ne lui écrivoit jamais que fous le nom de Vicomte de
la Belliere.

allié ; mais ledit Morvillier lui rompoit toufiours la parole, difant ces mots : *Monfeigueur de Charolois, je ne fuis pas venu pour parler à vous, mais à Monfeigneur voftre pere.* Ledit Comte fupplia par plufieurs fois à fon pere qu'il peuft refpondre : lequel luy dit, *J'ay refpondu pour toy, comme il me femble que pere doit refpondre pour fils : toutesfois, fi tu en a fi grande envie, penfes y aujourd'huy, & demain dy ce que tu voudras.* Encores difoit ledit Morvillier, qu'il ne pouvoit penfer q i pourcit avoir meu ledit Comte de prendre cette alliance avec ledit Duc de Bretagne qu'il n'avoit rien, finon une penfion que le Roy luy avoit donnée avec le Gouvernement de Normandie, que le Roy lui avoit ofté.

Le lendemain en l'affemblée, & en la compagnie des deffusdits, le Comte de Charolois, le genoüil en terre, fus un carreau de veloux, parla à fon pere premier, & commença de ce Baftard de Rubempré : difant les caufes eftre juftes & raifonnables de fa prinfe, & que ce fe mettroit par procès. Toutesfois je croy qu'il ne s'en trouva jamais rien : mais eftoient les fufpections grandes : & le vy delivrer d'une prifon, où il avoit efté cinq ans. Après ce propos commença à defcharger le Duc de Bretagne, & luy auffi : difant qu'il eftoit vray que ledit Duc de Bretagne & luy avoient prins alliance & amitié enfemble, & qu'ils s'eftoient faicts freres d'armes : mais en rien n'entendoient cette alliance au prejudice du Roy, ne de fon Royaume, mais pour le fervir & fouftenir, fi befoin en eftoit : & que touchant la penfion qui luy avoit efté oftée , que jamais n'en avoit eu qu'un quart montant neuf mille francs, & que jamais n'avoit requis ladite penfion, ne le gouvernement de Normandie , & que moyennant qu'il euft la grace de fon pere, il fe pourroit bien paffer de tous autres bienfaicts. Et croy bien fi n'euft efté la crainte de fondit pere, qui là eftoit prefent, & auquel il adreffoit fa parolle, qu'il euft beaucoup plus afprement parlé. La conclufion dudit Duc Philippe fut fort humble & fage, (a) fuppliant au Roy ne vouloir legerement croire contre lui ne fon fils, & l'avoir toujours en fa bonne grace. Après fut apporté le vin & les efpices : & prirent les Ambaffadeurs congé du pere & du fils. Et quand ce vint que le Comte

_____

(a) Cette réponfe eft fort bien rapportée par Monf-trelet, qui marque même que le Duc écrivit au Roi, qui lui fit fur le champ une réponfe convenable.

d'Eu & le Chancelier eurent pris congé
dudit Comte de Charolois, qui eſtoît aſſez
loin de ſon pere, il dit à l'Archeveſque
de Narbonne qu'il vit le dernier (a) : *Re-*
commandez-moy très-humblement à la bonne
grace du Roy, & luy dites qu'il m'a bien fait
laver par le Chancelier ; mais avant qu'il ſoit
un an il s'en repentira. Ledit Archeveſque
de Narbonne fit ce meſſage au Roy, quand
il fut de retour, comme vous entendrez
cy-après. Ces parolles engendrerent grande
hayne dudit Comte de Charolois au Roy :
avec ce qu'il n'y avoit gueres que le Roy
avoit racheté les villes de deſſus la riviere
de Somme : comme Amiens, Abeville,
Sainct-Quentin, & autres, baillées par le
Roy Charles ſeptieſme audit Duc Philippe de
Bourgogne, par le traicté qui fut fait à Arras,
(b) pour en joüir par luy & ſes hoirs maſles,

(a) Le dernier.] Monſtrelet obſerve que ce fut le
8 Novembre que le Comte de Charolois parla aux
Ambaſſadeurs en préſence de ſon pere ; & l'on ne
doit pas douter que l'aigreur dont uſa le Chancelier,
n'ait contribué à la guerre du bien public, qui s'éleva
peu de temps après.

(b) A Arras.] Ce fut en 1435 que ce Traité fut
conclu, & nous en avons un Journal aſſez curieux »

au rachapt de quatre cens mille efcus : Je ne fçay bonnement comment cela fe mena : toutesfois ledit Duc fe trouvant en fa vieilleffe furent tellement conduites fes affaires par Meffeigneurs de Croy & de Chimay (a), freres, & autres de leur maifon, qu'il reprit fon argent du Roy, & reftitua lefdittes terres : dont ledit Comte fon fils fut fort troublé : car c'eftoient les frontieres & limites de leurs Seigneuries : & y perdoient beau-

fait par Antoine de le Taverné, publié par Jean Collart, & imprimé à Paris in-12 en 1651.

(a) Meffeigneurs de Croy & de Chimay, freres; dont l'aîné s'appelloit Antoine de Croy, Comte de Porcean, de Guines, & de Beaumont en Haynault, Chevalier de la Toifon d'Or, & favori de Philippe le Bon, Duc de Bourgogne, qui fut Grand-Maître de France dès l'an 1461, & mourut en 1475. Le puifné fe nommoit Jean de Croy, qui fut Chevalier de la Toifon d'Or, Grand-Baillif & Capitaine général du pays d'Haynault pour le Duc de Bourgogne, & tous deux étoient enfans de Jean de Croy, Seigneur de Renty, Seninghem & d'Araines, Chambellan de Philippe le Hardy & Jean Duc de Bourgogne, & de Marguerite de Craon Dame de Thou-fur-Marne. God.

Enguerrand de Monftrelet fur l'an 1464 (ou 65, ftyle nouveau) donne une lettre fort étendue, ou manifefte, du Comte de Charolois, contre les Seigneurs de la Maifon de Croy.

coup de fubjeds & bonnes gens pour la guèrre. Il donna charge de cette matiere à la maifon de Croy , & venant fon pere à l'extreme vieilleffe , dont ja eftoit près , il chaffa hors du Pays de fon pere tous lefdits Seigneurs de Croy, & leur ofta toutes les places , & chofes qu'ils tenoient entre leurs mains.

CHAPITRE III.

Comment le Comte de Charolois, avec plu-
fieurs gros Seigneurs de France, dreffa une
armée contre le Roy Louys onziefme, foubs
couleur du Bien public.

BIEN peu de temps après le partement des Ambaffadeurs deffufdits , vint à l'Ifle le Duc de Bourbon , Jehan (a) dernier mort, feignant venir voir fon oncle le Duc Philippe de Bourgongne : lequel, entre toutes les maifons du monde, aimoit cefte maifon de Bourbon. Cedit Duc de Bourbon

(a) C'étoit Jean II du nom, Duc de Bourbon & d'Auvergne, né en 1426, & mort le premier Avril 1488, fuivant le ftyle nouveau, âgé de 62 ans. C'eft à ce Prince que François Villon addreffe une Ballade affez gentille pour le tems, & qui fait voir la libéralité de ce Prince.

estoit fils de la sœur (a) dudit Duc Philippe : laquelle estoit vefve, long-temps après avoir, & estoit là avec ledit Duc son frere : & plusieurs de ses enfans, comme trois filles & un fils. Toutesfois l'occasion de la venue dudit Duc de Bourbon estoit pour gaigner & conduire ledit Duc de Bourgogne de consentir mettre sus une armée en son pays : ce que semblablement feroient tous les Princes de France, pour remonstrer au Roy le mauvais ordre & injustice qu'il faisoit en son Royaume : & vouloient estre fors pour le contraindre, s'il ne se vouloit ranger. Et fut cette guerre depuis appellée le BIEN-PU-BLIC ; pource qu'elle s'entreprenoit soubs couleur de dire que c'estoit pour le bien public du Royaume. Ledit Duc Philippe, qui depuis sa mort a été appellé, le bon Duc Philippe, consentit qu'on mit sus des gens : mais le nœu de ceste matiere ne luy fut jamais descouvert, ny ne s'attendoit point que les choses vinssent jusques à la voye de faict. Incontinent se mirent à mettre sus ses gens : & vint le Comte de Sainct - Paul,

(a) De la Sœur.] Agnès de Bourgogne, mariée en 1426 à Charles Duc de Bourbon, pere de Jean, & qui est mort le 4 Décembre 1456. Cette Princesse ne décéda que le premier Décembre 1476.

depuis Conneftable de France, devers ledit
Comte de Charolois à Cambray, où pour
lors eftoit ledit Duc Philippe : & luy venu
audit lieu, avec (a) le Marefchal de Bourgogne, qui eftoit de la maifon de Neufchaftel,
ledit Comte de Charolois fit une grande affemblée de gens de confeil, & autres des gens
de fon pere, en l'Hoftel de (b) l'Evefque de
Cambray : & là declara tous ceux de la
maifon de Croy, (c) ennemis mortels de fon
pere, & de luy, nonobftant que le Comte
de Sainct - Paul euft baillé (d) fa fille en
mariage au fils du Seigneur de Croy, long-

(a) Thibaut Seigneur de Neufchaftel, d'Efpinal,
Chatel-fur-Mofelle & de Blamont, Chevalier de la
Toifon d'or, fort connu dans l'Hiftoire de Louis XI.

(b) Jean Evêque de Cambray, fils naturel de Jean
Duc de Bourgogne, lequel Evêque eft mort en 1479.

(c) Les Seigneurs de la Maifon de Croy difgraciés
par Charles Comte de Charolois, fe retirerent en
France, où Louis XI leur fit beaucoup de bien :
quelques branches mêmes y font reftées, & d'autres
font retournées enfuite dans les Pays-Bas. Voyez la
note ci-deffus Chapitre I, où il eft parlé de cette
Maifon, & la Preuve N°. 11 de ce livre.

(d) Jaqueline de Luxembourg, fille de Louis Comte
de Saint-Pol, depuis Connétable de France, mariée
à Philippe de Croy, fils d'Antoine de Croy & de
Marguerite de Lorraine fa feconde femme.

temps

temps avoit, & difoit y avoir dommage. En
fomme il fallut que tous s'enfuiffent des Seigneuries du Duc de Bourgogne, & perdirent
beaucoup de meubles. De tout cecy defpleut
bien au Duc Philippe : lequel avoit pour premier Chambellan un , qui depuis fut appellé
(a) Monfeigneur de Chimay, homme jeune,
& très-bien conditionné, neveu du Seigneur
de Croy, lequel s'en alla fans dire Adieu à
fon maiftre, pour la crainte de fa perfonne :
autrement il euft efté tué ou pris : car ainfi
avoit efté declaré. L'ancien aage du Duc
Philippe luy fit ce endurer patiemment : &
toute cette declaration, qui fe fit contre fes
gens , fut à caufe de là reftitution de ces
Seigneuries fituées fur la riviere de Somme , que le Duc Philippe , avoit rendu audit
Roy Louis , pour la fomme de quatre cens
mille efcus, & chargeoit le Comte de Charolois ces gens de cette maifon de Croy,
d'avoir fait confentir au Duc Philippe cette
reftitution.

Ledit Comte de Charolois fe radoubla,
& rapaifa avec fon pere , le mieux qu'il

(a) Philippe de Croy, Seigneur de Kievraing , fils
aîné de Jean de Croy, créé Comte de Chimay en
1473, & de Marie de Lallaing, Dame de Kievraing,
fon époufe.

put : & incontinent mit fes Genfd'armes aux
champs : & en fa compagnie ledit Comte
de Sainct-Paul, (a) eftoit principal conduc-
teur de fes affaires, & le plus grand Chef
de fon armée : & pouvoit bien avoir trois
cens Hommes-d'armes, & quatre mille Archiers foubs fa charge, & avoit beaucoup
de bons Chevaliers & Efcuyers des pays
d'Artois, de Henault, & de Flandres, foubs
ledit Comte, par le commandement dudit
Comte de Charolois. Semblables bandes &
auffi groffes armées, avoient (b) Monfeigneur
de Raveftein, frere du Duc de Cleves, &
Meffire (c) Antoine baftard de Bourgogne:
lefquels avoient efté ordonnez pour les conduire. D'autres chefs y avoit-il, que je ne
nommeray pas, pour cefte heure, pour brief-
veté : & entre les autres y avoit deux Che-

(a) On verra dans la fuite la trifte deftinée du Comte
de Saint-Paul, qui à la vérité fe l'attira par fa mauvaife conduite à l'égard du Roi & du Comte de Charolois. Il fut décapité en 1475.

(b) Adolphe de Cleves, Seigneur de Raveftein, fils
puifné d'Adolphe de la Marck, premier Duc de Cleves, & de Marie, fille de Jean Duc de Bourgogne,
fon époufe.

(c) Fils naturel de Philippe le Bon Duc de Bourgogne, & de Jeanne de Prefle fon amie.

valiers, qui avoient grand credit avec ledit Comte de Chārolois : l'un eſtoit le Seigneur de Haultbourdin, (a) ancien Chevalier, frere baſtard dudit Comte de Sainct-Paul, nourry és anciennes guerres de France & d'Angleterre, au temps que le Roy Henry, cinquieſme Roy d'Angleterre de ce nom regnoit en France, & que le Duc Philippe eſtoit joinct avec luy, & ſon allié. L'autre avoit nom le Seigneur de Contay, (b) qui ſemblablement eſtoit du temps de l'autre. Ces deux eſtoient très-

(a) Le Seigneur de Haultbourdin.] Jean de Luxembourg, fils bâtard de Walerand de Luxembourg, Comte de Saint-Paul, & d'Agnès Dubus ſon amie. Ses lettres de légitimation ont été données par Philippe Duc de Bourgogne à Arras, le 12 Juin 1433, il y eſt qualifié de Chevalier, Conſeiller & Chambellan de ce Duc.

(b) Seigneur de Contay.] Guillaume le Jeune, Seigneur de Contay, fils aîné de Robert le Jeune, Seigneur de la Forêt & de Contay en Artois (faut voir le troiſiéme volume de Monſtrelet, en la vie de Louis XI, fol. 95. verſo 1463.) Son frere puiſné fut Jean le Jeune Cardinal, Evêque d'Amiens & de Thérouenne. La poſtérité dudit Guillaume, Seigneur de Contay, eſt finie en ſa petite-fille Françoiſe, Dame de Contay, qui fut mariée avec Jean, Seigneur d'Humieres, ſous le regne d'Henry II.

vaillans & fages Chevaliers, & avoient la
principale charge de l'armée. Des jeunes il
y en avoit affez : & entre les autres un fort
bien renommé (a) appellé Meffire Philippe
de Lalain qui eftoit d'une race, dont peu
s'en eft trouvé qui n'ayent efté vaillans &
courageux, & prefque tous morts en fervant leurs Seigneurs en la guerre. L'armée
pouvoit eftre de quatorze cens Hommes-
d'armes, mal armez & maladroits, car long-
temps avoient efté ces Seigneurs en paix :
& depuis le traité d'Arras avoient peu veu
de guerre, qui euft duré : & à mon advis
qu'ils avoient efté en repos plus de trente
ans : fauf quelques petites guerres, contre
ceux de Gand, qui n'avoient gueres duré.
Les Hommes - d'armes eftoient très - forts,
bien montez, & bien accompagnez : car peu
en euffiez vous veu, qui n'euffent cinq
ou fix grands chevaux. D'Archiers y pouvoit
bien avoir huict ou neuf mille : & quand la
monftre (b) fut faite, y eut plus à faire à
les renvoyer qu'à les appeller : & furent
choifis tous les meilleurs.

(a) Fils de Guillaume Seigneur de Lallain, & de
Jeanne de Crequy, tué à la bataille de Montl'hery.

(b) Monftre.] C'eft ce que l'on nomme aujourd'hui
la revue.

Pour lors avoient les subjects de cette maison de Bourgogne , grandes richesses, à cause de la longue paix qu'ils avoient euë, pour la bonté du Prince soubs qui ils vivoient : lequel peu tailloit (a) ses subjets : & me semble que pour lors, ses terres se pouvoient mieux dire terres de promission que nulles autres Seigneuries , qui fussent sur la terre. Ils estoient comblez de richesses, & en grand repos, ce qu'ils ne furent oncques puis : & y peut (b) bien avoir vingt & trois ans que cecy commença. Les despenses & habillemens d'hommes & de femmes , grands & superflus. Les convis & banquets , plus grands & plus prodigues qu'en nul autre lieu dont j'aye eu connoissance. Les baignoiries & autres festoyemens

(a) Cet heureux état des Provinces des Pays-Bas sous Philippe le Bon Duc de Bourgogne, est encore aujourd'hui regretté par les Peuples de la domination Autrichienne.

(b) Ceci fait juger que Comines a commencé à écrire ses Mémoires en 1488. Il ne paroît pas que cet Auteur les ait tous écrit de suite & dans la même année. Il les commença en 1488 , & ne termina le regne de Louis XI qu'en 1491. C'est ce qu'on remarquera par la lecture du 13 Chapitre du livre VI sur la fin.

V 3

avec femmes , grands & defordonnez, & à
peu de hónte. Je parle des femmes de baffe
condition. En fomme ne fembloit pour lors
aux fubjeʧs de cefte maifon , que nul Prince
fut fuffifant pour eux, au moins qu'il les fceuft
confondre : & en ce monde n'en connoy
aujourd'huy une fi defolée : & doute que
les pechez du temps de la profperité, leur
faffent porter cefte adverfité : & principalement qu'ils ne connoiffent pas bien que
toutes ces graces leur procedoient de Dieu,
qui les depart là où il luy plaît.

Eftant cefte armée ainfi prefte, qui fut tout
à un inftant , de toutes chofes dont j'ay icy
devant parlé , fe mit le Comte de Charolois
en chemin avec toute cette armée : qui eftoient tous à cheval, (a) fauf ceux qui conduifoient fon artillerie , qui eftoit bonne &
belle, felon le temps de lors , avec fort grand
nombre de charroy, & tant qu'ils (b) cloyoient
la plufpart de fon oft , feulement ce qui eftoit
fien. Pour le commencement tira fon chemin
devers Noyon : & affiegea un petit chaftel,
où il y avoit des gens de guerre , appellé

(a) On trouvera dans les Preuves plufieurs piéces
& inftructions fur la guerre du Bien public.

(b) Cloyoient.] C'eft-à-dire enfermoient, comme
le portent quelques manufcrits.

Nefle : lequel en peu de jours il print. Le Marefchal Joachim, (a) Marefchal de France, eftoit tousjours environ de luy, qui eftoit

(a) *Maréchal de France.*] Joachim Rouault, Seigneur de Châtillon, de Boifmenard en Poitou, d'où il étoit, des environs de Touars, & Sire de Gamaches en Picardie, époufa Françoife de Ruffek de Wolvire; étoit fils de Jean Rouault & de Jeanne du Bellay; defquels defcendent en droite ligne mafculine Nicolas-Joachim Rouault, Marquis de Gamaches, Chevalier de l'Ordre du Saint-Efprit, qui, de Marie-Antoinette de Lomenie fon époufe, fille d'Henry-Augufte, Comte de Brienne, premier Secrétaire d'Etat, & de Louife de Beon, eft pere de Nicolas-Emanuel, Marquis de Saint-Valery-fur-Somme, & de Claude Alof, Comte de Cayeu, tous deux mariés, & dans les dernieres guerres Meftre de Camp de Cavalerie. Ledit Joachim avoit fait de grands fervices fous Charles VII, & s'étoit trouvé à la bataille de Fourmigny en Normandie, gagnée fur les Anglois en 1450, conquit une partie de la Guyenne, & affifta au fiége & prife de Bordeaux 1453, & Monftrelet dit que ledit Roi le fit Connétable de cette ville, & qu'il en fît ferment entre les mains du Chancelier de France. En l'an 1465, il défendit Paris contre le Comte de Charolois & les autres Princes armés contre Louis XI, fur le prétexte du Bien public, ce qui fit que ce Roi lui en donna le gouvernement, avec deux cens Maîtres, & le fit Maréchal de France. Je trouve dans les archives de fa maifon (dont j'ai vû une bonne partie) qu'il fut honoré de tous ces titres & dignités

V 4

party de Peronne : mais il ne luy faisoit point
de dommage, parce qu'il avoit peu de gens,
& se mit dedans Paris quand ledit Comte
en approcha. Tout au long du chemin ne
faisoit ledit Comte nulle guerre, ny ne prenoient rien ses gens sans payer. Aussi les
villes de la riviere de Somme, & toutes
autres laissoient entrer ses gens en petit nombre, & leur bailloient ce qu'ils vouloient
pour leur argent : & sembloit bien qu'ils
escoutassent qui seroit le plus fort ou le Roy
ou les Seigneurs, & chemina tant ledit Comte,
qu'il vint à Sainct Denis prés de Paris, où
se devoient trouver tous les Seigneurs du
Royaume, comme ils avoient promis : mais
ils ne s'y trouverent pas. Pour le Duc de
Bretagne y avoit avec ledit Comte, pour
Ambassadeur, le Vicechancelier de Bretagne, (a) qui avoit des *blancs signez* de son

sous les deux Rois Charles VII & Louis XI, sçavoir,
de Gouverneur de Paris, de Connétable de Guyenne,
Chambellan, Gouverneur de Fronsac & de Pontoise,
& de Sénéchal de Beaucaire : il fut pourtant disgracié
sur ses derniers jours. Aujourd'hui cette Maison sub-
siste encore dans nos armées avec distinction.

(a) Le Vice-Chancelier de Bretagne.] Appellé,
dit-on, Rouville, mais mal ; il s'appelloit Jean de
Romillé, Seigneur de la Chesnelaye ; fils de Jean de

Maiſtre, & s'en aidoit à *faire nouvelles*, & eſcripts; comme le cas le requeroit. Il eſtoit Normand, & tres-habile homme : & beſoin luy en fut, pour le murmure des gens qui ſourdit contre luy. Ledit Comte s'alla monſtrer devant Paris : & y eut tres-grande eſcarmouche, & juſques aux portes, au deſavantage de ceux de dedans. De Gens-d'armes il n'y avoit que ledit Joachim & ſa compagnie, & Monſeigneur de Nantouillet, (a)

Romillé ou Romilly, Seigneur de la Cheſnelaye, & de Marguerite de Bardoul. Il mourut l'an 1480, & laiſſa pour héritier Jean de Romilly, Seigneur de la Cheſnelaye & d'Ardennes, Gouverneur de Fougeres, mort environ l'an 1498, pere d'un autre Jean, Seigneur de la Cheſnelaye & d'Ardennes, pere de George, pere de Charles, mari de Françoiſe de Couvran, Dame de Sace, pere de Béatrix de Romilly, Dame de Sace, femme de Jacques Budes, Seigneur du Hirel, Chevalier, Procureur Général au Parlement de Bretagne, & Conſeiller du Roi Henry II en ſes Conſeils, ayeul de feu Meſſire Jean-Baptiſte Budes, Comte de Guebriant, Maréchal de France en 1642, après la ſignalée victoire qu'il obtint à la bataille de Kempen proche de Cologne, ſur le Général Lamboy, en qualité de Lieutenant Général des armées du Roi en Allemagne. Le Maréchal de Guebriant mourut d'une bleſſure reçue l'an 1643 devant Rotweil, ville Impériale, qu'il réduiſit en l'obéiſſance de Louis XIV.

(a) Monſeigneur de Nantouillet.] Charles de Me-

depuis Grand-Maiſtre : qui auſſi bien ſervit
le Roy en cette armée , que jamais ſubjet

lun , Baron des Landes , de Normanville & de Nantouillet , Chambellan de Louis XI , Gouverneur de
Paris & de l'Iſle de France , Lieutenant-Général par
tout le Royaume. Il encourut la diſgrace dudit Roi ,
qui ayant eu ſoupçon & défiance de ſes actions , lui
fit trancher la tête ſur le marché d'Andely , le Samedi
20 Août 1468. Ce Seigneur eut pendant quelque
tems l'autorité ſur toutes les armées de France , & il
ne lui manquoit que le nom de Connétable , car il en
faiſoit les fonctions. Il étoit ſi favoriſé de Louîs XI ,
que ce Prince lui donnoit ſouvent la moitié de ſon
lit; mais cette faveur ne dura pas longtems , une
chronique de ce tems-là en dit ces mots. « Ce Che-
» valier eſtoit moult privé du Roy , & avoit couché
» pluſieurs fois avec luy , tant eſtoit familier de luy ,
» la cauſe pourquoy , je ne le ſçay , ſinon que c'eſ-
» toit la volonté du Roy , qui n'avoit mercy d'hom-
» me ſur lequel il avoit ſuſpicion mauvaiſe. Et , dit-
» on , que du premier coup que le bourreau luy donna,
» il ne luy coupa la tête qu'à moitié , & que le Che-
» valier ſe releva , & qu'il dit tout haut , qu'il n'a-
» voit cauſe ne coulpe en ce que le Roy le mettoit ,
» & qu'il n'avoit mort deſervie , mais puiſque c'eſ-
» toit le plaiſir du Roy , il prenoit la mort en gré ,
» & quand il eut ce dit , il fut par après décapité ».
A peu près dans le même tems , un autre Charles
de Melun , homme-d'armes de la compagnie de Monſieur l'Amiral , & Capitaine du château d'Uſſon
en Auvergne , fut décapité au château de Loches ,

servit Roy de France en son besoin : & à la fin en fut mal recompensé, par la poursuite de ses ennemis, (a) plus que par le deffaut du Roy : mais les uns, ne les autres, ne s'en sçauroient de touts points excuser. Il y eut du menu peuple, comme j'ay depuis sçeu, fort espouvanté ce jour, jusques à crier : Ils sont dedans (ainsi le m'ont conté plusieurs depuis) mais c'estoit (b) sans propos. Toutes – fois Monseigneur de Haultbourdin (dont j'ay parlé cy - devant, & lequel y avoit esté nourry, lorsqu'elle n'estoit point si forte qu'elle est à présent) eust esté assez d'opinion qu'on l'eust assaillie. Les Gens-d'armes l'eussent bien voulu, tous mesprisans le peuple : car jusques à la porte

pour avoir laissé échaper le Seigneur du Lau du château d'Usson, où il avoit été constitué prisonnier par ordre du Roy. Voyez la Preuve numéro 46 du 2. livre.

(a) Le plus grand ennemi qu'eût Charles de Melun, étoit Antoine de Chabannes, Comte de Dammartin; Charles de Melun le fit condamner en supprimant quelques piéces du Procès, & en obtint la confiscation. Après la guerre du Bien-public, Dammartin rentra en faveur, & rendit en 1468 à Charles de Melun, ce que celui-ci n'avoit fait que lui prêter en 1465.

(b) C'est-à-dire, Sans raison.

estoient les escarmouches. Toutes-fois il est vraysemblable qu'elle n'estoit point prenable. Ledict Comte s'en retourna à Sainct Denis.

Le lendemain au matin se tint conseil, sçavoir si on iroit au devant du Duc de Berry, & du Duc de Bretagne, qui estoient prés, comme disoit le ViceChancelier de Bretagne, qui monstroit lettres d'eux : mais il les avoit faites sur des blancs ; & autre chose n'en sçavoit. La conclusion fut, que l'on passeroit la riviere de Seine : combien que plusieurs opinerent de retourner, puisque les autres avoient failly à leur jour : & qu'avoir passé la riviere de la Somme & de Marne, (a) c'estoit assez, & suffisoit bien, sans passer celle de Seine : & y mettoient grandes doutes aucuns ; veu qu'à leur dos n'avoient nulles places pour eux retirer, si besoin en avoient. Fort murmurerent tous ceux de l'ost sur le Comte de Sainct-Paul, & sur ce Vice-chancelier : toutesfois ledit Comte de Charolois, alla passer la riviere, & loger au Pont Sainct Clou. Le lendemain, dès ce qu'il fut arrivé, luy vindrent nouvelles d'une Dame du Royaume, qui luy escrivoit de sa main, comme le Roy partoit de Bourbonnois, & à grandes

(a) Ce doit être la riviere d'Oise.

journées alloit pour le trouver (a).

Or faut un peu parler comme le Roy eſtoit
allé en Bourbonnois. Connoiſſant que tous
les Seigneurs du Royaume ſe declaroient contre luy, au moins contre ſon gouvernement,
ſe delibera d'aller premier au Duc de Bourbon, (b) qui luy ſembloit s'eſtre plus déclaré
que les autres Princes : & pource que ſon
païs eſtoit foible, tantoſt l'auroit affollé ; il
luy print pluſieurs places : & eut achevé le
demeurant , ſe n'euſt eſté le ſecours qui
vint de Bourgogne , que menoit le Seigneur
de Coulches , (c) le Marquis de Rottelin,

(a) Le 6 Juillet, 10 jours avant la bataille de
Montl'hery, Louis XI étoit encore à Montluçon en
Bourbonnois, à 60 lieues de Montl'hery.

(b) Il en eſt parlé ci-devant au commencement du
Chapitre ſecond.

(c) Le Seigneur de Coulches.] Claude de Montagu, Seigneur de Couches, &c., Chevalier de l'Ordre de la Toiſon d'or, & Chambellan du Duc de
Bourgogne, qui mourut l'an 1470. En lui prit fin la
poſtérité maſculine des premiers Ducs de Bourgogne,
ſortis du Duc Robert, deuxiéme fils du Roi Robert.
Voyez Chifflet & Sainte-Marthe.

(a) le Seigneur de Montagu, (b) & autres : &
eftoit, portant le harnois, le Chancelier de
France (qui eft aujourd'huy homme bien eftimé) appellé Meffire Guillaume de Rochefort.
Cette affemblée avoient faite en Bourgogne,
le Comte de Beaujeu, (c) & le Cardinal de
Bourbon (d) frere du Duc Iehan de Bourbon : & mirent les Bourguignons dedans
Molins. D'autre part vindrent en l'ayde dudit

(a) Le Marquis de Rothelin.] Rodolphe de Hochberg, Marquis de Hochberg & de Rotelin, Comte
fouverain de Neuf-châtel en Suiffe, depuis Gouverneur de Luxembourg, mort en 1487. Son fils Philippe a laiffé une fille unique nommée Jeanne, qui,
par fon mariage avec Louis d'Orléans I du nom, Duc
de Longueville, a fait paffer le Comté de Neuf-
châtel dans la maifon de Longueville. Voyez Sainte-
Marthe.

(b) Le Seigneur de Montagu.] Jean de Neuf-châtel, Chevalier de la Toifon d'or, & Chambellan de
Philippe le Bon, Duc de Bourgogne.

(c) Le Comte de Beaujeu.] Pierre de Bourbon II
du nom, depuis Duc de Bourbon, après Jean fon
frere, & pere de Suzanne.

(d) Le Cardinal de Bourbon.] Charles de Bourbon,
Cardinal, Archevêque de Lyon, fils de Charles I Duc
de Bourbon, & d'Agnès de Bourgogne.

Duc, le Duc de Nemours, (a) le Comte d'Armagnac, (b) & le Seigneur d'Albret, (c) avec grand nombre de gens : où il y avoit aucuns bien bons hommes d'armes de leurs païs, qui avoient laissé les Ordonnances, & s'estoient retirez à eux. Ce grand nombre estoit assez mal - empoinct : car ils n'avoient point de payement, & faloit qu'ils vescuffent sur le peuple. Nonobstant tout ce nombre, le Roy leur donnoit beaucoup d'affaires, &

(a) Le Duc de Nemours.] Jacques d'Armagnac ; ce fut lui qui ayant encouru la disgrace de Louis XI, fut assiégé & pris dans son château de Carlat, & eut la tête tranchée à Paris, le 4 Août 1477.

(b) Le Comte d'Armagnac.] Jean d'Armagnac ayant été excommunié par le Pape, pour avoir épousé sa propre sœur, fut assiégé dans la ville de Lectoure, laquelle étant emportée par les troupes du Roi, dans le tems que l'on travailloit à la capitulation, il y fut tué l'an 1472.

(a) Le Seigneur d'Albret.] Alain d'Albret, Sire d'Albret, Comte de Gavre, de Penthievre & de Perigord, Vicomte de Limoges & de Tartas, bisayeul de Jeanne d'Albret, Reine de Navarre, mere de Henry IV.

traitterent aucune forme de paix : & par eſpecial le Duc de Nemours (a) fit ſerment au
Roy, luy promettant tenir ſon party : toutes
fois depuis fit le contraire, dont le Roy con-
ceut ceſte longue haine qu'il avoit contre
luy, comme pluſieurs fois il m'a dit. Or voyant
le Roy, que là ne pouvoit ſi toſt avoir fait,
& que le Comte de Charolois s'approchoit
de Paris, doutant que les Pariſiens ne fiſſent
ouverture à luy, & à ſon frere, (b) & au
Duc de Bretagne, qui venoient du coſté de
Bretagne, à cauſe que tous ſe coulouroient
ſur le bien public du Royaume : & que ce
qu'euſt fait la ville de Paris, doutoit que
toutes les autres villes ne fiſſent le ſemblable,
(c) ſe delibera à grandes journées de ſe venir

(a) Il en ſera fort parlé dans la ſuite, ſur tout au
tems de ſon procès.

(b) Charles de France, Duc de Berry, frere unique
du Roy Louis XI, étoit le chef de cette guerre du
Bien-public.

(c) Louis XI craint que perdant Paris, il ne perde
les autres villes du Royaume. Et il n'avoit pas tout-
à-fait tort. Dans les plus grands mouvemens cette
Capitale a ſervi de modèle aux autres villes.

mettre

mettre dedans Paris, & de garder que ces
deux groſſes armées ne s'aſſemblaſſent : & ne
venoit point en intention de combatre,
comme par pluſieurs fois il m'a conté, en
parlant de ces matieres.

CHAPITRE III.

*Comment le Comte de Charolois vint planter
ſon camp près de Mont-l'hery : & de la bataille qui fut faite audit lieu entre le Roy
de France & luy.*

Comme j'ay dit cy-deſſus, quand le Comte
de Charolois ſceut le departement du Roy,
qui s'eſtoit parti du païs de Bourbonnois, &
qu'il venoit droiƈt à luy (au moins il le cuidoit) ſe delibera auſſi de marcher au devant
de luy : & diſt alors le contenu de ſes léttres, ſans nommer (a) le perſonnage qui
les eſcrivit : & qu'un chacun ſe deliberaſt
de bien faire, car il deliberoit de tenter
la fortune, & s'en alla loger à un village
prés Paris, appellé Longjumeau : & le Comte
de S. Paul, à tout ſon avant-garde, à Mont-
l'hery, qui eſt deux lieuës outre : & envoyerent Eſpies & chevaucheurs aux champs,

(a) C'eſt la Dame par laquelle il fut averti au Chapitre précédent.

Tome X. X

pour fçavoir la venuë du Roy, & fon chemin.
En la prefence du Comte de Sainct-Paul fut
choifi lieu & place, pour combatre, audit
Longjumeau : & fut arrefté entr'eux que ledit
Comte de Sainct-Paul fe retireroit à Longjumeau, au cas que le Roy vint, & y eftoient
les Seigneurs de Haultbourdin, & le Seigneur
de Contay prefens.

Or faut-il entendre que Monfeigneur (a)
du Maine eftoit avec fept ou huict cens hommes-d'ärmes, au devant des Ducs de Berry
& de Bretagne : qui avoient en leur compagnie de fages & notables Chevaliers, que le
Roy Louis avoit tous defapointez à l'heure
qu'il vint à la Couronne : nonobftant qu'ils
euffent bien fervi fon pere, au recouvrement
& pacification du Royaume : & maintes fois
aprés s'eft affez repenti (b) de les avoir ainfi
traittez en reconnoiffant fon erreur. Entre les
autres y eftoit le Comte de Dunois, (c) fort

(a) Charles d'Anjou, Comte du Maine, troifiéme
fils de Louis II, Roi de Sicile & Duc d'Anjou, &
frere de Louis III, & de René Rois de Sicile & Ducs
d'Anjou.

(b) Louis XI fe repent d'avoir defapointé les anciens ferviteurs de fon pere ; il en a depuis repris &
confervé quelques-uns.

(c) Le Comte de Dunois.] Jean, bâtard d'Or-

eftimé en toutes chofes , le Marefchal de Loheac, (a) le Comte de Dammartin , (b) léans, Comté de Dunois & de Longueville, Lieutenant Général en Guyenne, fils naturel de Louis Duc d'Orléans ; ce dernier étoit frere puifné du Roi Charles VI. Le Comte de Dunois fut Grand Chambellan dès l'an 1450, & mourut en 1468. De lui defcendoit le Duc de Longueville, dernier mort en 1672 , fans avoir été marié.

(a) Le Maréchal de Loheac.] André de Laval, Seigneur de Loheac , nommé Maréchal de France l'an 1439, puis déchargé par Louis XI l'an 1461, de rechef rétabli l'an 1465 , & en la charge d'Amiral de France jufqu'en l'an 1472. Ce fut à fa confidération que le Roi donna à fon frere Louis de Laval , Sieur de Châtillon en Bretagne , Gouverneur de Dauphiné, Champagne, Brie, Paris & Genes, l'état de Grand-Maître des Eaux & Foréts en 1466. Il eft mort fans enfans en 1486. Duchefne , hiftoire de Montmorency.

(b) Le Comte de Dammartin.] Antoine de Chabannes, Grand-Maître de France l'an 1467, après Antoine Seigneur de Croy , mourut le jour de Noël 1488, âgé de 97 ans. Il avoit époufé Marguerite de Nantueil , Comteffe de Dammartin ; il étoit auffi Baron de Toucy & du Tour, & Grand-Pannetier dès l'an 1450. Après quelques difgraces , il eut dans la fuite bonne part aux bonnes graces de Louis XI.

Et dans les Lettres originales de Louis XI, il s'en trouve un grand nombre écrites à ce Seigneur. Voyez la Préface générale & les Preuves de la Préface, n. IV. & V, &c.

le Seigneur de Bueil, (a) & maints autres :
& estoient partis des ordonnances du Roy.

(a) Le Seigneur de Bueil.] Antoine de Bueil,
Comte de Sancerre, fils aîné de Jean de Bueil, Comte
de Sancerre, nommé Amiral de France en l'an 1450,
& de Jeanne de Montejan sa premiere femme. Il
épousa Jeanne, fille naturelle de Louis XI, fut pere
de Jacques de Bueil, Comte de Sancerre, qui de
Jeanne de Sains sa femme, eut trois fils, Charles,
Louis, & Charles, Archevêque de Bourges, Abbé de
Plain-pied. Charles fut Comte de Sancerre, il fut tué
à la bataille de Marignan l'an 1515. D'Anne de Po-
lignac sa femme, il laissa un fils, Jean Comte de Sancerre, tué au siége d'Hedin l'an 1537, qui ne fut pas
marié; son héritier fut son oncle Louis II, fils de
Jacques, lequel par cette succession fut Comte de
Sancerre, Chevalier de l'Ordre de Saint-Michel, Capitaine des cent Gentilhommes de la Maison du Roi,
grand Echanson de France; épousa Jacqueline de la
Tremoille, fille de François Vicomte de Thoars, &
d'Anne de Laval, laquelle lui apporta en mariage les
Seigneuries de Marans & de l'Isle de Ré. Ils eurent
entr'autres enfans Jean, Comte de Sancerre, Seigneur
de Marans, Grand Echanson, Chevalier des Ordres
du Roi, qui d'Anne de Daillon, fils de Guy, Comte
du Lude, & de Jacqueline de la Fayette, eut René
Comte de Sancerre & de Marans, Grand-Echanson
de France (sur lequel le Comté de Sancerre a été
vendu au feu Prince de Condé en l'an 1637.) De
Françoise de Montalais il a Jean de Bueil, Comte
de Marans, Grand-Echanson de France. Messieurs de

bien cinq cens hommes – d'armes, qui tous s'eſtoyent retirez vers le Duc de Bretagne : dont tous eſtoient ſubjets & nez de ſon païs, qui eſtoient de céſte armée là. Le Comte du Maine, qui alloit au devant, comme j'ay dit, ne ſe ſentant aſſez fort pour les combatre, deſlogeoit tousjours devant eux, en s'approchant du Roy : & cherchoient les Ducs de Berry & Bretagne ſe joindre aux Bourguignons. Aucuns ont voulu dire que ledit Comte du Maine avoit intelligence avec eux : mais je ne le ſceu onçques, & ne le croy pas.

Ledit Comte de Charolois eſtant logé à Longjumeau, comme j'ay dit, & ſon avantgarde à Mont-l'hery, fut adverty par un priſonnier, qu'on luy amena, que le Comte du Maine s'eſtoit joint avec le Roy, & y eſtoient toutes les Ordonnances du Royaume : qui pouvoient bien eſtre environ deux mille deux cens hommes – d'armes, & l'Arriereban du Dauphiné, à tout quarante ou cinquante gentils-hommes de Savoye, gens de bien.

Cependant le Roy eut conſeil avec ledit Comte du Maine, & le grand Seneſchal de

Sainte-Marthe & Charles de Venaſque en la généalogie de Grimaldi, dans laquelle celle de Bueil eſt inférée au Rameau VI.

X 3

Normandie, (a) qui s'appelloit de Brezey, l'Admiral de France, (b) qui estoit de la maison de Montaubau, & autres : & en conclusion (quelque chose qui luy fust dite &

(a) Le Grand Seneschal de Normandie.] Pierre de Brezé, Seigneur de la Varenne, d'Annet, Breval, Nogent & Montchauvet, fils de Pierre de Brezé, Seigneur de la Varenne, Sénéchal d'Anjou, & de Clemence Carbonnel : sa femme, qui est mentionnée dans cette Histoire, étoit Jeanne Crespin, Dame du Bec-Crespin, de Mauny & de Maulevrier, Maréchalle héréditaire de Normandie. Elle avoit pour frere Antoine Baron du Bec-Crespin, après Jean son frere aîné, lequel Antoine fut depuis Evêque & Duc de Laon, enfin Archevêque de Narbonne, & Abbé de Jumiéges, duquel est parlé cy-devant, sur Antoine du Bec-Crespin, Archevêque de Narbonne. Voyez les notes ci-dessus.

(b) L'Admiral de France.] Jean Sire du Montauban, Seigneur de Landal, issu de la Maison de Rohan, Maréchal de Bretagne, puis Amiral de France en 1461, Grand-Maître des Eaux & Forêts, & fort affectionné du Roi Louis XI, qu'il a toujours accompagné, n'étant encore que Dauphin, pendant sa retraite auprès du Duc de Bourgogne, comme il est dit au Chapitre 13. du Livre VI de ces Mémoires. Il est mort en Mai 1466, il fut fort regretté du Roi, mais peu du peuple. Histoire des Officiers de la Couronne, tome II, pag. 941, édition de 1712, & Chronique scandaleuse.

opinée) il delibera de ne combatre point :
mais feulement fe mettre dedans Paris , fans
foy approcher de là où les Bourguignons eftoient logez. Et à mon advis que fon opinion eftoit (a) bonne. Il fe foupçonnoit de
ce grand Senefchal de Normandie : & luy
demanda , & pria qu'il luy dift s'il avoit baillé
fon fellé aux Princes , qui eftoient contre
luy , ou non. A quoy ledit grand Senefchal
refpondit que ouy , mais qu'il leur demeure-
roit , & que le corps feroit fien , & le dit
en gaudiffant , car ainfi eftoit-il accouftumé
de parler. Le Roy s'en contenta , & luy bailla
charge de conduire fon avant-garde , & auffi
les guides: pour ce qu'il vouloit éviter cette
bataille , comme dit eft. Ledit grand Senefchal , ufant de volonté, dit lors à quelqu'un
de fes privez : Je les mettray aujourd'hui fi
prés l'un de l'autre , qu'il fera bien habile
qui les pourra défmefler. Et ainfi le fit-il :
& le premier homme , qui y mourut , ce fuft
luy & fes gens : & ces paroles m'a contées
le Roy , car pour lors j'eftoye avec le Comte
de Charolois.

(a) On voit par là que les Princes ne doivent facilement hazarder bataille contre leurs fujets foulevés. C'eft ce que Confines infinue encore ci - après
Chapitre IX.

X 4

En effet, au vingt-septiefme jour de Juillet, (a) l'an mil quatre cens foixante & cinq, cette avant-garde fe vint trouver auprés de Mont-l'hery, où le Comte de Sainct - Paul eftoit logé. Ledit Comte de Sainct-Paul, à toute diligence fignifia cette venuë au Comte de Charolois (qui eftoit à deux lieuës prés, & au lieu qui avoit efté ordonné pour la bataille) luy requerant qu'il le vint fecourir à toute diligence. Car ja s'eftoient mis à pied hommes d'armes & archiers, & clos de fon charroy : & que de fe retirer à luy (comme il luy avoit efté ordonné) ne luy eftoit poffible : car s'il fe mettoit en chemin, ce fembleroit eftre fuite, qui feroit grand danger pour toute la compagnie. Ledit Comte de Charolois envoya joindre avec luy le Baftard de Bourgogne, qui fe nommoit Antoine, avec grand nombre de gens qu'il avoit fous fa charge, & à grande diligence, & fe debatoit à foy-mefme s'il iroit ou non; mais à la fin marcha après les autres, & y ar-

(a) La bataille de Montl'hery s'eft donnée le Mardi 16 Juillet de l'an 1465. Comme on le pourra voir par la Chronique fcandaleufe, & par Enguerrand de Monftrelet. Voyez une relation affez curieufe de cette bataille aux Preuves, numero 31.

riva environ fept heures de matin : & desja
y avoit cinq ou fix enfeignes du Roy, qui
eftoient arrivées au long d'un grand foffé,
qui eftoit entre les deux bendes.

Encores eftoit en l'oft du Comte de Charolois, le Vice - Chancelier de Bretagne,
appellé Rouville (a), & un vieil homme-
d'armes appellé Maderey, qui avoit baillé
le Pont Saincte - Maxence : ·lefquels eurent
peur, pour le murmure qui eftoit entr'eux,
voyans qu'on eftoit à la bataille, & que les
gens de quoy ils s'eftoient fait forts, n'y
eftoient point joints. Si fe mirent les deffufdits à la fuite, avant qu'on combatift, par
le chemin où ils penfoient trouver les Bretons. Ledit Comte de Charolois trouva le
Comte de Sainct-Paul à pied, & tous les
autres fe mettoient à la file comme ils
venoient : & trouvafmes tous les archiers
deshoufez, chacun un pal (b) planté devant
eux, & y avoit plufieurs pipes de vin def-
fonfées pour les faire boire : & de ce petit

_____

(a) Jean de Romillé, felon Argentré, comme nous
l'avons déjà marqué.

(b) C'eft-à-dire une paliffade. Ces paliffades de-bois
pointus fervoient pour empêcher que la Cavalerie du
Roi Louis XI n'incommodât l'Infanterie des Princes
confédérés. C'eft ce que marque Monftrelet.

que j'ay veu, ne vey jamais gens qui euſſent meilleur vouloir de combattre, qui me
ſembloit un bien bon ſigne & grand recon-
fort. De prime-face fut adviſé que tout ſe
mettroit à pied, ſans nul excepter ; & depuis muerent propos, car preſque tous les
hommes-d'armes monterent à cheval. Pluſieurs bons Chevaliers & Eſcuyers furent
ordonnez à demeurer à pied : dont Monſeigneur des Cordes (a) & ſon frere eſtoient
du nombre. Meſſire Philippe de Lallain (b)

(a) Monſeigneur des Cordes & ſon frere.] Ledit
Seigneur des Cordes, autrement Deſquerdes, étoit
Philippe de Crevecœur, fils puiſné de Meſſire Jacques
de Crevecœur Chevalier de la Toiſon d'or, & de Bonne
de là Vieville, fut Gouverneur de Piçardie & d'Artois,
pouvu de l'office de Maréchal de France l'an 1483,
Lieutenant général des armées du Roi Charles VIII en
Picardie, mourut près de la ville de Lyon l'an 1494,
ſans laiſſer d'enfans. Son frere aîné étoit Antoine
de Crevecœur Seigneur dudit Crevecœur, duquel la
poſterité maſculine eſt périe, & ſes biens paſſez en
la Maiſon de Gouffiers, par le mariage de Louiſe de
Crevecœur ſa petite fille, avec Guillaume Seigneur
de Bonnivet, Amiral de France. Louvet, hiſt. de
Beauvais.

(b) Philippe de Lallaing]. Il étoit fils de Guillaume Seigneur de Lallaing, Gouverneur & Grand-
Baillif de la Province de Haynault, & de Jeanne de

s'eſtoit mis à pied (car entre les Bourguignons lors eſtoient les plus honorez ceux
qui deſcendoient avec les archiers) & touſ-
jours s'y en mettoit grande quantité de gens
de bien, afin que le peuple en fut plus aſ-
ſeuré, & combatiſt mieux, & tenoient cela
des Anglois, (a) avec leſquels le Duc Philippe avoit fait la guerre en France durant
ſa jeuneſſe, qui avoit duré trente-deux ans

Crequi Dame de Bugnicourt, & frere du fameux Jacques de Lallaing Chevalier de la Toiſon d'or, dit le
Chevalier ſans reproche, duquel la vie a été doublement
écrite, l'une en proſe par George Chaſtelain, imprimée
à Bruxelles in-4°. en 1634, l'autre en vers par Jean
d'Ennetieres Sieur de Beaumé, imprimée in-8°. à Tournay en 1633. Il eſt parlé en l'une & l'autre de ce
Philippe de Lallaing & du grand danger qu'il courut
au combat de Lockeren, donné le 26 May 1453 contre
les Gantois. La ſépulture des Seigneurs de cette maiſon
eſt dans le village de Lallaing ſitué ſur la riviere de
Scarpe, à deux lieux de la ville de Douay ; ils y ont
des tombeaux d'une très-grande beauté, celui de Philippe de Lallaing ne s'y trouve point, ayant été enterré ſimplement dans une Chapelle près Montl'hery.
Les biens de cette illuſtre maiſon appartiennent à
préſent pour la plûpart au Duc d'Aremberg.

(a) Es batailles les Anglois mettoient leurs meilleurs hommes-d'armes avec les gens de pied ; mais cet
ordre eſt changé, & ce mélange ne ſe fait plus.

sans treves : mais pour ce tems-là le principal fais portoient les Anglois, qui estoient
riches & puissans. Ils avoient aussi pour lors
sage Roy, le Roy Henry, bel & très-vail-
lant, qui avoit sages hommes & vaillans,
& de très - grands Capitaines, comme le
Comte de Salesbury, Talbot, & autres dont
je me tay, car ce n'est point de mon tems,
combien que j'en aye veu des reliques : car
quand Dieu fut las de leur bien faire, ce
sage Roy mourut au bois de Vincennes (a)
& son fils insensé fut couronné Roy de France
& d'Angleterre à Paris : & ainsi muerent les
autres degrez d'Angleterre, & division se
mit entre eux, qui a duré jusques aujour-
d'hui, ou peu s'en faut. Alors usurperent
ceux de la Maison d'Yorch ce Royaume, s'ils
l'eurent à bon tiltre; je ne sçai lequel : car
de telles choses le partage s'en fait au Ciel.

En retournant à ma matiere, de ce que les
Bourguignons s'estoient mis à pied, & puis
remontez à cheval, leur porta grand'perte
de temps, & dommage : & y mourut ce
jeune & vaillant Chevalier Messire Philippe
de Lalain, pour être mal armé. Les gens du

(a) Ce fut en 1422 le 26 Août, que mourut Henry V,
Roi d'Angleterre, près de deux mois avant le Roi de
France Charles VI qui décéda le 21 Octobre suivant.

Roy venoient à la file, de la forêt de Torfou (a), & n'estoient point quatre cens Hommes-d'armes quand nous les veismes : & qui
euft marché incontinent, femble à beaucoup
qu'il ne fust point trouvé de refiftance, car
ceux de derriere n'y pouvoient venir qu'à la
file, comme j'ay dit : toutesfois tousjours
croiffoit leur nombre. Voyant cecy, vint
ce fage Chevalier, Monfeigneur de Contay,
dire à fon maiftre Monfeigneur de Charolois,
que s'il vouloit gagner cette bataille, il eftoit
tems qu'il marchaft : difant les raifons pourquoy, & fi pluftoft l'euft fait, desja fes ennemis fuffent defconfits, car il les avoit
trouvez en petit nombre, lequel croiffoit à
veuë d'œil, & la verité eftoit telle. Et lors
fe changea tout l'ordre, & tout le confeil :
car chacun fe mettoit à en dire fon advis.
Et jà eftoit commencée une groffe & forte
efcarmouche au bout du village de Mont-
l'hery (b), toute d'Archiers d'un cofté &
d'autre.

(a) Torfou.] Village avec un bois autrefois affez
renommé entre Eftampes & Chartres fur le chemin
d'Orleans; c'étoit une retraite de Voleurs.

(b) Sur la journée de Montl'hery on peut voir entr'autres Enguerrand de Monftrelet & Olivier de la

Ceux de la part du Roy les conduifoit Poncet de Riviere : & eftoient tous Archiers d'Ordonnance, orfaverifez, & bien en point. Ceux du cofté des Bourguignons eftoient fans ordre & fans commandement, comme volontaires. Si commencerent les efcarmouches, & eftoit à pied, avec eux, Monfeigneur Philippe de Lalain, & Jacques du Maes, homme bien renommé, depuis Grand-Ecuyer du Duc Charles de Bourgogne. Le nombre des Bourguignons eftoit le plus grand, & gaignerent une maifon, & prindrent deux ou trois huys, & s'en fervirent de pavois. Le vent leur fervoit, qui pouffoit le feu contre ceux du Roy, lefquels commencerent à defamparer, & à monter à cheval, & à fuir : & fur ce bruit & cry commença à marcher & à fuir le Comte de Charolois laiffant, comme j'ai dit, tout ordre paravant devifé.

Il avoit efté dit que l'on marcheroit à trois fois, pour ce que la diftance des deux batailles eftoit longue. Ceux du Roy eftoient devers le chafteau de Mont-l'hery, & avoient une grande haye & un foffé au devant d'eux. Outre eftoient les champs pleins de bleds & de féves, & d'autres grains trés-forts ; car

Marche, Auteurs du tems ; & parmi les Modernes, l'Hiftoire de Louis XI par M. Duclos.

le territoire y eſtoit bon. Tous les Archiers
dudit Comte marchoient à pied devant luy,
& en mauvais ordre : combien que mon
advis eſt que la ſouveraine choſe du monde
pour les batailles, ſont les Archiers : mais
qu'ils ſoient à milliers (car en petit nombre
ne valent rien) & que ce ſoient gens mal
montez, à ce qu'ils n'ayent point de regret à
perdre leurs chevaux, ou du tout n'en ayent
point : & valent mieux pour un jour, en cet
office, ceux qui jamais ne veirent rien, que les
bien exercitez. Et auſſi telle opinion tiennent les Anglois, qui ſont la fleur des Archiers du monde. Il avoit eſté dit que l'on
ſe repoſeroit deux fois en chemin, pour
donner halaine aux Gens-de-pied : pour ce
que le chemin eſtoit long, & les fruits de
la terre longs & forts, qui les empeſchoient
d'aller ; toutesfois tout le contraire ſe fiſt
comme ſi on euſt voulu perdre ſon eſcient.
Et en cela montra Dieu que les batailles
ſont en ſa main ; & diſpoſe de la victoire à
ſon plaiſir. Et ne m'eſt pas advis que le ſens
d'un homme ſceuſt porter & donner ordre à
un ſi grand nombre de gens, ne que les
choſes tinſſent aux champs comme elles ſont
ordonnées en chambre : & que celuy, qui
s'eſtimeroit juſques là, meſprendroit envers

Dieu, s'il eſtoit homme qui euſt raiſon naturelle : combien qu'un chacun y doit faire
ce qu'il peut , & ce qu'il doit , & recon-
noiſtre que c'eſt un des accompliſſemens des
œuvres que Dieu a commencées aucunes fois
par petites mouvetez (a) & occaſions , &
en donnant la victoire aucunes fois à l'un ,
& aucunes fois à l'autre : & eſt cecy myſtere ſi grand, que les Royaumes & grandes
Seigneuries en prennent aucunes fois fins &
deſolations , & les autres accroiſſement &
commencement de regner.

Pour revenir à la declaration de cet article , ledit Comte marcha tout d'une boutée,
ſans donner halaine à ſes Archiers & Gens-
de-pied. Ceux du Roy paſſerent par cette
haye par deux bouts , tous Hommes-d'armes:
& comme ils furent ſi prés que de jetter les
lances en arreſt , les Hommes-d'armes Bourguignons rompirent leurs propres Archiers,
& paſſerent par deſſus, ſans leur donner loiſir
de tirer un coup de fleſche : qui eſtoit la fleur
& eſperance de leur armée. Car je ne croy
pas que de douze cens Hommes-d'armes,
ou environ, qui y eſtoient , y en euſt cin-

(a) Mouvetez.] Quelques MSS. mettent Monettes,
ou Monitions : mais j'ai laiſſé Mouvetez, qui veut dire
des mouvemens en cette occaſion.

quante

quante qui euſſent ſceu coucher une lance en
arreſt. Il n'y en avoit pas quatre cens armez
de cuiraces : & ſi n'avoient pas un ſeul ſerviteur armé. Et tout cecy, à cauſe de la longue paix, & qu'en cette maiſon de Bourgogne ne tenoient nulles gens de ſolde, pour
ſoulager le peuple des tailles : & oncques
puis ce jour là, ce quartier de Bourgogne
n'eut repos juſques à cette heure, qui eſt
pis que jamais. Ainſi rompirent eux-mêmes
la fleur de leur armée & eſperances : toutes
fois Dieu, qui ordonne de tel myſtere, voulut que le coſté où ſe trouva ledit Comte
(qui eſtoit à main dextre derriere le château) vainquiſt, ſans trouver nulle defenſe:
& me trouvay ce jour tousjours avec luy,
ayant moins de crainte que je n'eus jamais en
lieu où je me trouvaſſe depuis, pour la jeuneſſe en quoy, j'eſtoye & que je n'avoye nulle
connoiſſance de peril ; mais j'eſtoye esbahy
comme nul s'oſoit defendre contre tel Prince
à qui j'eſtoye, eſtimant que ce fuſt le plus
grand de tous les autres. Ainſi font gens qui
n'ont point d'experience : dont vient qu'ils
ſouſtiennent aſſez d'argus (a), mal fondez &
à peu de raiſon. Par quoy fait bon uſer de
l'opinion de celuy qui dit, que l'on ne ſe

(a) C'eſt-à-dire argumens ou ſentimens.

Tome X.   Y

repent jamais pour parler peu ; mais bien
souvent de trop parler.

A la main feneſtre eſtoit le Seigneur de Ra-
vaſteïn , & meſſire Jacques de Sainct-Paul , &
pluſieurs autres , à qui il ſembloit qu'ils n'a-
voient pas aſſez d'Hommes-d'armes pour ſou-
tenir ce qu'ils avoient devant eux : mais dés-
lors eſtoient ſi approchez , & qu'il ne falloit
plus parler d'ordre nouvelle. En effect ceux-là
furent rompus à plate couſture , & chaſſez juſques au charroy ; & la pluſpart fuit juſques en
la foreſt , qui eſtoit près de demie lieuë. Au
charroy ſe rallierent quelques Gens-de-pied
Bourguignons. Les principaux de cette chaſſe
eſtoient les Nobles du Dauphiné , & Savoi-
ſiens , & beaucoup de Gens-d'armes auſſi :
& s'attendoient d'avoir gaigné la bataille ;
& de ce coſté y eut une grande fuite des
Bourguignons , & de grands perſonnages :
& fuyoient la pluſpart pour gaigner le Pont
Saincte Maxence , cuidans qu'il tint encore
pour eux. En la foreſt y en demeura beaucoup : & entre autres le Comte de Sainct-Paul
qui eſtoit aſſez bien accompagné , s'y eſtoit
retiré. Car le charroy eſtoit aſſez près de ladite foreſt ; & montra bien depuis qu'il ne
tenoit pas encore la choſe pour perduë.

CHAPITRE IV.

Du danger auquel fut le Comte de Charolois,
& comment il fut secouru.

LE Comte de Charolois chaffa de fon cofté
demie lieuë, outre le Mont-l'hery, & à bien
peu de compagnie : toutes fois nul ne fe defendoit : & trouvoit gens à grande quantité :
& ja cuidoit avoir la victoire. Un vieil Gentilhomme de Luxembourg, appellé Antoine
le Breton, le vint querir : & luy dit que les
François s'eftoient ralliez fur le champ, &
que s'il chaffoit plus gueres, il fe perdroit.
Il ne s'arrefta point pour luy, non obftant
qu'il luy dift par deux ou trois fois. Incontinent
arriva Monfeigneur de Contay (dont cy-deffus
eft parlé) qui luy dit femblables paroles,
comme avoit fait le vieil Gentil-homme de
Luxembourg, & fi audacieufement qu'il eftí-
ma fa parole & fon fens, & retourna tout
court : & croy s'il fut paffé outre deux traicts
d'arcs, qu'il euft efté pris, comme aucuns
autres qui chaffoient devant luy : & en paffant par le village, trouva une flotte de gens
à pied qui fuyoient. Il les chaffa, & fi n'avoit
pas cent chevaux en tout. Il ne fe retourna
qu'un homme à pied, qui luy donna d'un

vouge (a) parmi l'eftomach : & au foir s'en veit l'enfeigne. La plufpart des autres fe fauverent par les jardins , mais celuy là fut tué. Comme il paffoit rafibus du chaftel, veifmes les Archiers de la garde du Roy , devant la porte , qui ne bougerent. Il en fut fort esbahy : car il ne cuidoit point qu'il y euft plus ame de defenfe. Si tourna à cofté pour gagner le champ , où luy viendrent courre fus quinze ou feize Hommes-d'armes ou environ (une partie des fiens s'eftoient jà feparez de luy) & d'entrée tuerent fon Efcuyer trenchant, qui s'appelloit Philippe d'Oignies (b), & portoit un guidon de fes armes : & là ledit Comte fut en trés-grand danger, & eut plufieurs coups : & entre les autres , un en la gorge d'une efpée , dont l'enfeigne lui eft demeurée toute fa vie , par defaut de fa baviere (c) qui luy eftoit cheute , & avoit

(a) Vouge.] Efpece de lance.

(b) Philippe d'Oignies.] Quelques uns le nomment Gilles ; il étoit Seigneur de Brouay & de Chaunes , fils d'Antoine , & de Jeanne de Brimeu , & petit-fils de Baudoin d'Oignies Gouverneur de Lille , Douay & Orchies, & de Pierrone Guillebaut : il a époufé Antoinette de Beaufort , de laquelle il a eu Philippe d'Oignies pere de Louis , Chevalier des Ordres du Roy , & Comte de Chaunes.

(c) Baviere.] C'étoit la partie inférieure du cafque, qui fe baiffoit comme la vifiere fe montoit en haut.

esté mal attachée dés le matin ; & luy avoye veu cheoir : & luy furent mises les mains dessus, en disant : *Monseigneur, rendez-vous, je vous connoy bien, ne vous faites pas tuer.* Tousjours se defendoit : & sur ce debat le fils d'un Medecin de Paris, nommé maistre Jean Cadet (a) (qui estoit à luy) gros & lourd & fort, monté sur un gros cheval de cette propre taille, donna au travers & les departit. Tous ceux du Roy se retirerent sur le bords d'un fossé, où ils avoient esté le matin, car ils avoient crainte d'aucuns qu'ils voyoient marcher, qui s'approchoient : luy fort sanglant, se retira à eux comme au milieu du champ : & estoit l'enseigne du Bastard de Bourgogne toute despecée, tellement qu'elle n'avoit pas un pied de longueur ; & à l'enseigne des Archiers du Comte, il n'y avoit pas quarante hommes en tout, & nous y joignismes (qui n'estions pas trente) en trés-grande doute. Il changea incontinent de cheval : & le luy bailla un qui estoit lors

(a) Olivier de la Marche qui rapporte le même fait, le nomme Robert Cottereau. Et l'Editeur d'Olivier de la Marche assure que sa postérité jouit toujours des privileges de Noblesse, & qu'elle se soutenoit encore avec honneur à Terremonde en 1560. Voyez Tome IX de cette Collection, p. 72 & suiv.

son page, nommé Simon de Quingey (a), qui depuis a esté bien connu. Ledit Comte se mit par le champ pour rallier ses gens : mais je vey telle demie heure que nous qui estions demeurez là, n'avions l'œil qu'à fuir, s'il fust marché cent hommes. Il venoit seulement à nostre secours des troupes de dix ou vingt hommes des nostres, tant de pied que de cheval : les Gens-de-pied blessez & lassez, tant de l'outrage que leur avions fait le matin, qu'aussi des ennemis (b) : & vey l'heure qu'il n'y avoit pas cent hommes, mais peu à peu en venoit. Les bleds estoient grands, & la poudre la plus terrible du monde, tout le champ semé de morts & de chevaux : & ne se connoissoit nul homme mort pour la poudre.

Incontinent veismes saillir du bois le Comte de Sainct - Paul, qui avoit bien quarante Hommes-d'armes avec luy, & son enseigne, & marchoit droit à nous, & croissoit de gens :

(a) Voir ci-après le Livre III, vers la fin du Chap. IX où il est parlé de lui.

(b) Un vieux Manuscrit, mettant un point après ennemis, dit ainsi : luy revint incontinent qui n'ammena pas cent hommes : mais peu à peu en venoit. Nostre champ estoit ras, & demie heure devant, le bled y estoit si grand, & à l'heure la poudre, &c.

mais ils nous fembloient bien loin. On luy
envoya trois ou quatre fois prier qu'il fe haftaft : mais il ne fe mua point , & ne venoit
que le pas , & feit prendre à fes gens des
lances , qui eftoient à terre : & venoit en
ordre (qui donna grand renconfort à nos
gens) & fe joignirent enfemble avec grand
nombre , & vindrent là où nous eftions , &
nous trouvafmes bien huict cens Hommes-
d'armes. De Gens-de-pied peu ou nuls.
Ce qui garda bien le Comte qu'il n'euft la
victoire entiere : car il y avoit un foffé &
une grande haye entre les deux batailles deffufdites.

De la part du Roy , s'enfuit le Comte du
Maine , & plufieurs autres , & bien huict
cens (a) Hommes-d'armes. Aucuns ont voulu
dire que ledit Comte du Maine avoit intelligence avec les Bourguignons : mais à la verité dire , je croy qu'il n'en fuft oncques rien.
Jamais plus grande fuite ne fuft des deux
coftez : mais par fpecial demeurerent les deux

(a) La chronique fcandaleufe qui parle de ce fait ,
attribue la retraite du Comte du Maine , à la penfée
ou l'on étoit que le Roi étoit peri , ou du moins
ignoroit-on où il étoit. On l'avoit fait entrer dans le
Château de Mont-l'hery pour prendre quelque rafraî-
chiffement ; mais il n'y refta que quelques heures.

Y 4

Princes aux champs. Du costé du Roy fust un homme d'estat, qui s'enfuit jusques à Luzignan (a), sans repaistre : & du costé du Comte, un autre homme de bien jusques au Quesnoy - le = Comte. Ces deux n'avoient garde de se mordre l'un l'autre. Estans ainsi ces deux batailles rangées l'une devant l'autre, se tirerent plusieurs coups de canons, qui tuerent des gens d'un costé & d'autre. Nul ne desiroit plus de combattre; & estoit nostre bende plus grosse que celle du Roy : toutes-fois sa presence estoit grande chose, & la bonne parole qu'il tenoit aux Gens-d'armes : & croy veritablement, à ce que j'en ay sceu, que si n'eust esté luy seul, tout s'en fust fuy. Aucuns de nostre costé desiroient qu'on recommençast, & par especial Monseigneur de Haultbourdin, qui disoit qu'il voyoit une file ou flotte de gens qui s'enfuyoient : & qui eust pû trouver Archiers en nombre de cent, pour tirer au travers de cette haye, tout fust marché de nostre costé.

(a) On pourroit appliquer ici cette jolie piéce de vers, faite du tems de la Ligue, sur la bataille de Senlis, où l'on fait voir qu'il n'est que de bien courir : *Bon coureur n'est jamais pris.* Elle se trouve au Journal de Henry III Edition de 1744, Tome 1. pag. 199.

Eſtans ſur ce propos & ſur ces penſées, & ſans nulle eſcarmouche, ſurvint l'entrée de la nuiƈt : & ſe retira le Roy à Corbeil (a) & nous cuidions qu'il ſe logeaſt & paſſaſt la nuiƈt au champ. D'avanture ſe mit le feu en une caque de poudre, là où le Roy avoit eſté, & ſe print à aucunes charettes, & tout du long de la grande haye, & cuidions que ce fuſſent leurs feux. Le Comte de Saint-Paul, qui bien ſembloit chef de guerre, & Monſeigneur de Haultbourdin, encores plus, commanderent qu'on amenaſt le charroy au propre lieu là où nous eſtions, & qu'on nous cloiſt : & ainſi fuſt fait. Comme nous eſtions là en bataille, & ralliez, revindrent beaucoup des gens du Roy, qui avoient chaſſé, cuidans que tout fuſt gagné pour eux, & furent contraints de paſſer parmi nous. Aucuns en eſchaperent, & les plus ſe perdirent. Des gens de nom de ceux du Roy, moururent Meſſire Geofroy de S. Belin (b), le Grand – Senechal de Normandie, & Floquet

(a) Il y arriva à dix heures du ſoir, & y reſta deux jours, ſelon Monſtrelet.

(b) Geoffroy de Sainƈt Belin] Il étoit Seigneur de Saxe Fontaine, Baillif de Chaumont en Baſſigny, & mari de Marguerite, ſœur du Maréchal de Baudricourt : il en eut Catherine de Saint Belin, femme d'Ambroiſe

Capitaine (a). Du party des Bourguignons
moururent Philippe de Lalain : & des Gens-
à-pied & menus gens, plus que de ceux du
Roy : mais de Gens-de-cheval, en mourut
plus du party du Roy. De prisonniers bons, les
Gens du Roy en eurent des meilleurs de ceux
qui fuyoient. Des deux parties il mourut deux
mille hommes du moins (b) : & fust la chose
bien combatuë, & se trouva des deux costez
de gens de bien, & de bien lasches. Mais
ce fust grand'chose, à mon advis, de se rallier sur le champ, & estre trois ou quatre
heures en cet estat, l'un devant l'autre : &
devoient bien estimer les deux Princes ceux
qui leur tenoient compagnie si bonne à ce
besoin : mais ils en firent comme hommes,
& non point comme Anges. Tel perdit ses
offices & estats pour s'en estre fuy, & furent
donnez à d'autres, qui avoient fuy dix lieuës
plus loin. Un de nostre costé perdit authorité, & fust privé de la presence de son

Seigneur de Bussy, de laquelle sont issus les Marquis
de Gallerand, & les Seigneurs de Bussy.

(a) Jacques de Floques, dit Floquet, reçu l'an
1456 Capitaine & Baillif d'Evreux, par la démission
du célebre Robert de Floques son pere.

(b) La chronique scandaleuse en fait monter le
nombre jusqu'à trois mille six cens hommes.

maistre, mais un mois aprés eust plus d'autorité que devant.

Quand nous fusmes clos de ce charroy, chacun se logea le mieux qu'il put. Nous avions grand nombre de blessez, & la pluspart fort descouragez & espouventez, craignans que ceux de Paris, avec deux cens Hommes-d'armes qu'il y avoit avec eux, & le Mareschal Joachim (à), Lieutenant du Roy en ladite cité, sortissent, & que l'on eust affaire des deux costez. Comme la nuict fust toute close, on ordonna cinquante lances, pour voir où le Roy estoit logé. Il y en alla par adventure vingt. Il y pouvoit avoir trois jects d'arc, de nostre camp jusques où nous cuidions le Roy. Cependant Monseigneur de Charolois beut & mangea un peu, & chacun en son endroit, & luy fust adoubée sa playe qu'il avoit au col. Au lieu où il mangea, il falut oster quatre ou cinq hommes morts pour luy faire place : & y mit l'on deux boteaux de paille, où il s'assit : & remuant illec, un de ces pauvres gens nuds commença à demander à boire. On luy jetta en la bouche un peu de tisane, de quoy

(a) Joachim Rouhaut ou de Gamaches, dont il a été parlé plus haut. Il y eut arrêt contre lui en 1476.

ledit Seigneur avoit beu, dont le cœur luy revint, & fuſt connu : & eſtoit un Archier du corps dudit Seigneur, fort renommé, appellé Savarot, qui fuſt penſé & guery.

On euſt conſeil qu'il eſtoit de faire. Le premier qui opina, fuſt le Comte de Sainct-Paul : diſant que l'on eſtoit en peril, & conſeilloit tirer à l'aube du jour le chemin de Bourgogne, & qu'on brulaſt une partie du Charroy, & qu'on ſauvaſt ſeulement l'artillerie, & que nul ne menaſt charroy, s'il n'avoit plus de dix lances : & que de demeurer ſans vivres entre Paris & le Roy, n'eſtoit poſſible. Après opina Monſeigneur de Haultbourdin aſſez en cette ſubſtance, ſans ſçavoir avant que rapporteroient ceux qui eſtoient dehors. Trois ou quatre autres ſemblablement opinerent de meſme. Le dernier qui opina, fut Monſeigneur de Contay, qui dit que ſi toſt que ce bruit ſeroit en l'oſt, tout ſe mettroit en fuite, & qu'ils ſeroient prins devant qu'ils euſſent fait vingt lieuës, & dit pluſieurs raiſons bonnes : & que ſon advis eſtoit, que chacun s'aiſaſt au mieux qu'il pourroit cette nuict, & que le matin à l'aube du jour on aſſailliſt le Roy, & qu'il falloit là vivre ou mourir, & trouvoit ce chemin plus ſeur que de prendre la fuite. A l'opinion

dudit de Contay conclud Monfeigneur de Charolois : & dift que chacun s'en allaft repofer
deux heures, & que l'on fuft preft quand fa
trompette fonneroit : & parla à plufieurs
particuliers, pour envoyer reconforter fes
gens.

Environ minuit revindrent ceux qui avoient
efté dehors : & pouvez penfer qu'ils n'eftoient
point allez loin : & rapporterent que le Roy
eftoit logé à ces feux (a) qu'ils avoient veus.
Incontinent on y envoya d'autres, & une
heure aprés fe remettoit chacun en eftat de
combattre : mais la plufpart avoit mieux
envie de fuir. Comme vint le jour, ceux
qu'on avoit mis hors du champ, rencontrerent un chartier, qui eftoit à nous, & avoit
efté prins le matin, qui apportoit une cruche
de vin du village : & leur dit que tout s'en
eftoit allé. Ils envoyerent dire ces nouvelles
en l'oft, & allerent jufques là. Ils trouverent
ce qu'il difoit, & le revindrent dire, dont
la compagnie eut grand'joye : & y avoit affez
de gens, qui difoient lors, qu'il falloit aller
aprés, lefquels faifoient bien maigre chere
une heure devant. J'avoye un cheval extre-
mement las & viel, il beut un feau plein de

(a) D'autres MSS. mettent : & l'avoient veus.

vin : par aucun cas d'aventure il y mit le
muſeau : je le laiſſay achever : jamais ne l'a-
voye trouvé ſi bon, ne ſi frais.

Quand il fut grand jour, tout monta à
cheval, & les batailles, qui eſtoient bien
eſclaircies : toutes fois il revenoit beaucoup
de gens, qui avoient eſté cachez és bois.
Ledit Seigneur de Charolois fiſt venir un
Cordelier, ordonné de par luy à dire qu'il
venoit de l'oſt des Bretons, & que ce jour
ils devoient eſtre là. Ce qui reconforta aſſez
ceux de l'oſt : chacun ne le creut pas, mais
tantoſt aprés environ dix heures du matin,
arriva le Vice-Chancelier de Bretagne, appellé Rouville (a), & Madre avec luy, dont
ay parlé cy-deſſus : & amenerent deux Archiers de la garde du Duc de Bretagne,
portans ſes hocquetons) & fut enquis, &
loüé de ſa fuite (conſiderant le murmure
qui eſtoit contre luy (ce qui reconforta très-
fort la compagnie) & plus encore de ſon
retour ; & leur fiſt chacun bonne chere.

Tout ce jour demeura encore Monſeigneur
de Charolois ſur le champ, fort joyeux, eſtimant la gloire eſtre ſienne. Ce qui depuis luy
a couſté bien cher, car oncques puis il n'uſa

(a) Ou plutôt Romillé, comme on a vu ci-devant.

de conseil d'homme , mais du sien propre :
& au lieu qu'il estoit très-inutile pour la guerre
paravant ce jour , & n'aimoit nulle chose qui
y appartint , mais depuis furent muées &
changées ses pensées, car il y a continué jusques à sa mort : & par là fut finie sa vie , &
sa maison destruite , & si elle ne l'est du tout,
si est-elle bien desolée. Trois grands & sages
Princes , ses predecesseurs , l'avoient essevée
bien haut , & y a bien peu de Roys (sauf
celuy de France) plus puissans que luy : &
pour belles & grosses villes , nul ne l'en
passoit. L'on ne doit trop estimer de soy ,
par especial un grand Prince , mais doit
connoistre que les graces & bonnes fortunes viennent de Dieu. Deux choses plus je
dirai de luy : L'une est , que je croy que
jamais nul homme peust porter plus de travail que luy, en tous endroits où il faut exer-
citer la personne : l'autre , qu'à mon advis
je ne connu oncques homme plus hardy. Je
ne luy ouy oncques dire qu'il fust las , ne
ne luy vey jamais faire semblant d'avoir peur,
& si ay esté sept années de rang en la guerre
avec luy, l'esté pour le moins , & en aucunes l'hyver & l'esté. Ses pensées , & con-
clusions estoient grandes ; mais nul homme

ne les sçavoit mettre à fin , si Dieu n'y eust
adjouté de sa puissance.

CHAPITRE V.

*Comment le Duc de Berry , frere du Roy , &
le Duc de Bretagne se vindrent joindre avec
le Comte de Charolois , contre iceluy Roy.*

Le lendemain , qui estoit le tiers jour de
la bataille , allasmes coucher au village de
Mont-l'hery , dont le peuple en partie s'en
estoit fui au clocher de l'Eglise , & partie au
chasteau. Il les fit revenir , & ne perdirent
pas un denier vaillant , mais payoit chacun
son escot , comme s'il eust esté en Flandres.
Le chasteau tint , & ne fut point assailli. Le
tiers jour passé , partit ledit Seigneur , par le
conseil du Seigneur de Contay , pour aller
gagner Estampes (qui est bon & grand logis,
& en bon pays & fertile) afin d'y estre plus
tost que les Bretons , qui prenoient ce chemin , afin aussi de mettre les gens las & blessez
à couvert , & les autres aux champs , & fut
/cause ce bon logis , & le sejour que l'on y
fist , de sauver la vie à beaucoup de ses gens.
Là arriverent Mre Charles de France, lors Duc
de Berry , seul frere du Roy , le Duc de Bretagne , Monseigneur de Dunois, Monseigneur
de

de Loheac, Monseigneur de Bueil, Monseigneur de Chaumont (a) , & Messire Charles
d'Amboise son fils (qui depuis a esté grand
homme en ce Royaume) tous lesquels dessus
nommez le Roy avoit desapointez, & deffaits
de leurs estats, quand il vint à la couronne,
nonobstant qu'ils eussent bien servi le Roy
son pere, & le Royaume, és conquestes de
Normandie, & en plusieurs autres guerres.
Monseigneur de Charolois, & tous les plus
grands de sa compagnie, les recueillirent &
leur allerent au devant, & amenerent leurs
personnes loger en la ville d'Estampes (b),
où leur logis estoit fait, & les Gens-d'armes
demeurerent aux champs. En leur compagnie
avoit huict cens Hommes-d'armes, de trés-
bonne estoffe, dont il y en avoit trés-large-

(a) Pierre d'Amboise Seigneur de Chaumont sur
Loire. Sa maison fut rasée par le commandement du
Roi Louis XI, l'an 1465 pour avoir tenu le parti du
Duc de Berry en la guerre du bien public.

(b) Est fait ici mention de l'assemblée des Princes
ligués à Estampes, auquel lieu le Duc de Bretagne &
le Comte de Charolois renouvellerent la ligue, qui
étoit entr'eux contre le Roi, & firent à ce sujet le
traité du 24 Juillet 1465.

ment de Bretons , qui nouvellement avoient laissé les Ordonnances (comme icy & ailleurs j'ai dit) qui amendoient bien leur compagnie. D'Archiers , & d'autres hommes de guerre , armez de bonnes brigandines (a) avoit en trés-grand nombre , & pouvoient bien être six mille hommes à cheval, trés-bien en poinct. Et sembloit bien à voir la compagnie que le Duc de Bretagne fust un trés-grand Seigneur , car toute cette compagnie vivoit sur ses coffres.

Le Roy qui s'estoit retiré à Corbeil (comme j'ay devant dit) ne mettoit point en oubly ce qu'il avoit à faire. Il tira en Normandie, pour assembler ses gens , & de peur qu'il n'y eust quelque mutation au pays : & il mit partie de ses Gens-d'armes és environs de Paris, là où il voyoit qu'il estoit necessaire.

Le premier soir que furent arrivez tous ces Seigneurs dessusdits à Estampes , se conterent des nouvelles l'un à l'autre. Les Bretons avoient pris aucuns prisonniers de ceux qui fuyoient du party du Roy : & quand ils eussent esté un peu plus avant , ils eussent pris ou desconfit le tiers de l'armée. Ils avoient

(a) Brigandines.] Armure faite de lames de fer posées les unes sur les autres, & qui recevoit divers noms, suivant les endroits où elle étoit appliquée.

bien tenu confeil pour envoyer gens dehors ,
jugeans que les ofts eftoient prés : toutes-fois
aucuns les deftournerent : mais , nonobftant ,
Meffire Charles d'Amboife (a) & quelques
autres fe mirent plus avant que leur armée ,
pour voir s'ils rencontreroient rien : & prirent plufieurs prifonniers (comme j'ay dit)
& de l'artillerie : lefquels prifonniers leur
dirent que pour certain le Roy eftoit mort :
car ainfi le cuidoient-ils : parce qu'ils s'en
eftoient fuis dés le commencement de la bataille. Les deffufdits rapporterent les nouvelles à l'oft des Bretons , qui en eurent
trés - grand'joye , cuidans qu'ainfi fuft , &
efperans les biens qui leur fuffent advenus ,
fi ledit Monfeigneur Charles euft efté Roy ,
& tinrent confeil (comme il m'a efté dit depuis par un homme de bien , qui eftoit prefent) à fçavoir comme ils pouroient chaffer
ces Bourguignons , & eux en depefcher : &
eftoient quafi tous d'opinion qu'on les def-
trouffaft , qui pourroit. Cette joye ne leur
dura gueres , mais par cela vous pouvez voir
& connoiftre quels font les brouillis en ce
Royaume à toutes mutations.

(a) Seigneur de Chaumont, fils de Pierre d'Amboife
& d'Anne de Bueil ; & pere de Charles d'Amboife
Grand-Maître, Maréchal & Amiral de France.

Pour revenir à mon propos de cette armée d'Estampes, comme tous eussent souppé, & qu'il y avoit largement gens qui se pourmenoient par les rües, Monseigneur Charles de France, & Monseigneur de Charolois estoient à une fenestre, & parloient eux deux de trés-grande afection. En la compagnie des Bretons, y avoit un pauvre homme, qui prenoit plaisir à jetter en l'air des fusées, qui courent parmi les gens, quand elles sont tombées, & rendent un peu de flambe : & s'appelloit maistre Jean Boutefeu, ou maistre Jean des Serpens, je ne sçay lequel. Ce follastre estant caché en quelque maison, afin que les gens ne l'apperceussent, en jetta deux ou trois en l'air, d'un lieu haut où il estoit, tellement qu'une vint donner contre la croisée de la fenestre où ces deux Princes dessusdits avoient les testes, & si prés l'un de l'autre, qu'il n'y avoit pas un pied entre deux. Tous deux se dresserent & furent esbahis, & se regardoient chacun l'un l'autre. Si eurent suspicion que cela n'eust esté fait expressement pour leur mal faire. Le Seigneur de Contay vint parler à Monseigneur de Charolois son maistre : & dès qu'il luy eust dit un mot en l'oreille, il descendit en bas, & alla faire armer tous les Gens-d'armes de sa mai-

fon, & les Archers de fon corps, & autres.
Incontinent ledit Seigneur de Charolois dit au
Duc de Berry, que femblablement il fift
armer les Archers de fon corps, & y eut incontinent deux ou trois cens Hommes-d'armes armez devant la porte, à pied, & grand
nombre d'Archers : & cherchoit l'on par tout,
dont pouvoit venir ce feu. Ce pauvre homme
qui l'avoit fait, fe vint jetter à genoux devant eux, & leur dit que ç'avoit efté luy : &
en jetta trois ou quatre autres : & en ce faifant, il ofta beaucoup de gens hors de fufpicion que l'on avoit les uns fur les autres :
& s'en prit l'on à rire : & s'en alla chacun
defarmer & coucher.

Le lendemain au matin fut tenu un très-
grant & beau confeil, où fe trouverent tous
les Seigneurs & leurs principaux ferviteurs :
& fut mis en déliberation ce qui eftoit de
faire : & comme ils eftoient de plufieurs
pieces, & non pas obéiffans à un feul Seigneur (comme il eft bien requis en telles
affemblées) auffi eurent-ils divers propos :
& entre les autres paroles qui furent bien
recueillies & notées, ce furent celles de
Monfeigneur de Berry, qui eftoit fort jeune
& n'avoit jamais veu tels exploicts. Car il
fembla par fes paroles, que ja en fuft en-

nuyé : & allegua la grande quantité de gens
bleſſez, qu'il avoit veus de ceux de Monſeigneur de Charolois : en monſtrant par ces
paroles en avoir pitié, uſoit de ces mots :
qu'il euſt mieux aimé que les choſes n'euſſent jamais eſté encommencées, que de voir
desja tant de maux venus par luy & pour
ſa cauſe. Ces propos deſplurent à Monſeigneur de Charolois & à ſes gens, comme je
diray cy-après. Toutesfois à ce conſeil fut
conclud qu'on tireroit devant Paris, pour
eſſayer ſi on pourroit réduire la ville à vouloir entendre au bien public du Royaume,
pour lequel diſoient eſtre tous aſſemblez, &
leur ſembloit bien, ſi ceux-là leur preſtoient
l'oreille, que tout le reſte des villes (a) de
ce Royaume feroient le ſemblable. Comme
j'ay dit, les paroles dites par Monſeigneur
Charles Duc de Berry en ce conſeil, mirent
en telle doute Monſeigneur de Charolois &
ſes gens, qu'ils vinrent à dire : *Avez-vous
ouy parler cet homme ? Il ſe trouve eſbahy
pour ſept ou huiȃ cens hommes qu'il voit*

(a) Paris ſervoit alors d'exemple aux autres villes
du Royaume; & l'on verra que la défiance & la diviſion
ſurvient facilement entre divers Princes ligués enſemble : c'eſt ce qui eſt encore marqué ci-après Chap. 12,
15 & 16.

bleſſez allans par la ville, qui ne luy ſont
rien, ne qu'il ne connoiſt : il s'eſbahiroit
bientoſt ſi le cas luy touchoit de quelque
choſe : & ſeroit homme pour appointer bien
légerement, & nous laiſſer en la fange : &
pour les anciennes guerres qui ont eſté le
temps paſſé entre le Roy Charles ſon pere,
& le Duc de Bourgogne mon pere, aiſement
toutes ces deux parties ſe convertiroient contre
nous, pourquoy eſt néceſſaire de ſe pourveoir
d'amys. Et ſur cette ſeule imagination, fuſt
envoyé Meſſire Guillaume de Clugny, (a)
Protonotaire (qui eſt mort depuis Eveſque
de Poictiers) devers le Roy Edoüard d'Angleterre, qui pour lors regnoit, auquel Monſeigneur de Charolois avoit tousjours eu ini-
mitié : & portoit la maiſon de Lanclaſtre
contre luy, dont il eſtoit iſſu de par ſa mere.
Et par l'inſtruction dudit de Clugny, luy eſtoit ordonné d'entrer en pratique de ma-

---

(a) Guillaume de Cluny, Protonotaire.] originaire
de Bourgogne ; il a été Tréſorier de l'Ordre de la Toiſon d'or, Evêque ſuffragant de Thérouanne, Evêque
d'Evreux, puis de Poitiers ; il étoit frere de Ferry de
Clugny, Evêque de Tournay, fait Chef du Conſeil du
Duc de Bourgogne, puis Cardinal. C'eſt ſans fondement que l'on a dit que ce Guillaume de Clugny a été
Chancelier de France.

Z 4

riage (a) à la sœur du Roy d'Angleterre,
appellée Marguerite, mais non pas d'estrain-
dre le marché : mais seulement de l'entretenir. (b) Car connoissant que le Roy d'Angleterre l'avoit fort desiré, luy sembloit bien
que pour le moins, il ne feroit rien contre
luy : & que s'il en avoit affaire, qu'il le
gagneroit des siens. Et combien qu'il n'eut
un seul vouloir de conclure ce marché, &
que la chose du monde que plus il haïssoit
en son cœur, estoit la maison d'Yorch, si
fust toutesfois tant demenée cette matiere,
que plusieurs années après elle fust concluë :

(a) Duclos, dans son Histoire de Louis XI, observe
avec raison que Comines se trompe, en disant que le
Comte de Charolois envoya aussitôt Guillaume de
Cluny en Angleterre, pour demander la sœur du Roi
Edouard en mariage, avec ordre de ne rien conclure,
mais seulement d'amuser Edouard, afin d'en tirer du
secours. Comines n'a pas fait attention qu'Isabelle de
Bourbon, femme du Comte de Charolois, vivoit
encore, & qu'elle ne mourût que le 26 Septembre,
plus de deux mois après la bataille de Montlhery. Ainsi
il ne pouvoit pas encore être question du mariage du
Comte de Charolois avec la Princesse d'Angleterre.
(Note des Editeurs.)

(b) Le traité de ce mariage est du 16 Février 1467,
& se trouve imprimé dans le dernier recueil des traités
de paix. -

& prit davantage l'ordre de la Jartiere, & la porta toute sa vie.

Or mainte telle œuvre se fait en ce monde par imagination, comme celle que j'ay cy-dessus declarée : & par especial entre les grands Princes, qui sont beaucoup plus suspicionneux qu'autres gens, pour les doutes & advertissemens qu'on leur fait, & très-souvent par flateries, sans nul besoin qu'il en soit.

CHAPITRE VI.

Comment le Comte de Charolois & ses alliez, avec leur armée, passerent la riviere de Seine sur un pont portatif ; & comment le Duc Jean de Calabre se joignit avec eux, puis se logerent tout à l'entour de Paris.

AINSI comme il avoit esté conclu, tous ces Seigneurs se partirent d'Estampes, aprés y avoir sejourné quelques peu de jours, & tirerent à Sainct-Mathurin de Larchant, & à Moret en Gastinois. Monseigneur Charles & les Bretons demeurerent en ces deux petites villes : & le Comte de Charolois s'en alla loger en une grande prairie, sur le bord de la riviere de Seine, & avoit fait crier que chacun portast crochets pour attacher ses chevaux. Il faisoit mener sept ou huict petits bafteaux fur charrois, & plufieurs pipes par pieces, en intention de faire un pont fur la riviere de Seine, pour ce que ces Seigneurs n'y avoient point de paffage. Monfeigneur de Dunois l'accompagna, luy eftant en une litiere (car pour la goutte qu'il avoit, il ne pouvoit monter à cheval) & portoit l'on fon enfeigne aprés luy. Dés ce qu'ils viñrent à la riviere, ils y firent mettre de ces batteaux qu'ils avoient apportez, & gaignerent une petite Ifle, qui eftoit comme au milieu, & defcendirent des Archers, qui efcarmoucherent avec quelques Gens-de-cheval, qui deffendoient le paffage de l'autre part : & y eftoient le Marefchal Joachim, & (a) Sallezard. Le lieu eftoit très-defavan-

(a) Sallezard.] Jean de Sallezard ou de Sallazart, Gentil-homme Efpagnol, du pays de Bifcaye, qui s'étoit attaché au Roi Charles VII, auquel il rendit de grands fervices contre les Anglois. Il époufa Marguerite de la Tremoille, fille & fœur bâtarde de George & Louis Seigneurs de la Tremoille, & de Georges de la Tremoille, Seigneur de Craon : il eut quatre fils de ce mariage, favoir, Hector de Sallazard, Seigneur de Sain-Juft en Champagne ; Galcas de Sallazard, fieur de Laz ; Lancelot de Sallazard, fieur de Marcilly, & Triftan de Sallazard. Le fecond de ces quatre fils, qui d'Evêque de Meaux en 1474, devint Archevêque de Sens en 1475, fut employé à la négociation du premier

rageux pour eux : parce qu'il eſtoit fort haut,
& en pays de vignoble : & du coſté des
Bourguignons, y avoit largement artillerie,
conduite par un Canonnier fort renommé,
qui avoit nom maiſtre Gerauld, lequel avoit
eſté pris en cette bataille de Mont-l'hery,
eſtant lors du parti du Roy. Fin de compte,
il falut que les deſſuſdits abandonnaſſent le
paſſage, & ſe retirerent à Paris. Ce ſoir fuſt
fait un pont (a) juſques en cette Iſle : &
incontinent fiſt le Comte de Charolois tendre
un pavillon, & coucha la nuiᶜᵗ dedans, &
cinquante Hommes-d'armes de ſa maiſon. A
l'aube du jour, furent mis grand nombre de
tonneliers en beſongne, à faire pipes de
meſrain, (b) qui avoit eſté apporté : & avant
qu'il fuſt midy, le pont fuſt dreſſé juſques

traité que fit Louis XI avec les Suiſſes : ce Prélat com-
batit armé aux guerres d'Italie, & mourut en 1518 le
11 Février, & fut enterré dans l'Egliſe de Sens, ſous
un tombeau de marbre qu'il avoit fait faire de ſon
vivant.

(a) Selon Monſtrelet & la chronique ſcandaleuſe, ce
pont ſe fit auprès de Moret en Gâtinois.

(b) Meſrain] ou Marrien, bois de chêne, dont on
fait menuiſerie ou tonneaux, retient encore le même
nom de Mérain parmi les Tonneliers.

à l'autre part de la riviere : & incontinent
paſſa ledit Seigneur de Charolois de l'autre
coſté : & y fiſt tendre ſes pavillons, dont il
y avoit grand nombre : & fiſt paſſer tout ſon
oſt, & toute ſon artillerie par deſſus ledit
pont, & ſe logea en un coſteau pendant
devers ladite riviere : & y faiſoit trés-beau
voir ſon oſt, pour ceux qui eſtoient encores
derriere.

Tout ce jour ne purent paſſer que ſes
gens. Le lendemain à l'aube du jour paſſerent les Ducs de Berry & de Bretagne, &
tout leur oſt ; qui trouverent ce pont trés-
beau, & fait en grande diligence. Si paſſerent un peu outre ; & ſe logerent ſur le
haut pareillement. Incontinent que la nuiſt
fuſt venuë nous commençaſmes à appercevoir
grand nombre de feux bien loin de nous,
autant que la veuë pouvoit porter. Aucuns
cuidoient que ce fuſt le Roy : toutesfois,
avant qu'il fuſt minuit, on fut adverty que
c'eſtoit le Duc Jean de Calabre, ſeul fils du
Roy René de Sicile, & avec luy bien neuf
cens hommes-d'armes de la Duché & Comté
de Bourgogne. Bien fuſt accompagné de gens-
de-cheval : mais de gens-de-pied peu. Pour
ce petit de gens, qu'avoit ledit Duc, je ne

vis jamais si belle compagnie, ny qui sem-
blassent mieux hommes exercitez au fait de
la guerre. Il pouvoit bien avoir quelques
six-vingts hommes-d'armes bardez, tous Italiens ou autres, nourris en ces guerres d'I-
talie : entre lesquels estoient Jacques(a) Galiot,
le Comte de (b) Campobache, le Seigneur
de Baudricourt, pour le present Gouverneur
de Bourgogne, & autres : & estoient ces
hommes-d'armes fort adroicts : & pour dire
verité, presque la fleur de nostre ost, au
moins tant pour tant : il avoit quatre cens Cra-

(a) Jacques Galiot] ou Gal de Geenouillac,
Seigneur d'Acier ; il a été Grand-Ecuyer, Grand-
Maître de l'Artillerie de France, & Sénéchal d'Armagnac : il faut voir l'Histoire du Roi Charles VIII,
donnée au Public l'an 1617 , par T. Godefroy ,
in - 4°. pages 91 , 92 , 93 , 94 & 253 , & celle
du Chevalier Bayart aussi in-4°. pages 36 & 414.
L'Histoire de Louis de la Tremoille de Jean Bou-
chet, feuillet 61. L'Histoire agrégative d'Anjou de
Jean de Bourdigné, en la troisieme partie, chap. 21,
feuillet 175 , où il dit que son corps fut apporté à
Angers en grande pompe militaire , par le commandement du Roi Charles VIII. Il mourut des blessures
reçues en la bataille de Saint - Aubin du Cormier,
donnée l'an 1488 , contre les Bretons.

(b) Nicolas de Montfort - l'Amaulry en France,
Comte de Campobasse.

nequiniers, (a) que luy avoit presté le Comte
Palatin, gens fort bien montez, & qui sem-
bloient bien gens-de-guerre : & avoit
cinq cens Suisses, à pied, qui furent les premiers qu'on vit en ce Royaume : & ont esté
ceux qui ont donné le bruit à ceux qui sont
venus depuis : car ils se gouvernerent très-
vaillamment en tous les lieux où ils se
trouverent. Cette compagnie, que vous dis,
s'approcha le matin, & passa ce jour par dessus nostre pont. Et ainsi se peut dire que
toute la puissance du Royaume de France
s'estoit veuë passer par dessus ce pont, sauf
ceux qui estoient avec le Roy, & vous as-
seure que c'estoit une grande & belle compagnie, & grand nombre de gens de bien,
& bien en poinct ; & devroit-on vouloir que
les amis & bien-veillans du Royaume l'eussent
veuë, & qu'ils en eussent eu l'estimation,
telle qu'il appartient : & semblablement les
ennemis : car jamais il n'eust esté heure qu'ils
n'en eussent plus craint le Roy & ledit
Royaume. Le chef des Bourguignons estoit

(a) Cranequin est un pied de biche, duquel on
bande une arbaleste, & sont appellés Cranequiniers
ceux qui usoient d'arbalestes à tels bandanges, qui
estoient proprement arbalestriers à cheval.

Monseigneur de Neufchastel Mareschal de Bourgogne, (a) joinct avecques luy son frere Seigneur de Montagu, le Marquis de Rotelin, & grand nombre de Chevaliers & Escuyers : dont aucuns avoient esté en (b) Bourbonnois, comme j'ay dit au commencement de ce propos. Le tout ensemble s'estoit joinct pour venir plus asseurement avec mondit Seigneur de Calabre, comme j'ay dit : lequel sembloit aussi bien Prince & grand chef de guerre comme nul autre que veysse en la compagnie, & s'engendra grande amitié entre luy & le Comte de Charolois.

Quand toute cette compagnie fust passée, que l'on estimoit cent mille chevaux, tant bons que mauvais (ce que je croy) se delibererent lesdits Seigneurs de partir pour tirer devant Paris : & mirent toutes leurs avantgardes ensemble. Pour les Bourguignons, les conduisoit le Comte de Sainct Paul. Pour les Ducs de Berry & de Bretagne Oudet de Rye (c) depuis Comte de Comminges, &

(a) Thibault de Neuf-Chastel , fait Mareschal de Bourgogne en 1439.

(b) Bourgogne, selon un autre manuscrit.

(c) Odet de Rie.] C'est Odet d'Aydie, originaire de Bearn, Seigneur de Lescut ou de Lescun & de Fronssac, Il fut fait Amiral de Guyenne & Comte de

le Marefchal de Loheac, comme il me femble, & ainfi s'acheminerent. Tous les Princes demeurerent en la bataille. Ledit Comte de Charolois & le Duc de Calabre prenoient grande peine de commander & de faire tenir ordre à leurs batailles, & chevaucherent bien armez ; & fembloit bien qu'ils euffent bon vouloir de faire leurs offices. Les Ducs de Berry & de Bretagne chevauchoient fur petites hacquenées à leur aife, armez de petites brigandines fort legeres ; pour le plus encore difoient aucuns qu'il n'y avoit que petits clous dorez par deffus le fatin, afin de moins leur pefer : toutes-fois je ne le fçay pas de vray. Ainfi chevaucherent toutes ces compagnies, jufques au Pont de Charenton, prés Paris, à deux petites lieues : lequel pont toft fuft gaigné fur quelque peu de Francs-Ar-

Comminges en 1472, par donation du Roi Louis XI, à qui cette terre étoit retournée après la mort de Jean bâtard d'Armagnac, Maréchal & Amiral de France. Odet d'Aydie a laiffé une fille nommée Jeanne, mariée à Jean de Foix, Vicomte de Lautrec, dont elle a eu Odet de Foix, Seigneur de Lautrec, mort en 1527; Thomas de Foix, Seigneur de Lefcun, Maréchal de France, tué à la bataille de Pavie en 1524, & André de Foix, Seigneur de Lefpare, mort en 1547.

chers

thers qu'il y avoit dedans : & paſſa toute l'Armée par deſſus ce pont de Charenton, & s'alla loger le Comte de Charolois depuis ce pont de Charenton, juſques en ſa maiſon de Conflans, prés delà, au long de la riviere: & ferma ledit Comte un grand pays de ſon charroy & de ſon artillerie, & miſt tout ſon oſt dedans ; & avec luy ſe logea le Duc de Calabre, & à Sainct-Maur des foſſez, ſe logerent les Ducs de Berry & de Bretagne, avec un nombre de leurs gens : & tout le demeurant envoyerent loger à Sainct-Denys, auſſi à deux lieuës de Paris : & là fuſt toute cette compagnie onze ſemaines, & avinrent les choſes que je diray cy-aprés.

Le lendemain, commencerent les eſcarmouches juſques aux portes de Paris : où eſtoient dedans Monſeigneur de Nantouillet Grand-Maiſtre de France (qui bien y ſervit comme j'ay dit ailleurs) & le Mareſchal Joachim. Le peuple ſe vit eſpouvanté : & aucuns d'autres eſtats euſſent voulu & les Bourguignons & les autres Seigneurs eſtre dedans Paris, jugeans à leur advis, cette entrepriſe bonne & profitable pour le Royaume. Autres y en avoit adherens auſdits Bourguignons, & ſe meſlans de leurs affaires, eſperans que par leurs moyens ils pourroient parvenir à

quelques offices ou eſtats , qui ſont plus dé-
ſirez en cette cité-là , qu'en nul autre du
monde ; car ceux qui les ont les font valoir
ce qu'ils peuvent , & non pas ce qu'ils
doivent : & y a offices ſans gages , qui ſe
vendent bien huict cens eſcus : & d'autres
où il y a gages bien petits , qui ſe vendent
plus que leurs gages ne ſçauroient valoir
en quinze ans. Peu ſouvent advient que nul
ne ſe deſapointe , & ſouſtient la Cour de
Parlement cet article , & eſt raiſon : mais
auſſi il touche preſque à tous. Entre les
Conſeillers , ſe trouvent tousjours largement
de bons & notables perſonnages : & auſſi
quelques uns bien mal conditionnez. Ainſi
eſt-il en tous eſtats.

CHAPITRE VII.

Digreſſion ſur les eſtats , offices & ambitions,
par l'exemple des Anglois.

Je parle de ces offices & auctoritez , par
ce qu'ils font deſirer mutations , & auſſi ſont
cauſe d'icelles. Ce que l'on a veu , non pas
ſeulement de noſtre temps , mais encore quand
les guerres commencerent des le temps du
Roy Charles ſixieſme ; qui continuerent juſ-

ques à la paix d'Arras. (a) Car cependant
les Anglois se meslerent parmy ce Royaume,
si avant qu'en traittant ladite paix d'Arras,
où estoient de la part du Roy quatre ou
cinq Ducs ou Comtes, cinq ou six Prélats,
& dix ou douze Conseillers de Parlement :
de la part du Duc Philippe, grands personnages à l'advenant, & en beaucoup plus
grand nombre : pour le Pape, deux Cardinaux
pour médiateurs : & de grands personnages
pour les Anglois. Ce traité dura par l'espace
de deux mois, & desiroit fort le Duc de
Bourgogne s'acquiter envers les Anglois avant
que de se separer d'avec eux, pour les alliances & promesses qu'ils avoient faites ensemble : & pour ces raisons fust offert au
Roy d'Angleterre, pour luy & les Seigneurs
siens, les Duchez de Normandie & de Guyenne, pourveu qu'il en fist hommage au Roy,
comme avoient fait ses predecesseurs, & qu'il
rendist ce qu'il tenoit au Royaume, hors
lesdites Duchez. Ce qu'ils refuserent, (b)

(a) Elle se termina en Septembre 1435, comme on
l'a déja vu ; les Anglois ne voulurent pas y être compris ; on les mit donc à l'ecart à cause des excessives
demandes qu'ils s'aviserent d'y faire.

(b) L'opiniâtreté des Anglois leur fit perdre tout
ce qu'ils tenoient au Royaume de France. Et heureu-

pour ce qu'ils ne voulurent faire ledit hommage, & mal leur en prit aprés : car abandonnez
furent de cette maison de Bourgogne , &
ayans perdu leur temps , & les intelligences
du Royaume , se prirent à perdre & à diminuer. Pour lors estoit Regent en France
pour les Anglois, le Duc de Bethfort, frere
du Roy Henry cinquiesme , marié avec la
sœur du Duc Philippe de Bourgogne ; & se
tenoit icelui Regent à Paris , ayant vingt
mille escus par mois , pour le moindre estat
qu'il eust jamais en cet office. Ils perdirent
Paris , & puis petit à petit le demeurant du
Royaume. Aprés qu'ils furent retournez en
Angleterre , nul ne vouloit diminuer son
estat , mais les biens n'estoient audit Royaume
pour satisfaire à tous. Ainsi guerre s'esmeut
entre eux, pour leurs authoritez , qui a duré
par longues années : & fust mis le Roy Henry
sixiesme (qui avoit esté couronné Roy de
France & d'Angleterre à Paris) en prison
au chasteau de Londres , & declaré traistre
& crimineux de leze Majesté : & là dedans
a usé la pluspart de sa vie, & à la fin a esté

sement ils n'y ont plus remis le pied ; ils avoient cependant encore la ville de Calais , qui leur fut ôtée
en 1558 , par l'armée de Henry II , Roi de France,
commandée par François Duc de Guise.

tué. Le Duc d'Yorch , pere du Roy Edoüard dernier mort , s'intitula Roy. Et peu de jours aprés fuſt deſconfiſt en bataille, & mort : & tous morts eurent les teſtes tranchées , luy & le Comte de Warvic dernier mort , qui tant a eu de credit en Angleterre. Ceſtuy-là emmena le Comte de la Marche (depuis appellé le Roy Edoüard) par la mer à Calais , avec (a) quelque peu de gens, fuyans de la bataille. Ledit Comte de Warvic ſouſtenoit la maiſon d'Yorch , & le Duc de Sommerſet la maiſon de Lancaſtre. Tant ont duré ces guerres , que tous ceux de la maiſon de Warvic & de Sommerſet y ont eu les teſtes tranchées, ou y ſont morts en bataille.

Le Roy Edouard fiſt mourir ſon frere le Duc de Clarence en une pipe de malvoyſie, pour ce qu'il ſe vouloit faire Roy comme l'on diſoit. Aprés que Edoüard fuſt mort, ſon frere ſecond, Duc de (b) Cloceſtre , fiſt mourir les deux fils dudit Edoüard , & declara ſes filles baſtardes, & ſe fiſt couronner Roy.

Incontinent aprés paſſa en Angleterre le

(a) Voyez livre III, chapitre IV.
(b) Les exemplaires imprimés avoient Lanclaſtre & & Lancaſtre, mais un MS, dit Cloceſtre, comme veut auſſi Polid. Virgile, & tous bons Hiſtoriens.

Aa 3

Comte (a) de Richemont, de prefent Roy
(qui par longues années avoit efté prifonnier en Bretagne) qui defconfift, & tua en
bataille ce cruel Roy Richard, qui peu avant
avoit fait mourir fes neveux. Et ainfi de ma
fouvenance, font morts en ces divifions
d'Angleterre, bien quatre-vingts hommes de
la lignée Royale d'Angleterre, dont une partie j'ay connu : des autres m'a efté conté par
les Anglois demeurans avec le Duc de Bourgogne, tandis que j'y eftoys. Ainfi ce n'eft
pas à Paris ny en France feulement, qu'on
s'entrebat pour les biens & honneurs de ce
monde : & doivent bien craindre les Princes
ou ceux qui regnent aux grandes Seigneuries,
de laiffer engendrer une partialité en leur
maifon. Car de là ce feu court par la Province ; mais mon advis eft que cela ne fe
fait que par difpofition divine, car quand
les Princes ou Royaumes ont efté en grande
profperité ou richeffes, & ils ont mefcon-
noiffance dont procede telle grace, Dieu
leur dreffe un ennemi ou ennemie, dont nul
ne fe douteroit : comme vous pouvez voir
par les Roys nommez en la bible, & par
ce que puis peu d'années en avez veu en

(a) C'eft le Roi Henri VII.

cette Angleterre , & en cette maison de Bourgogne, & autres lieux, que avez veu, & voyez tous les jours.

CHAPITRE VIII.

Comment le Roy Louys entra dedans Paris, pendant que les Seigneurs de France y dreſſoient leurs pratiques.

J'AY eſté long en ce propos, & eſt temps que je retourne au mien. Dés que ces Seigneurs furent arrivez devant Paris, ils commencerent tous à pratiquer leans, & promettre offices & biens , & ce qui pouvoit ſervir à leur matiere. Au bout de trois jours furent grande aſſemblée en l'hoſtel de la ville de Paris , & aprés grandes & longues paroles , & ouyes les requeſtes & ſommations, que les Seigneurs leur faiſoient en public , & pour le grand bien du Royaume (comme ils diſoient) fuſt conclu d'envoyer devers eux, & entendre à pacification. Ils vindrent donc en grand nombre de gens-de-bien, vers les Princes deſſuſdits, aulieu de Sainct-Mor : & porta la parole Maiſtre Guillaume Chartier, (a) lors Eveſque de Paris, re-

(a) Guillaume Chartier.] Il étoit natif de Bayeux en Normandie, d'une famille entierement différente

Aa 4

nommé trés-grand homme : & de la part
des Seigneurs , parloit le Comte de Dunois. Le Duc de Berry , frere du Roy ,
prefidoit , affis en chaire , & tous les autres
Seigneurs debout. De l'un des coftez eftoient
les Ducs de Bretagne & de Calabre ; & de
l'autre le Comte de Charolois , qui eftoit
armé de toutes pieces , fauf la tefte, & les
gardes-bras , & une manteline fort riche fur
fa cuirace : car il venoit de Conflans , &
le bois-de-Vincennes tenoit pour le Roy,
& y avoit beaucoup de gens , par quoy luy
eftoit befoin d'eftre venu bien accompagné.
Les requeftes & fins des Seigneurs eftoient

de celle dont il y a eu des Avocats célèbres, & des
Confeillers au Parlement de Paris, qui font originaires
de la ville d'Orléans ; il étoit proche parent, aucuns
difent frere, d'Alain Chartier, Secrétaire des Rois
Charles VI & VII, qui a compofé l'Hiftoire de fon
tems, & fait quelques poéfies ; & de Jean Religieux,
& Auteur des grandes Chroniques de Saint-Denys. Il
eft parlé de cet Evêque à l'an 1472 de la Chronique
fcandaleufe, où l'on voit la haute eftime où ce Prélat
étoit parmi le Peuple ; ce qui décide plus en fa faveur,
que les prétendus mécontentemens de Louis XI, qui ne
l'aimoit pas , & le regardoit même comme fon ennemi,
parce que fouvent il faifoit des remontrances qui ne
s'accordoient point avec les idées de ce Roi fur le
Gouvernement.

d'entrer dedans Paris, pour avoir converſation & amitié avec eux, ſur le faict de la
reformation du Royaume : lequel ils diſoient
eſtre mal conduict, en donnant pluſieurs
grandes charges au Roy. Les reſponſes eſtoient fort douces toutes-fois prenans quelque delay avant que de reſpondre : & néant-
moins le Roy ne fuſt depuis content dudit
Eveſque, ny de ceux qui eſtoient avec luy.
Ainſi s'en retournerent, demeurans en grand
pratique, car chacun parla à eux en particulier, & croy bien qu'en ſecret fuſt accordé par aucuns, que les Seigneurs en leur
ſimple eſtat y entreroient : & leurs gens pourroient paſſer outre (ſi bon leur ſembloit) en
petit nombre à la fois. Cette converſation
n'euſt point eſté ſeulement ville gaignée,
mais toute l'entrepriſe : car aiſement tout
le peuple ſe fuſt tourné de leur part (pour
pluſieurs raiſons) & par conſequent toutes
celles du Royaume, à (a) l'exemple de
celle-là. Dieu donna ſage conſeil au Roy :
& il l'executa bien, eſtant ja adverti de
toutes ces choſes.

(a) La même choſe eſt dite ci-deſſus chapitre 2. On
voit par cet endroit & par pluſieurs autres, que Comines
ſe répete quelquefois.

Avant que ceux qui eſtoient venus vers ces
Seigneurs, euſſent fait leur rapport, le Roy
arriva en la ville de Paris, en l'eſtat qu'on
doit venir pour reconforter un peuple; car
il y vint en trés-grande compagnie, & mit
bien deux mille Hommes-d'armes en la ville,
tous les Nobles de Normandie, grande force
de Francs-Archers, les gens de ſa maiſon,
penſionnaires & autres gens de bien qui ſe
trouvent avec tel Roy en ſemblables affaires.
Et ainſi fuſt cette pratique rompue, & tout
ce peuple bien mué des ſiens : ny ne ſe
fuſt trouvé homme de ceux qui paravant
avoient eſté devers nous, qui plus euſt oſé
parler de la marchandiſe, & à aucuns en
prit mal. Toutes-fois le Roy n'uſa de nulle
cruauté en cette matiere : mais aucuns perdirent leurs offices, les autres envoya demeurer ailleurs : ce que je luy repute à
loüange, de n'avoir uſé d'autre vengeance.
Car ſi cela, qui avoit eſté commencé, fuſt
venu à effet, le meilleur qui luy pouvoit
venir, c'eſtoit fuir hors du Royaume. Auſſi
pluſieurs fois, m'a-t'il dit, que s'il n'euſt pû
entrer dedans Paris, & qu'il euſt trouvé la
ville muée, qu'il fut fuy devers les Suiſſes,
ou devers le Duc de Milan Franciſque, qu'il
reputoit ſon grand amy : & bien luy monſtra

ledit Francifque, par le fecours qu'il luy envoya : qui étoit de cinq cens Hommes-d'armes, & trois mille Hommes de pied, fous la conduite de fon fils aifné appellé Galeas, depuis Duc (a) : & vinrent jufques en Foreft, & firent guerre à Monfeigneur de Bourbon : mais à caufe de la mort du Duc Francifque, ils s'en retournerent : & auffi par le confeil qu'il luy donna, en traittant la paix, appellée le traicté de Conflans : où il luy manda qu'il ne refufaft nulle chofe qu'on luy demandaft, pour feparer cefte compagnie ; mais que (b) feulement fes gens luy demeuraffent.

(a) Ce confeil de François Sforce, Duc de Milan, étoit fage, paroitre accorder tout pour divifer & rompre une Ligue ; & Louis XI le pratiqua bien. A peine les Princes furent-ils féparés, qu'ils ne purent fe rejoindre & former une nouvelle affociation. Ce fut bien alors que fe vérifia l'Axiome des Politiques, *divide & impera*, on devient fupérieur à fes ennemis en femant la divifion parmi eux. François Sforce fut un de ces hommes rares, & qui de rien ont le talent de faire quelque chofe. Il étoit fils naturel de Sforce, Comte de Cottignola ; il époufa Blanche Marie, fille naturelle de Philippe Marie Vifconti, Duc de Milan. François eut l'induftrie, partie de gré, partie de force, de fe faire Duc de Milan, au commencement de Février 1450, & mourut en 1466, âgé de 66 ans.

(b) Galeas Marie, fuccéda à François fon pere, au

A mon advis, nous n'avions point esté plus de trois jours devant Paris, quand le Roy y entra. Tantost nous commença la guerre trés-forte, & par especial sur nos fourrageurs : car l'on estoit contrainct d'aller loin en fourrage, & falloit beaucoup de gens à les garder. Et faut bien dire qu'en cette Isle de France est bien assise cette ville de Paris, de pouvoir fournir de si puissans osts, car jamais nous n'eusmes faute de vivre : & dedans Paris à grande peine s'apperce-voient-ils qu'il y eust homme, rien n'en-cherit que le pain, seulement d'un denier sur pain : car nous n'occupions point les ri-vieres d'audessus, qui sont trois, c'est-à-sçavoir (a) Marne, Yonne, & Seine, &

Duché de Milan; mais ses débauches & sa tyrannie occa-sionnerent des soulevemens, & enfin une conjuration formée, qui le fit périr le lendemain de la fête de Noël de l'an 1476.

(a) Il s'en faut beaucoup que Paris se soit maintenu dans l'état que le marque ici Comines. Comme on fait rarement des provisions à Paris, à peine peut-il sub-sister huit jours sans aucun secours étranger. C'est ce qui s'est vû dans le siége que Henri IV y mit en 1590. Ce siége qui dura plus de trois mois, poussa les Bourgeois aux dernieres extrémités, & l'on y fut réduit aux nour-ritures les plus viles : mais selon la remarque de Co-mines, dès qu'on n'avoit point fermé le haut & le bas de

plufieurs petites rivieres qui entrent en celles-là. A tout prendre, cette cité de Paris, eft la cité que jamais je viffe environnée de meilleur pays & plus plantureux, & eft chofe prefque incroyable des biens qui y arrivent. J'y ay efté depuis ce tems avec le Roy Louys, demy an fans en bouger, logé és Tournelles, mangeant & couchant avec luy ordinairement : & depuis fon trefpas, vingt mois, maugré moy, tenu prifonnier (a) en fon palais, où je voyois de mes feneftres arriver ce qui montoit contremont la riviere de Seine du cofté de Normandie. Du deffus en vient auffi fans comparaifon plus que n'euffe jamais cru, ce que j'en ay veu.

Ainfi donc tous les jours failloit de Paris force gens, & y eftoyent les efcarmouches groffes . noftre guet eftoit de cinquante lances, qui fe tenoiènt vers la (b) Grange-aux-

la riviere, tout y peut venir en abondance. C'eft le feul moyen d'affamer cette grande ville.

(a) Philippe de Comines fut détenu pendant trois ans, dont partie à Loches & partie à Paris. Sa prifon de Loches arriva au mois de Janvier 1486, d'où il fut transféré à Paris fur la fin de 1487, & l'Arrèt qui fut rendu contre lui, eft du 24 jour de Mars 1488, ftyle ancien.

(b) La Grange-aux-Merciers) étoit au-deffus de

merciers : & avoient des Chevaucheurs le plus prés de Paris qu'ils pouvoient, qui trés-souvent estoient ramenez jusques à eux : & bien souvent falloit qu'ils revinssent sur queuë jusques à notre charroy, en se retirant le pas, & aucunes fois le trot : & puis on leur renvoyoit des gens, qui trés-souvent aussi renvoyoient les autres jusques bien prés les portes de Paris. Et ceci étoit à toutes heures, car en la ville il y avoit plus de deux mille cinq cens Hommes-d'armes, de bonne estoffe, & bien logez : grande force de Nobles de Normandie, & de Francs-Archers, & puis voyoient les Dames tous les jours, qui leur donnoient envie de se monster. De nostre costé il y avoit un trés-grand nombre de gens, mais non point tant de gens de cheval : car il n'y avoit que les Bourguignons (qui estoient environ quelques deux mille lances, que bons que mauvais) qui n'estoient point si bien accoustrez que ceux de dedans Paris, par la longue paix qu'ils avoient euë, comme j'ay dit autrefois. (a) Encore de ce nombre

Paris sur la riviere, au-dessous de Conflans, comme le marque Olivier de La Marche, livre I, chapitre 35, pages 478, édition de Louvain, 1643, c'est au lieu de Bercy.

(a) Voyez ci-devant Chapitre III sur la fin.

en y avoit à Lagny deux cens Hommes-d'armes, & y estoit le Duc de Calabre. De gens à pied nous avions grand nombre & de bons. L'armée des Bretons estoit à Sainct-Denis, qui faisoient la guerre là où ils pouvoient, & les autres Seigneurs espars pour les vivres. Sur la fin y vinrent le Duc de Nemours, le Comte d'Armignac, & le Seigneur d'Albret. Leurs gens demeurerent loin, pour ce qu'ils n'avoient point de payement, & qu'ils eussent affamé nostre ost, s'ils eussent pris sans payer; & sçay bien que le Comte de Charolois leur donna de l'argent, jusques à cinq ou six mille francs : & fut advisé que leurs gens ne viendroient point plus avant. Ils estoient bien six mille hommes de cheval, qui faisoient merveilleusement de maux.

CHAPITRE IX.

Comment l'artillerie du Comte de Charolois & celle du Roy tirerent l'un contre l'autre prés Charenton : & comment le Comte de Charolois fit faire derechef un pont sur batteaux en la riviere de Seine.

En retournant au fait de Paris, il ne faut douter que nul jour ne se passoit sans perte ou gain, tant d'un costé que d'autre, mais

de groffes chofes n'y avint rien. Car le Roy
ne vouloit point (a) fouffrir que fes gens
failliffent en groffes bandes : ny ne vouloit
rien mettre en hazard de la bataille, & defiroit paix, & fagement departir cette affemblée. Toutesfois un jour bien matin, vinrent
loger droit vis-à-vis l'hoftel de Conflans, au
long de la riviere & fur le fin bord, quatre
mille Francs - Archers. Les Nobles de Normandie, & quelque peu de Gens - d'armes
d'ordonnance demeurerent à un quart de lieuë
de là, en un village, & depuis leurs Gens de
pied jufques-là, n'y avoit qu'une belle plaine.
La riviere de Seine eftoit entre nous & eux :
& commencerent ceux du Roy une tranchée
à l'endroit de Charenton, où ils firent un
boulevart de bois & de terre, jufques au bout
de noftre oft : & paffoit ledit foffé par devant Conflans, la riviere entre deux, comme
dit eft ; & là affortirent grand nombre d'artillerie, qui d'entrée chaffa tous les gens du
Duc de Calabre, hors du village de Charenton : & fallut qu'à grande hafte ils vinf-

(a) Les Princes ne doivent facilement hazarder
bataille contre leurs fujets, au tems qu'ils commencent
à fe mutiner, & telle fut l'opinion de Louis XI. La
même maxime fe trouve Chap. III & ci-après dans ce
même Chapitre.

fent

fent loger avec nous : & y eut des gens & des chevaux de tuez, & logea le Duc Jean en un petit corps d'hoftel, tout droit au devant de celuy de Monfeigneur de Charolois, à l'oppofite de la riviere.

Cette artillerie commença premierement à tirer par noftre oft, & efpouventa fort la compagnie; car elle tua des gens d'entrée, & tira deux coups par la chambre où le Seigneur de Charolois eftoit logé, comme il difnoit, & tua un Trompette, en apportant un plat de viande fur le degré.

Aprés le difner ledit Comte de Charolois defcendit en l'eftage bas, & delibera n'en bouger, & la feift tendre au mieux qu'il peut. Le matin vinrent les Seigneurs tenir confeil, & ne fe tenoit point le confeil ailleurs que chez le Comte de Charolois : & tousjours aprés le confeil difnoient tous enfemble : & fe mettoient les Ducs de Berry & de Bretagne au banc, le Comte de Charolois & le Duc de Calabre au devant : & portoit ledit Comte honneur à tous (a), les conviant à l'affiete. Auffi le devoit bien faire à d'aucuns, & à tous, puifque c'eftoit chez luy.

(a) C'eft-à-dire les convioit à manger, ou à fe mettre à table.

Tome X.   **B b**

Il fut advifé que toute l'artillerie de l'oft
feroit affortie encontre celle du Roy. Ledit
Seigneur de Charolois en avoit trés - largement, le Duc de Calabre en avoit de belle,
& auffi le Duc de Bretagne. L'on fit de
grands trous aux murailles, qui font au long
de la riviere derriere ledit hoftel de Conflans,
& y affortit-on les meilleurs pieces, excepté
les Bombardes & autres groffes pieces, qui
ne tirerent point, & le demeurant, où
elles pouvoient fervir. Ainfi en y eut du
cofté des Seigneurs beaucoup plus que de celuy du Roy. La tranchée, que les gens
du Roy avoient faite, eftoit fort longue,
tirant vers Paris, & tousjours la tiroient
avant, & jettoient la terre de noftre cofté,
pour foy taudir (a) de l'artillerie, car tous
eftoient cachez dedans le foffé, ny nul n'euft
ofé monftrer la tefte. Ils eftoient en lieu
plain comme la main, & en belle prairie.

Je n'ay jamais tant veu tirer pour fi peu
de jours, car de noftre cofté on s'attendoit
de les chaffer de là à force d'artillerie. Aux
autres en venoit de Paris tous les jours, qui

(a) Taudir] & taudiffoient, qui eft quelques lignes
plus bas. On voit par la fituation de ce mot, qu'il
fignifie fe mettre à couvert ou fe garentir, mais en
fe cachant dans des tranchées ou des foûterrains.

faifoient bonne diligence de leur cofté, &
n'efpargnoient point la poudre. Grande quantité de ceux de noftre oft firent des foffez
en terre à l'endroit de leurs logis. Encores
davantage y en avoit beaucoup, pource que
c'eft lieu où l'on a tiré de la pierre. Ainfi
fe taudiffoit chacun, & fe paffa trois ou quatre
jours. La crainte fut plus grande que la perte
des deux coftez, car il ne fe perdit nul homme
de nom.

Quand ces Seigneurs virent que ceux du
Roy ne s'efmouvoient point, il leur fembla
honte & peril, & que ce feroit donner cœur
à ceux de Paris. Car par quelque jour de treves, il y vint tant de peuple, qu'il fembloit que
rien ne fuft demeuré en la ville. Il fut conclu
en un confeil, que l'on feroit un fort grand
pont fur grands bateaux, & coupperoit-on
l'eftroit du bateau, & ne s'afferroit le bois
que fur le large, & au dernier couplet y
auroit de grandes ancres pour jetter en terre.
Avec cela furent amenez plufieurs grands
batteaux de Seine, qui euffent pû aider à
paffer la riviere, & affaillir les gens du Roy.
A maiftre Girauld, Canonnier, fut donnée la
charge de cet ouvrage, auquel il fembloit
que pour les Bourguignons eftoit grand avantage de ce que les autres avoient jetté les

Bb 2

terres de noftre cofté : pour ce que quand
ils feroient outre la riviere , ceux du Roy
trouveroient leur tranchée beaucoup au-deffous des affaillans, & qu'ils n'oferoient faillir
dudit foffé, pour crainte de l'artillerie.

Ces raifons donnerent grand cœur aux noftres de paffer : & fut le pont achevé, amené
& dreffé, fauf le dernier couplet, qui tour-
noit de cofté, preft à dreffer, & tous les
bateaux amenez. Dés qu'il fuft dreffé, vint
un Officier d'armes du Roy, dire que c'eftoit
contre la tréve, pour ce que ce jour, &
le jour precedent, y avoit eu tréve, & venoit pour voir que c'eftoit. A l'aventure il
trouva Monfieur de (a) Bueil, & plufieurs
autres fur ledit pont, à qui il parla. Ce foir
paffoit la tréve. Il y pouvoit bien paffer trois
Hommes-d'armes , la lance fur la cuiffe,
de front, & y pouvoit bien avoir fix grands
bateaux, que chafcun eut bien paffé mille
hommes à la fois, & plufieurs petits : & fut
accouftrée l'artillerie, pour les fervices à ce
paffage. Si furent faites les bendes, & les
rooles de ceux qui devoient paffer , & en

(a) De Bueil.] Suivant le MS de Saint-Germain
des Prez & autres, l'imprimé portoit Bouillet, mais
mal à ce qu'il paroît.

estoient Chefs le Comte de Sainct-Paul , & le Seignéur de Haultbourdin.

. Dés que minuit fut passé, commencerent à s'armer ceux qui en estoient , & avant jour furent armez : & oyoient les aucuns messe en attendant le jour , & faisoient ce que bons Chrestiens font en tel cas. Cette nuit je me trouvay en une grand'tente , qui estoit au milieu de l'ost, où l'on faisoit le guet : & estoys du guet cette nuit là (car nul n'en estoit excusé) & estoit chef de ce guet Monseigneur de Chastel-Guyon, (a) qui mourut depuis à Granson : & s'attendoit l'heure de voir cet esbat. Soudainement nous ouysmes ceux qui estoient en ces tranchées, qui commencerent à crier à haute voix , Adieu voisins, Adieu : & incontinent mirent le feu en leurs logis , & retirerent leur ar-tillerie. Le jour commença à venir. Les

(a) Ou Château-Guyon. Louis de Châlon fils puisné de Louis de Châlon Prince d'Orange , & d'Eléonor d'Armagnac sa seconde femme , Chevalier de la toison d'or. Cette journée de Granson dont il est ici parlé, & qui ne fut point avantageuse au Duc de Bourgo-gne , se passa au mois de Fevrier 1479 peu de tems avant la défaite du même Duc à Morat, l'un & l'autre en Suisse : au lieu de Granson le MS. de Saint-Ger-main des Prez met Morat.

Bb 3

ordonnez à cette entreprise estoient ja sur
la riviere, au moins partie, & virent les
autres ja bien loin qui se retiroient à Paris.
Ainsi donc chacun s'alla desarmer, trés-joyeux
de ce departement. Et à la verité ce que le
Roy avoit mis de gens, ce n'estoit que pour
battre nostre ost d'artillerie, & non pas en
intention de combattre; car il ne vouloit
rien mettre en hazard, comme j'ay dit ailleurs; nonobstant que sa puissance fut trés-
grande pour tant qu'il y avoit de Princes
ensemble. Mais son intention (comme bien
le monstra) estoit de traiter de paix, & departir la compagnie, sans mettre son estat
(qui est si grand & si bon que d'estre Roy
de ce grand & obeissant Royaume de France)
en peril de chose si incertaine qu'une bataille.

Chascun jour se menoit de petits marchez,
pour fortraire gens l'un à l'autre : & eut plusieurs jours de tréves & assemblées d'une
part & d'autre, pour traitter paix : & se faisoit ladite assemblée en la Grange-aux-merciers, assez prés de nostre ost. De la part du
Roy y venoit le Comte du Maine, & plusieurs
autres. De la part des Seigneurs, le Comte
de Sainct-Paul, & plusieurs autres; aussi de
tous les Seigneurs. Assez de fois furent assem-

blez fans rien faire : & cependant duroit la
tréve , & s'entrevoyoient beaucoup de gens
des deux armées, un grand foſſé entre deux ,
qui eſt comme mi-chemin , les uns d'un coſté ,
les autres de l'autre , car par la tréve nul ne
pouvoit paſſer. Il n'eſtoit jour qu'à cauſe de
ces veuës ne ſe vint rendre dix ou douze
hommes du coſté des Seigneurs , & aucunes
fois plus ; un autre jour s'en alloient autant
des noſtres. Et pour cette cauſe s'appella le lieu
depuis , le Marché , pour ce que telles mar-
chandiſes s'y faiſoient. Et pour dire la verité ,
telles aſſemblées & communications ſont bien
dangereuſes en telles façons ; & par eſpecial
pour celuy qui eſt en plus grande apparence de
decheoir. Naturellement la pluſpart des gens
ont l'œil ou à s'accroiſtre ou à ſe ſauver, ce qui
aiſément les fait tirer aux plus forts. Autres y
en a ſi bons & ſi fermes, qu'ils n'ont nuls de
ces regards : mais peu s'en trouve de tels. Et
par eſpecial eſt ce danger quand ils ont Prince
qui cherche à gagner gens , qui eſt une trés-
grand'grace que Dieu fait au Prince , qui
le ſçait faire : & eſt ſigne qu'il n'eſt point
entaché de ce fort vice & peché d'orgueil ,
qui procure haines envers toutes perſonnes.
Pour quoy , comme j'ay dit , quand on vient
à tels marchés que de traitter paix , il ſe

doit faire par les plus feables ferviteurs que
les Princes ont , & gens d'aage moyen : afin
que leur foiblefle ne les conduife à faire quelque marché deshonnefte , ne à efpouventer
leur retour , plus que de befoin : & pluftoft
empefcher ceux qui ont receu quelque grace
ou bienfait de luy , que nuls autres , mais fur
tout fages gens , car d'un fol ne fit jamais
homme fon profit ; fe doivent pluftoft conduire ces traités loin que prés. Et quand lefdits Ambaffadeurs retournent , les faut ouyr
feuls , ou à peu de compagnie : afin que fi
leurs paroles font pour efpouventer les gens,
qu'ils leur difent les langages , dont ils doivent ufer à ceux qui les enquerront : car
chacun defire de fçavoir nouvelles d'eux ,
quand ils viennent de tels traitez , & plufieurs
difent : *Tel ne me celera rien.* Si feront , s'ils
font tels comme je dis , & qu'ils connoiffent
qu'ils ayent maiftres fages.

C H A P I T R E X.

Digreffion fur quelques vices & vertus du Roy
Louis onziefme.

JE me fuis mis en ce propos, par ce que
j'ay veu beaucoup de tromperies en ce monde,
& de beaucoup de ferviteurs envers leurs

maiſtres , & plus ſouvent tromper les Princes
& Seigneurs orgueilleux , qui peu veulent
ouyr parler les gens, que les humbles qui
volontiers les eſcoutent. Et entre tous ceux
que j'ay jamais connu , le plus ſage pour ſoy
tirer d'un mauvais pas , en temps d'adver-
ſité, c'eſtoit le Roy Louis XI noſtre maiſtre :
le plus humble en paroles & en habits : &
qui plus travailloit à gagner un homme qui
le pouvoit ſervir, ou qui luy pouvoit nuire.
Et ne s'ennuyoit point d'eſtre refuſé une fois
d'un homme qu'il pretendoit gagner , mais y
continuoit , en luy promettant largement,
& donnant par effet argent & eſtats qu'il
connoiſſoit qui luy plaiſoient. Et ceux qu'il
avoit chaſſez & deboutez en temps de paix
& de proſperité, il les rachetoit bien cher ,
quand il en avoit beſoin , & s'en ſervoit :
& ne les avoit en nulle haine pour les choſes
paſſées. Il eſtoit naturellement ami des gens
de moyen eſtat, & ennemy de tous grands
qui ſe pouvoient paſſer de luy. Nul homme
ne preſta jamais tant l'oreille aux gens, ny
ne s'enquiſt de tant de choſes , comme il
faiſoit , ne qui vouluſt jamais connoiſtre tant
de gens ; car auſſi veritablement il connoiſſoit toutes gens d'authorité & de valeur, qui
eſtoient en Angleterre , en Eſpagne , en

Portugal , en Italie , & és Seigneuries du
Duc de Bourgogne , & Bretagne , comme il
faifoit fes fujets (a). Et ces termes & façons
qu'il tenoit , dont j'ay parlé cy-deffus , luy
ont fauvé la couronne , veu les ennemis qu'il
s'eftoit luy-mefme acquis à fon avenement au
Royaume. Mais fur tout luy a fervi fa grande
largeffe ; car ainfi comme fagement il conduifoit l'adverfité , à l'oppofite dés ce qu'il
cuidoit eftre affeur , ou feulement en une
tréve , fe mettoit à mefcontenter les gens ,
par petits moyens , qui peu luy fervoient ,
& à grand'peine pouvoit endurer paix. Il
eftoit leger à parler des gens , & auffi toft
en leur prefence qu'en leur abfence ; fauf
de ceux qu'il craignoit , qui eftoit beaucoup :
car il eftoit affez craintif de fa propre nature.
Et quand pour parler il avoit receu quelque
dommage , ou en avoit fufpicion , & le vouloit reparer , il ufoit de cette parole au per-

(a) Les Letttes originales de Louis XI dont nous
donnons quelques-unes dans la Préface & dans les
Preuves de cet ouvrage. , font connoître fon efprit
de détail : il vouloit qu'on lui envoyât des liftes ca-
raĉtérifées , même des mauvais fujets ; & il prétendoit
que les particuliers s'addreffaffent à lui. C'eft ce que
l'on a pu apercevoir dans ia Préface génerale de cette
édition.

fonnage propre (a) : *Je fçay bien que ma langue m'a porté grand dommage, auffi m'a-elle fait quelquefois du plaifir beaucoup : toutesfois c'eft raifon que je repare l'amende.* Et n'ufoit point de ces privées paroles, qu'il ne fift quelque bien au perfonnage à qui il parloit, & n'en faifoit nuls petits.

Encore fait Dieu grand'grace à un Prince quand il fçait le bien & le mal, & par efpecial quand le bien (b) precede, comme au Roy noftre maiftre deffufdit. Mais à mon advis, que le travail qu'il eut en fa jeuneffe, quand il fut fugitif de fon pere, & fuit fous le Duc Philippe de Bourgogne, où il fut fix ans, luy valut beaucoup : car il fut contraint de complaire à ceux dont il avoit befoin : & ce bien, qui n'eft pas petit, luy apprit adverfité (c). Comme il fe trouva grand & Roy couronné, d'entrée ne penfa qu'aux vengeances, mais toft luy en vint le dommage, & quand & quand la repentance. Et repara

(a) C'eft de quoi on trouve un exemple plus bas, Chap. XII du Livre III.

(b) Precede.] C'eft-à-dire furpaffe.

(c) Quand un Prince a eu du mal & du travail étant jeune ; il n'en vaut que mieux fur l'âge. C'eft ce que l'on a vû depuis dans les Roi Louis XII, & Henry IV.

cette folie & cette erreur, en regagnant ceux ausquels il faisoit tort, comme vous entendrez cy-après. Et s'il n'eust eu la nourriture autre que les Seigneurs que j'ay veu nourrir en ce Royaume, je ne croy pas que jamais se fust ressours : car ils ne les nourrissent seulement qu'à faire les fols en habillemens & en paroles. De nulles lettres ils n'ont connoissance. Un seul sage homme on ne leur met à l'entour. Ils ont des Gouverneurs à qui on parle de leurs affaires, à eux rien, & ceux-là disposent de leurs affaires ; & tels Seigneurs y a qui n'ont que treize livres de rente en argent, qui se glorifient de dire : *Parlez à mes gens :* cuidans par cette parole contrefaire les très-grands Seigneurs. Aussi ay-je bien veu souvent leurs serviteurs faire leur profit d'eux, & leur donner à connoistre qu'ils estoient bestes. Et si d'aventure quelqu'un s'en revient, & veut connoistre ce qui luy appartient, c'est si tard qu'il ne luy sert plus de gueres : car il faut noter que tous les hommes, qui jamais ont esté grands & fait grandes choses, ont commencé fort jeunes. Et cela gist à la nourriture, ou vient de la grace de Dieu.

CHAPITRE XI.

*Comment les Bourguignons eſtans prés de Paris,
attendans la bataille, cuiderent des chardons
qu'ils virent, que ce fuſſent lances debout.*

Or ay-je long-temps tenu ce propos ; mais
il eſt tel que n'en ſors pas bien quand je
veux : & pour revenir à la guerre, vous avez
ouy comme ceux que le Roy avoit logez en
cette tranchée, au long de cette riviere de
Seine, ſe deſlogerent à l'heure que l'on les
devoit aſſaillir. La tréve ne duroit jamais
gueres qu'un jour ou deux. Aux autres jours
ſe faiſoit la guerre tant aſpre qu'il eſtoit poſſible, & continuoient les eſcarmouches depuis
le matin juſques au ſoir. Groſſes bandes ne
failloient point de Paris : toutesfois ſouvent
nous remettoient noſtre guet, & puis on le
renforçoit. Je ne vis jamais une ſeule journée qu'il n'y euſt eſcarmouche, quelque petite que ce fuſt : & croy bien que ſi le Roy
euſt voulu, qu'elles y euſſent eſté bien plus
groſſes : mais il eſtoit en grand ſoubçon, &
de beaucoup, qui eſtoit ſans cauſe. Il m'a
autrefois dit qu'il trouva une nuit la Baſtille
Sainct-Antoine ouverte, par la porte des
champs, de nuit. Ce qui luy donna grand'

suspicion de Messire Charles de Meleun (a) pour ce que son pere tenoit la place. Je ne dis autre chose dudit Messire Charles, que ce que j'en ay dit, mais meilleur serviteur n'eut point le Roy pour cette année-là.

Un jour fut entrepris à Paris pour nous venir combattre, & croy que le Roy n'en delibera rien, mais les Capitaines, & de nous assaillir de trois costez. Les uns devers Paris, qui devoit estre la grand'compagnie. Une autre bande devers le Pont-de-Charanton; & ceux-là n'eussent gueres sceu nuire: & deux cens Hommes-d'armes, qui devoient venir par devers le Bois-de-Vincennes. De cette conclusion fut adverty l'ost, environ la minuit, par un Page, qui vint crier de l'autre part de la riviere, que aucuns bons amis des Seigneurs les advertissoient de l'entreprise (qu'avez ouy) & en nomma aucuns, & incontinent s'en alla.

Sur la fine pointe du jour vint Messire Poncet de Riviere devant ledit Pont-de-Charenton, & Monseigneur du Lau (b) d'autre

(a) Seigneur de Nantouillet, dont il est parlé ci-devant, & dont il sera encore parlé.

(b) Antoine de Chasteau-neuf Grand-Bouteiller de France, Sénéchal de Guyenne, Grand-Chambellan du Roi Louis XI & son favori.

part, devers le Bois de Vincennes, jufques à noftre artilerie, & tuerent un Canonier. L'alarme fut fort grande, cuidant que ce fuft ce dont le Page avoit adverty la nuit. Toft fut armé Monfeigueur de Charolois: mais encore pluftoft Jean Duc de Calabre, car à tous alarmes c'eftoit le premier homme armé, & de toutes pieces, & fon cheval tousjours bardé. Il portoit un habillement que ces conducteurs portent en Italie, & fembloit bien Prince & chef de guerre : & tiroit tousjours droit aux barrieres de noftre oft, pour garder les gens de faillir; & y avoit d'obéiffance autant que Monfeigneur de Charolois, & luy obeïffoit tout l'oft de meilleur cœur : car à la vérité il eftoit digne d'être honoré.

En un moment tout l'oft fut en armes, & à pied, au long des chariots par le dedans, fauf quelques deux cens chevaux, qui eftoient dehors au guet : (& excepté ce jour) je ne connu jamais que l'on euft efperance de combattre, mais cette fois chacun s'y attendoit. Et fur ce bruit arriverent les Ducs de Berry & de Bretagne, que jamais je ne vis armés que ce jour. Le Duc de Berry eftoit armé de toutes pieces. Ils avoient peu de gens, ainfi ils pafferent par le camp, & fe mirent un peu au dehors pour trouver Meffeigneurs de Charolois & de Calabre, & là parloient enfemble. Les Chevaucheurs, qui eftoient renforcez, allerent plus prés de Paris: & veirent plufieurs Chevaleureux qui venoient pour fçavoir ce bruit en l'oft. Noftre artillerie avoit fort tiré, quand ceux de Monfeigneur du Lau s'en eftoient approchez fi pres. Le Roy avoit bonne artillerie fur la muraille de Paris, qui tira plufieurs coups jufques à notre oft, qui eft grand'chofe (car il y a deux lieuës) mais je croy bien que l'on avoit levé le nez bien haut aux baftons (a). Ce bruit d'artillerie faifoit croire de tous les deux coftez quelque grande entreprife. Le temps eftoit fort obfcur & trouble, & nos Chevaucheurs qui s'eftoient approchez de Paris, voyoient plufieurs Chevaucheurs, & bien loin outre devant eux voyoient grande quantité de lances debout, ce leur fembloit, & jugeoient que c'eftoient toutes les batailles du Roy, *qui* eftoient aux champs, & tout le peuple de Paris: & cette imagination leur donnoit l'obfcurité du temps.

Ils fe reculerent droit derriere ces Sei-

(a) Baftons.] C'eft ainfi que l'on appelloit quelquefois les Canons & Coulevrines, & même les Moufquets: mais le plus fouvent on les appelloit *Baftons à-feu.*

gneurs;

gneurs, qui eſtoient hors de noſtre camp, &
leur ſignifierent ces nouvelles, & les aſſeu-
rerent de la bataille. Le Chevaucheurs ſaillis
de Paris s'approchoient tousjours : pour ce
qu'ils voyoient reculer les noſtres, qui encores les faiſoit mieux croire. Lors vint le
Duc de Calabre là ou eſtoit l'eſtendart du
Comte de Charolois, & la pluſpart des gens
de bien de ſa maiſon, pour l'accompagner,
& ſa banniere preſte à deſployer, & le guidon de ſes armes, qui eſtoit l'uſance de cette
maiſon ; & là nous dit à tous ledit Duc Jean :
*Or ça nous ſommes à ce que nous avons tous
deſiré : voilà le Roy & tout ce peuple ſailly de
la ville, & marchent, comme diſent nos Chevaucheurs : & pour ce, que chacun ait bon
vouloir & cœur. Tout ainſi qu'ils ſaillent de
Paris nous les aunerons à l'aune de la ville,
qui eſt la grande aulne* (a). Ainſi alla recon-
fortant la compagnie. Nos Chevaucheurs
avoient un petit repris de cœur, voyans que
les autres Chevaucheurs eſtoient foibles, ſe
raprocherent de la ville, & trouverent encore ces batailles au lieu où ils les avoient

(a) Ce mot a rapport à l'aune de Paris, qui eſt
plus grande que celle de Flandres, Hollande, Angleterre, & autres pays, la plupart étant de moitié plus
petite.

Tome X.   Cc

laiſſées : qui leur donna nouveau penſement.
Ils s'en approcherent le plus qu'ils peurent,
mais eſtant le jour un peu hauſſé & eſclaircy,
ils trouverent que c'eſtoient grands chardons.
Ils furent juſques auprès des portes, & ne
furent honteux ceux qui avoient dit ces nouvelles : mais le temps les excuſa, avec ce que
le Page avoit dit la nuit de devant.

C H A P I T R E X I I.

Comment le Roy & le Comte de Charolois
parlerent enſemble, pour cuider moyenner
la paix.

L A pratique de paix continuoit tousjours,
plus eſtroit entre le Roy & le Comte de
Charolois qu'ailleurs, pour ce que la force
giſoit en eux ; les demandes des Seigneurs
eſtoient grandes, par eſpecial pour ce que le
Duc de Berry vouloit la Normandie pour ſon
partage : ce que le Roy ne vouloit accorder.
Le Comte de Charolois vouloit avoir les
villes aſſiſes ſur la riviere de Somme, comme
Amiens, Abbeville, Sainct-Quentin, Peronne,
& autres : que le Roy avoit rachetées du Duc
Philippe, il n'y avoit pas (a) trois mois : leſ-

_____

(a) Au Chapitre XIV au lieu de trois mois il en
met neuf ; mais Comines ſe trompe également dans ces

quelles avoit euës ledit Duc, par la paix
d'Arras, du Roy Charles septiesme. Le Comte
de Charolois disoit, que de son vivant le Roy
ne les devoit racheter, luy ramentevoit combien il estoit tenu à sa maison : car durant
qu'il estoit fugitif de son pere, le Roy Charles,
il y fut receu & nourri six ans, ayant deniers
de luy pour son vivre, & puis fut amené
par eux jusques à Reims & à Paris à son Sacre.
Ainsi avoit pris le Comte de Charolois en
trés-grand despit ce rachapt des terres dessusdites.

Tant fut demenée cette pratique de paix,
que le Roy vint un matin par eau, jusques
vis à vis de nostre ost, ayant largement
de chevaux sur le bord de la riviere : mais
en son bateau n'estoient que quatre ou cinq

deux endroits : Ce fut au mois de Septembre 1463
que Louis XI remboursa au Duc de Bourgogne, Philippe le bon, les quatre cens mille écus d'or & retira
les villes de la riviere de Somme ; ainsi il y avoit deux
ans, puisque la paix de Conflans se fit le 5 Octobre
1465. Cette faute peut être pardonnée à Comines, qui,
au tems du remboursement, n'étoit pas à la Cour de
Bourgogne, n'y étant arrivé qu'au mois de Novembre 1464.

Cc 2

personnes, hormis ceux qui le tiroient : &
y avoit Monseigneur de Lau, Monseigneur
de Montauban, lors Admiral de France,
Monseigneur de Nantouillet, & autres. Les
Comte de Charolois & de Sainct-Paul estoient
sur le bord de la riviere de leur costé, attendans ledit Seigneur. Le Roy demanda à Monseigneur de Charolois ces mots : Mon frere,
m'asseurez-vous ? car autrefois ledit Comte
avoit épousé sa sœur (a). Ledit Comte luy
respondit (b) : Monseigneur, Oui comme
frere. Je l'ouis, si feirent assez d'autres. Le
Roy descendit à terre, avec les dessusdits,
qui estoient venus avec luy. Les Comtes
dessusdits luy firent grand honneur, comme
raison estoit : & luy n'en estoit point chiche, & commença la parole, disant : *Mon*
frere, je connoy que vous estes Gentil-
homme, & de la maison de France. Ledit
Comte de Charolois luy demanda : *Pour-*
quoy, Monseigneur ? Pour ce (dit-il) *que*
quand j'envoyay mes Ambassadeurs à l'Isle,
n'a gueres, devers mon oncle vostre pere,
& vous, & que ce fol Morvillier parla si

(a) Madame Catherine de France, fille du Roi
Charles VII morte en 1446.

(b) Le vieil Exemplaire dit : Monsieur, ouy. Je
l'ouy, si firent assez d'autres. Le Roi ; &c.

bien à vous, vous me mandaftes par l'Ar-cheveſque de Narbonne (qui eſt Gentilhomme, & il le montra bien , car chacun ſe contenta de luy) que je me repentiroye des paroles que vous avoit dit ledit Morvillier , avant qu'il fuſt le bout de l'an :. Et dit le Roy à ces pa-roles : *Vous m'avez tenu promeſſe : & encores beaucoup plutoſt que le bout de l'an.* Et le dit en bon viſage & riant , connoiſſant la na-ture de celuy à qui il parloit eſtre telle , qu'il prendroit plaiſir auſdites paroles : & ſeure-ment elles luy plûrent. Puis pourſuivit ainſi : *Avec telles gens je veux avoir à beſogner, qui tiennent ce qu'ils promettent.* Et deſavoüa ledit (a) Morvillier , diſant ne luy avoir point donné de charge d'aucunes paroles qu'il avoit dites. En effet long temps ſe pourmena le

(a) Louis XI deſavoue le Chancelier Morvillier , & ce, contre l'inſtruction qu'il lui avoit donnée. Je ne puis m'empêcher à ce ſujet, de rapporter ce que dit Brantoſme, qu'il ne faut jamais parler mal des Princes même ennemis, ils ſont tous freres, & ce qu'on dit d'injurieux de l'un, attaque indirectement les au-tres : *Ils s'entendent comme Larrons en foires,* & le mé-diſant eſt ordinairement ſacrifié à la réconciliation des ennemis. C'eſt la maxime très véritable de cet agréable Ecrivain, qui s'eſt trouvé dans les tems orageux de notre Monarchie, où l'occaſion doit rendre circonſpect.

Roy au milieu de ces deux Comtes. Du costé
dudit Comte de Charolois avoit largement gens
armez, qui les regardoient assez de prés. Là
fut demandé cette Duché de Normandie (a) &

(a) C'est ainsi que ce prétendu bien public dégénera en bien particulier : non-seulement les Chefs voulurent être récompensés de leur révolte, mais encore
les Seigneurs particuliers se firent donner des charges,
des honneurs, ou des pensions ; & l'on trouve dans le
premier volume des MSS. de Grandvelle, qui sont
dans l'Abbaye de Saint Vincent de Besançon, toutes
les demandes des Chefs : sçavoir, la Normandie pour
le Duc de Berry ; Mouzon, Sainte-Menehoud &
Vaucouleur, pour le Duc de Calabre, fils de René
Roi de Sicile, outre quinze cens lances, ce qui faisoit
une espece d'armée payée pour six mois ; le Comte de
Charolois recouvra les villes de la riviere de Somme,
qui devoient passer à son premier héritier, & aprés
leur mort pouvoient être rachetées le prix d'onze
cens mille écus, mais il devoit avoir à perpétuité
Boulogné & Boulenois, Perone, Mondidier & Roye,
& l'on devoit rétablir la Pragmatique : le Duc de
Bourbon demandoit quelques places en Auvergne,
trois cens lances, une pension, & cens mille écus d'or
comptans : le Duc de Bretagne obtint Estampes, Mon-
fort, & Nantes, avec les regales de Bretagne que lui
disputoit Louis XI. Le Comte de Saint-Pol fut fait
Connétable ; le Comte de Dammartin fut rétabli dans
ses biens : tous les autres eurent à proportion de leur
avidité. Quand cela fut terminé, on ne s'embarassa

la riviere de Somme , & plufieurs autres demandes pour chacun & aucunes ouvertures ,
ja pieça faites pour le bien du Royaume : mais
c'eftoit là le moins de la queftion , car le bien
eftoit converty en bien particulier. De Normandie , le Roy n'y vouloit entendre pour
nulles chofes : mais accorda audit Comte de
Charolois fa demande : & offrit audit Comte
de Sainct-Paul l'office de Connetable , en
faveur dudit Comte de Charolois : & fut leur
Adieu trés-gracieux , & fe remit le Roy en
fon bateau , & retourna à Paris , & les autres
à Conflans.

Ainfi fe pafferent ces jours , les uns en treves , les autres en guerre : mais toutes paroles
d'appointement s'eftoient rompues (j'entend
où les deputez d'un cofté & d'autre s'eftoient
accouftumez d'affembler , qui eftoit à la Grange-aux-merciers) mais la pratique deffufdite
s'entretenoit entre le Roy & ledit Seigneur
de Charolois , & alloient envoyans gens de
l'un à l'autre , nonobftant qu'il fuft guerre ,
& y alloit un nommé Guillaume de Bifche

que médiocrement du bien public : ainfi en eft-il dans
la plûpart des Guerres civiles , le peuple qui a la folie
de s'y prêter , en eft ordinairement la victime.

Cc 4

(a) & un autre appellé Guillot Divoye, estant au Comte de Charolois tous deux ; toutes fois avoient autrefois receu bien du Roy ; car le Duc Philippe les avoit bannis, & le Roy les avoit recueillis, à la requeste dudit Seigneur de Charolois. Ces allées ne plaisoient pas à tous ; & commençoient ja ces Seigneurs à se deffier l'un de l'autre, & à se lasser ; & n'eust esté ce qui survint peu de jours après, ils s'en fussent tous allez honteusement. Je les ay veu tenir trois conseils en une chambre, où ils estoient tous assemblez, & vis un jour qu'il en desplût bien au Comte de Charolois, car il s'estoit desja fait deux fois en sa presence, & il luy sembloit bien que la plus grande (b) force de cet ost estoit sienne, & parler en conseil en sa chambre sans l'y appeler, ne se devoit point faire. Et en parla au Seigneur de Contay,

(a) Il en est parlé ci-après Livre V Chapitre XV. C'est ce qui s'est encore vû depuis.

(b) On lit dans les imprimés : plus grand chose & toute, c'estoit que de parler en sa presence & sans l'appeller ; mais nous avons suivi le MSS. de Saint Germain des Prez & autres, qui sont plus clairs pour le sens.

bien fort fage homme (comme j'ay dit ailleurs)
qui luy dit qu'il le portaft patiemment ; car
s'il les courrouçoit, qu'ils trouveroient mieux
leur appointement que luy, & que comme
il eftoit le plus fort, il falloit qu'il fut le
plus fage, & qu'il les gardaft de fe divifer,
& mit peine à les entretenir joincts de tout
fon pouvoir, & qu'il diffimulaft toutes ces
chofes ; mais qu'à la verité l'on s'ebahiffoit
affez, & mefmement chez luy, de quoy fi petits perfonnages, comme les deffus deux nommez, s'empefchoient de fi grand'matiere, &
que c'eftoit chofe dangereufe, encores ayant
affaire à Roy fi liberal comme ceftuy - cy.
Ledit de Contay haiffoit ledit Guillaume de
Bifche ; toutesfois il difoit ce que plufieurs
autres difoient comme luy ; & croy que fa
fufpicion ne l'en faifoit point parler, mais
feulement la neceffité de la matiere. Audit
Seigneur de Charolois plût ce confeil, & fe
mit à faire plus de fefte & de joye avec ces
Seigneurs, que auparavant, & avec meilleure
chere ; & eut plus de communication avec
eux, & leurs gens, qu'il n'avoit accouftumé;
& à mon advis qu'il en eftoit grand befoin,
& danger qu'ils ne s'en fuffent feparez.

Un fage homme fert bien en telle com-

pagnie, mais qu'on le veuille croire, & ne
fe pourroit trop acheter. Mais jamais je n'ay
connu Prince, qui ait fceu connoiftre la difference entre les hommes, jufques à ce qu'il
fe foit trouvé en neceffité, & en affaire ; &
s'ils le connoiffoient, fi l'ignoroient-ils ; &
departent leur authorité à ceux qui plus
leur font agreables & pour l'aage qui leur
eft plus fortable, & pour eftre conformes
à leurs opinions : ou aucunes fois font maniez
par ceux qui fçavent & conduifent leur petits plaifirs. Mais ceux qui ont entendement
s'en reviennent toft, quand ils en ont befoin. Tels ay-je veu, le Roy, ledit Comte
de Charolois, pour le temps de lors, & le
Roy Edouard d'Angleterre, & autres plufieurs : & à telle heure j'ay veu ces trois qui
leur en eftoit befoin, & qu'ils avoient faute
de ceux qu'ils avoient mesprifez. Et depuis
que ledit Comte de Charolois eut efté une
piece Duc de Bourgogne, & que la fortune
l'eut mis plus haut que ne fut jamais homme
de fa maifon, & fi grand qu'il ne craignoit
nul Prince pareil à luy, Dieu le fouffrit
cheoir en cette gloire ; & tant luy diminua
du fens qu'il mefprifoit tout autre confeil
du monde, fauf le fien feul ; & auffi toft

aprés finit fa vie douloureufement avec grand nombre de gens, & de fes fubjets, & defola fa maifon, comme vous voyez.

CHAPITRE XIII.

Comment la ville de Roüen fut mife entre les mains du Duc de Bourbon, pour le Duc de Berry, par quelques menées : & comment le traitté de Conflans fut de tous poinⅆs conclu.

Pour ce qu'ici-deffus, j'ay beaucoup parlé des dangers qui font en ces traittez, & que les Princes y doivent eftre bien fages, & bien connoiftre quelles gens les meinent, & par efpecial celuy qui n'a pas le plus apparent du jeu ; maintenant s'entendra qui m'a meu de tenir fi long conte de cette matiere. Cependant que ces traittez fe menoient par voyes d'affemblées, & que l'on pouvoit communiquer les uns avec les autres, en lieu de traitter paix, fe traitta par aucuns que la Duché de Normandie fe mettroit entre les mains du Duc de Berry, feul frere du Roy, & que là il prendroit partage, & laifferoit Berry au Roy : & tel-

lement fut conduite cette marchandife , que
Madame la Grand'Senefchale de Normandie
(a) & aucuns à fon adveu , comme ferviteurs
& parens , mirent le Duc Jehan de Bourbon
au chafteau de Roüen , & par là entra en
la ville , laquelle toft fe confentit à cette
mutation, comme trop defirant d'avoir Prince
qui demeuraft au pays de Normandie , &
le femblable firent toutes les villes & places
de Normandie , ou peu s'en fallut. Et a
tousjours bien femblé aux Normands, & fait
encores, que fi grand Duché comme la leur,
requiert bien un Duc : & à dire la verité ,
elle eft de grande eftime , & s'y leve de
grands deniers. J'en ay veu lever neuf cens
cinquante mille frans. Aucuns difent plus.

Aprés que cette ville fut tournée, tous
les habitans firent le ferment audit Duc de
Bourbon , pour ledit Duc de Berry , fauf
le Baillif, appellé Ouafte (b) qui avoit efté
nourry du Roy fon valet de chambre, luy
eftant en Flandres, & bien privé de luy, &
un appellé Maiftre Guillaume Piquart, de-

(a) Voyez la note ci-deffus fur le Chapitre III.

(b) Son nom manque dans les imprimés , & je l'ai
trouvé dans le MS. de Saint Germain des Prez.

puis General de Normandie , & auffi (a) le Grand - Senefchal (b) de Normandie (qui eft aujourd'huy) ne voulu faire le ferment ; mais retourna vers le Roy , contre le vouloir de fa mere , laquelle avoit conduit cette reduction , comme dit eft.

Quand cette mutation fut venuë à la connoiffance du Roy , il fe delibera d'avoir paix , voyant ne pouvoir donner remede à ce qui ja eftoit advenu. Incontinent donc fit fçavoir à mondit Seigneur de Charolois , qui eftoit à fon oft , qu'il vouloit parler à luy , & luy nomma l'heure qu'il fe rendroit aux champs , auprés dudit oft , eftant prés Conflans ; & faillit à l'heure dite , avec par aventure cent chevaux , dont la plufpart eftoit des Efcoffois de fa garde , (c) d'autres gens peu. Ledit Comte de Charo-

(a) Ou Picart Seigneur d'Eftelau ; de lui font defcendus les Seigneurs de Baffompiere , & de Saint-Luc.

(b) Jacques de Brezé , fils de Pierre , dont il eft parlé ci-devant au Chap. III , de ce même Livre.

(c) Les Ecoffois de la garde du Roi , font la plus ancienne garde de nos Rois; & la compagnie des gardes Ecoffoife , conferve toujours le premier rang.

fois ne mena gueres de gens , & il alla fans
nulle ceremonie; toutesfois il en furvint beaucoup , & tant qu'il y en avoit beaucoup plus
qu'il n'en eftoit failly avec le Roy. Il les fit
demeurer un petit loin , & fe pourmenerent
eux deux une efpace de temps , & luy dit
le Roy comme la paix eftoit faite , & luy
conta ce cas , qui eftoit advenu à Roüen ,
dont ledit Comte ne fçavoit encores rien ,
difant le Roy que de fon confentement n'euft
jamais baillé tel partage à fon frere ; mais
puifque d'eux mefmes les Normands en
avoient cette nouvelleté , il en eftoit content , & pafferoit le traité (a) en toutes telles
formes qu'il avoit efté advifé par plufieurs
journées precedentes ; & peu d'autres chofes
y avoit à accorder. Ledit Seigneur de Charolois en fut fort joyeux ; car fon oft eftoit
en trés-grand'neceffité de vivres , & principalement d'argent ; & quand cecy ne fuft
advenu , tout autant qu'il y avoit là de Seigneurs s'en fuffent tous allez honteufement.
Toutesfois audit Comte arriva ce jour , ou
bien peu de jours aprés , un renfort que fon

(a) Il y eut proteftation contre ce traité ; tant au
Parlement qu'à la Chambre des Comptes.

pere le Duc Philippe de Bourgogne luy envoyoit, qu'amenoit Monfeigneur de Saveufes (a) où il y avoit fix vingt Hommes-d'armes,
& bien quinze cens Archers, & fix vingt mille
efcus comptans fur dix fommiers, & quantité
d'arcs & de traits ; & cecy pourveut affez
bein l'oft des Bourguignons, eftant en def-
fiance que le demeurant ne s'accordaft fans
eux.

Ces paroles d'appointement plaifoient tant
au Roy & audit Comte de Charolois, que
je luy ay ouy conter depuis, que fi affec-
tueufement parloient d'achever le demeurant,
qu'ils ne regardoient point où ils alloient,
& tirerent droit devers Paris, & tant allerent
qu'ils entrerent dedans un grand Boulevart
de terre & de bois, que le Roy avoit fait
faire affez loin hors de la ville, au bout
d'une tranchée, & entroit dedans la ville
par icelle. Avec ledit Comte eftoient quatre
ou cinq perfonnes feulement ; & quand ils
furent dedans, ils fe trouverent trés-esbahis ;
toutesfois ledit Comte tenoit la meilleure con-
tenance qu'il pouvoit. Il eft à croire que

(b) Philippe Seigneur de Saveufes, Confeiller &
Chambellan du Duc de Bourgogne, Capitaine général
d'Artois en 1465.

nul de ces Seigneurs (a) ne furent errans
de foy depuis ce tems-là, veu qu'à lu'n ny
à l'autre ne prit mal.) Comme les nouvelles
vinrent à l'ost que ledit Seigneur de Charolois estoit entré dans ledit boulevart, il y
eut trés-grand murmure : & se mirent ensemble le Comte de Sainct-Paul, le Marefchal de Bourgogne, le Seigneur de Contay,
le Seigneur de Haultbourdin, & plusieurs
autres, donnant grande charge audit Seigneur de Charolois de cette folie, & aux
autres qui estoient de sa compagnie ; & al-
leguoient l'inconvenient advenu à son grand
pere, (b) à Montereau-Faut-Yonne, present
le Roy Charles sixiesme. Incontinent firent
retirer dedans l'ost ce qui estoit dehors pourmenant aux champs ; & usa le Mareschal de
Bourgogne (appellé Neuf-Chastel par son
surnom) de cette parole : *Si ce jeune Prince,*
fol & enragé s'est allé perdre, ne perdons
pas sa maison, ny le faict de son pere, ny

(a) Le vieil exemplaire dit, ne sont accreus de foy,
&c. néanmoins il raye toute cette clause : *il est à*
croire, jusques à *comme les nouvelles.*

(b) Ce fut lorsque Jean Duc de Bourgogne fut tué
d'un coup de hache par Tanneguy du Chastel, le 10
Septembre 1419 sur le Pont de Montereau, ce qui
occasiona tant de troubles dans le Royaume.

le

le noftre : & pour ce, que chacun fe retire en fon logis, & fe tienne preft, fans foy esbahir de fortune qui advienne : car nous fommes fuffifans, nous tenans enfemble, de nous retirer jufques és marches de Henault, ou de Picardie, ou en Bourgogne.

Aprés ces paroles monta à cheval avec le Comte de Sainct-Paul, fe pourmenant hors de l'oft, & regardant s'il venoit rien devers Paris. Aprés y avoir efté une efpace de temps, (a) virent venir quarante ou cinquante chevaux, & y eftoit le Comte de Charolois, & autres gens du Roy, qui le ramenoient, tant Archers qu'autres. Et comme il les vit approcher, il fit retourner ceux qui l'accompagnoient ; & adreffa la parole audit Marefchal de Neuf-chaftel, qu'il craignoit ; car il ufoit de trés-afpres paroles, & eftoit bon & loyal Chevalier pour fon party, & luy ofoit bien dire : *Je ne fuis à vous que par emprunt, tant que voftre pere vivra.* Les paroles dudit Comte furent telles : *Ne me tenfez point ; car je connoy bien ma grande folie : mais je m'en fuis apperceu fi tard,*

(a) La bonne foi de Louis XI envers le Comte de Charolois fon ennemi, qui eftoit en fon pouvoir, parut extraordinaire. On en loua ce Roi, preuve qu'on en avoit une médiocre idée.

Tome X. Dd

que j'estoye prés du Boulevart. (a) Puis luy dit le Marefchal qu'il avoit fait cela en son abfence. Ledit Seigneur baiffa la tefte, fans rien dire ny refpondre; & s'en revint dedans fon oft, où tous eftoient joyeux de le revoir, & loüoit chacun la foy du Roy; toutesfois ne retourna oncques ledit Comte en fa puiffance.

CHAPITRE XIV.

Du traité de paix conclu à Conflans entre le Roy & le Comte de Charolois & fes Alliez.

FINALEMENT toutes chofes furent accordées : & le lendemain fit le Comte de Charolois une grande monftre, pour fçavoir quelles gens il avoit, & ce qu'il pouvoit avoir perdu; & fans dire gare, y revint le Roy, avec trente ou quarante chevaux, & alla voir toutes les compagnies l'une aprés l'autre, fauf celle de ce (b) Marefchal de Bourgogne,

(a) Au vieil exemplaire : puis luy dit ledit Marefchal en fa prefence, qu'il l'avoit fait en fon abfence.

(b) On croit que l'Auteur s'eft mépris fur le tems, la ville d'Efpinal n'ayant paffé au pouvoir du Duc de Calabre, que quelque tems aprés le traité de Conflans, fuivant les lettres du 6 Août 1466.

lequel ne l'aymoit pas, à cause que dés pieça en Lorraine ledit Seigneur luy avoit donné Espinal, & depuis osté, pour la donner au Duc Jehan de Calabre (a)., dont grand dommage en avoit eu ledit Mareschal. Peu à

(a) Louis XI donne la ville d'Espinal en Lorraine, au Duc de Calabre. Cette note se trouve expliquée par ce qui suit, qui est de M. *Godefroy*. Les Baillif, quatre Gouverneurs, Prevôt, Echevins, Grand-Doyen, & les Bourgeois, Habitans & Communauté des Ville, Chastel, Châtellenie, Rualmesnil, & Forbourgs d'Espinal, ayant fait obéissance au Roi Charles VII desdites ville, Chastel & Seigneurie d'Espinal, & leurs appartenances, soubs cet accord & promesses que jamais pour quelconques causes, titres ou raisons qui fussent, il ne les mettroit hors de ses mains, ni de ses successeurs Rois de France ; & de ce leur en 'ayant octroyé ses lettres, lesquelles depuis furent confirmées & ratifiées par le Roi Louis XI à son advenement à la Couronne. Nonobstant ces promesses, & depuis icelle confirmation ledit Roi Louis donna cette ville à Thiébaut de Neuf-Chatel Mareschal de Bourgogne, de quoi lettres furent expédiées. Mais lesdits habitans appellerent de ce don en Parlement à Paris, & ensuite pour plusieurs vengeances & violences à ce subjet contre eux par ledit Mareschal, du consentement dudit Roi Louis XI ils se mirent soubs la protection & obéissance, & se donnerent à Jean Duc de Calabre & de Lorraine, le 21 Juillet 1466 ce qui fut confirmé par Lettres du Roi Louis XI rapportées aux Preuves.

Dd 2

peu reconcilioit le Roy avec luy les bons
& notables Chevaliers , qui avoient fervy le
Roy fon pere , lefquels il avoit defapointez
à fon advenement à la couronne , & qui
pour cette caufe s'eftoient trouvez en cette
affemblée ; & connoiffoit ledit Seigneur
fon erreur. Il fut dit que le lendemain le
Roy fe trouveroit au chafteau de Vincennes ,
& tous les Seigneurs qui avoient à luy faire
hommage ; & pour feureté de tous , bailleroit le Roy ledit chafteau de Vincennes au
Comte de Charolois.

Le lendemain s'y trouva le Roy & tous
les Princes, fans en faillir un ; & eftoit le
portail & la porte bien garnie des gens dudit
Comte de Charolois en armes. Là fut le
lieu où fe fit le traité de paix. Monfeigneur
Charles fit hommage au Roy de la Duché de
Normandie ; & le Comte de Charolois des
terres de Picardie , dont il a efté parlé ; &
autres qui en avoient à faire. Et le Comte
de Sainct-Paul fit le ferment de fon office
de Conneftable. Il n'y eut jamais de fi bonnes
nopces qu'il n'y en euft de mal difnez. Les
uns firent ce qu'ils voulurent ; & les autres
n'eurent rien. Des moyens & bons perfonnages en tira le Roy ; toutesfois la plus
grand'part demeurerent avec le Duc nou-

veau de Normandie, & le Duc de Bretagne ;
& qui allerent à Rouen prendre leur poffeffion.
Au partir du chafteau du Bois-de-Vincennes, prirent tous congé l'un de l'autre, &
furent faites toutes lettres, pardons & toutes autres chofes neceffaires, fervans au faict
de la paix. Tout en un jour partirent le Duc
de Normandie, & le Duc de Bretagne pour
eux retirer, premierement audit pays de Normandie, & le Duc de Bretagne , puis aprés
en fon pays ; & le Comte de Charolois pour
fe retirer en Flandres ; & comme ledit Comte
fut en train, le Roy vint à luy, le conduifit
jufques à Villiers-le-bel, qui eft un village
à quatre lieuës prés de Paris , montrant par
effet avoir un grand defir de l'amitié dudit
Comte ; & tous deux y logerent ce foir. Le
Roy avoit peu de gens ; mais il avoit fait
venir deux cens Hommes-d'armes pour le
reconduire : dont fut adverty le Comte de
Charolois en fe couchant, qui en entra en
une trés-grande fufpicion : & fit armer largement de gens. Ainfi pouvez voir qu'il eft
prefque impoffible que deux grands Seigneurs
fe puiffent accorder, (a) par les rapports

(a) Deux grands & puiffans Princes qui fe voudroient entr'aimer, ne fe devroient jamais voir, leurs
entrevues étant dangereufes. Ainfi en arriva-t-il en

& fufpicion qu'ils ont à chacune heure ; &
deux grands Princes qui fe voudroient entr'aimer , ne fe devroient jamais voir , mais
envoyer bonnes gens & fages les uns vers
les autres , & ceux-là les entretiendroient
en amitié ou amenderoient les fautes.

Le lendemain au matin, les deux Seigneurs
deffufdits prirent congé l'un de l'autre , (a)
avec quelques bonnes & fages paroles : &
retourna le Roy à Paris en la compagnie
de ceux qui l'eftoient allé querir ; & cela
ofta la fufpicion qu'on pouvoit avoir euë
de luy , & de leur venuë. Et ledit Comte
de Charolois prit le chemin de Compiegne
& de Noyon : & par tout luy fut ouvert par
le commandement du Roy. De là il tira vers
Amiens, où il receut leur hommage , & de
ceux de la riviere de Somme , & des terres
de Picardie , qui luy eftoient (b) reftituées
core au Roi Louis XI dans fon entrevue avec Henri
IV Roi de Caftille : ils fe virent avec confiance , &
ne s'eftimerent point. Ainfi en arriva-t'il entre Henri IV
Roi de France , & Charles Emanuel Duc de Savoye :
leur entrevue ne fit que les rendre un peu plus ennemis
qu'ils n'étoient auparavant.

(a) Ils fe quitterent le Dimanche 3 Novembre après
diner , & le Comte alla ce jour fouper à Senlis.

(b) Ou même felon quelques MSS : » qui avoient été
» baillées à fon pere par le traité d'Arras.

par cette paix ; lesquelles le Roy avoit payé quatre cens mille escus d'or, n'avoit pas neuf mois, (a) comme j'ay dit ailleurs cy-deffus. Et incontinent paffa outre : & tira au pays de Liege, pource qu'ils avoient desja fait la guerre par l'efpace de cinq ou fix mois à fon pere (luy eftant dehors) és pays de Namur & de Brabant ; & avoient desja lefdits Liegeois fait une deftrouffe entr'eux. Toutes-fois à caufe de l'hyver (b) il ne peut pas faire grand'chofe. Nonobftant y eut grande quantité de villages bruflez, & de petites deftrouffes furent faites fur les Liegeois, & firent une paix, & s'obligerent lefdits Lie-geois de la tenir, fur peine d'une grande fomme de deniers ; & s'en retourna ledit Comte en Brabant. (c)

CHAPITRE XV.

Comment par les divifions des Ducs de Bre-tagne & de Normandie, le Roy reprit en fes mains ce qu'il avoit baillé à fon frere.

Eɴ retournant aux Ducs de Normandie &

(a) Cette faute de Philippe de Comines eft rectifiée ci-deffus note 1 du Chapitre XII.

·(b) Ou même ils n'y peuvent pas faire grand'chofe, ce qui doit s'entendre du Duc de Bourgogne.

(c) Il arriva à Bruxelles vers le Duc de Bourgogne

Dd 4

de Bretagne, qui eſtoient allés prendre poſſeſſion de la Duché de Normandie, dés que
leur entrée fut faite à Roüen, ils commencerent à ſe diviſer, quand ce fut à departir
le butin ; car eſtoient avec eux ces Chevaliers que j'ay devant nommez (a) leſquels
avoient accouſtumez d'avoir de grands honneurs, & de grands eſtats du Roy Charles ;
& leur ſembloit bien qu'ils eſtoient à la fin
de leur entrepriſe, & qu'au Roy ne ſe pouvoit fier ; & voulut chacun en avoir du meilleur endroit.

D'autre part le Duc de Bretagne en vouloit diſpoſer en partie ; car c'eſtoit luy qui
avoit porté la plus grande miſe, & les plus
grands frais en toutes choſes. Tellement ſe
porta leur diſcord, qu'il fallut que le Duc
de Bretagne, pour crainte de ſa perſonne,
ſe retirat au Mont de Sainte-Katherine, prés
Roüen ; & fut leur queſtion juſques-là,
que les gens dudit Duc de Normandie avec
ceux de la ville de Roüen, furent preſts à
aſſaillir ledit Duc de Bretagne juſques au
lieu deſſusdit. Parquoi fut contraint de ſe

ſon pere, le Vendredi au ſoir 31 Janvier (1496, ſtyle
nouveau) & y reſta juſqu'au 12 Février, qu'il en
partit pour aller à Gand, & enſuite à Bruges.

(a) Voyez la même choſe au Chapitre VI.

retirer le droit chemin vers Bretagne. Et sur cette division marcha le Roy prés du pays, & pouvez penser qu'il entendoit bien, & qu'il aidoit à la conduire, car il estoit maistre en cette science. Une partie de ceux qui tenoient les bonnes places, commencerent à les luy bailler, & en faire leur bon appointement avec luy. Je ne sçay de ces choses que ce qu'il m'en a dit & conté ; car je n'estoye pas sur les lieux. Il prit un parlement avec le Duc de Bretagne, qui tenoit une partie des places de la basse Normandie, esperant de luy faire abandonner son frere de tous poincts. Ils furent quelque peu de jours ensemble à Caën ; & firent un traité, (a) par lequel ladite ville de Caën & autres, demeurerent és mains de Monseigneur de Lescut, avec quelque nombre de gens payez ; mais ce traité estoit si troublé, que je croy que l'un ne l'autre ne l'entendit jamais bien. Ainsi s'en alla le Duc de Bretagne en son pays ; & le Roy s'en retourna tirant le chemin vers son frere.

Voyant ledit Duc de Normandie qu'il ne pouvoit resister, & que le Roy avoit pris

(a) Ce traité est imprimé dans la nouvelle histoire de Bretagne, par le Pere Dom Alexis Lobineau, Tome II col. 1283.

le Pont-de-Larche , & autres places fur luy,
fe delibera prendre la fuite , & de tirer en
Flandres. Le Comte de Charolois eftoit encores à Sainct-Tron (a) petite ville au pays
de Liege ; lequel eftoit empefché , & fut fon
armée toute rompuë & deffaite , & en temps
d'hyver , empefchée contre les Liegeois; &
luy douloit bien de voir cette divifion ; car
la chofe du monde qu'il defiroit le plus ,
c'eftoit de voir un Duc de Normandie ; car
par ce moyen il luy fembloit le Roy eftre
affoibly de la tierce partie. Il faifoit amaffer
gens fur la Picardie pour mettre dedans
Dieppe ; mais avant qu'ils fuffent prefts ,
celuy qui tenoit ladite ville de Dieppe , en
fit fon appointement avec le Roy. Ainfi retourna au Roy toute ladite Duché de Normandie , fauf les places qui demeurerent à
Monfeigneur de Lefcut , par l'appointement
fait a Caën.

(a) Le Comte a été à Saint-Tron depuis le 21
Décembre 1465 , jufqu'au 12 Janvier fuivant , & depuis le 25 , jufqu'au 31 dudit mois de Janvier.

CHAPITRE XVI.

*Comment le nouveau Duc de Normandie se
retira en Bretagne, fort pauvre & désolé
de ce qu'il estoit frustré de son intention.*

LEDIT Duc de Normandie (comme j'ay
dit) s'estoit deliberé un coup de fuir en
Flandres, mais sur l'heure se reconcilierent
le Duc de Bretagne & luy, connoissans tous
deux leurs erreurs, (a) & que par division
se perdent les bonnes choses du monde :
& si est presque impossible que beaucoup de
grands Seigneurs ensemble & de mesme estat, se puissent longuement entretenir, sinon qu'il y ait chef par dessus tous, & s'y
seroit besoin que celuy-là fust sage & bien
estimé pour avoir l'obéissance de tous. J'ay
veu beaucoup d'exemples de cette matiere
à l'œil : & ne parle pas par ouyr dire : &
sommes bien sujets à nous diviser ainsi à

(a) Il est souvent parlé de la retraite de Charles
Duc de Normandie en Bretagne, & de la négociation
de Louis XI avec lui, à quoi se rapporte une lettre
de ce Roi, donnant pouvoir à Jean Duc de Calabre
(dont est souvent fait mention dans les susdits Mémoires) de se saisir de la personne de sondit frere,
l'an 1466 le 8 Août.

noftre dommage, fans avoir grand regard à la conféquence qui en advient : & prefque ainfi en ay veu advenir par tout le monde, (a) ou l'ay ouy dire. Et me femble qu'un fage Prince, qui aura pouvoir de dix milles hommes, & façon de les entretenir, eft plus à craindre & eftimer que ne feroient dix, qui en auroient chacun fix milles tous alliez & conféderez enfemble : pour autant que des chofes qui font à demefler & accorder entre eux, la moitié du temps fe perd avant qu'il y ait rien conclu, ny accordé.

Ainfi fe retira le Duc de Normandie en Bretagne, pauvre & deffait, & abandonné de tous ces Chevaliers, qui avoient efté au Roy Charles fon pere : & avoient fait leur appointement avec le Roy, & mieux appointez de luy que jamais n'avoient efté du Roy fon pere. Ces deux Ducs deffufdits eftoient fages après le coup (comme l'on dit des Bretons) & fe tenoient en Bretagne, & ledit Seigneur de Lefcut, principal de tous leurs ferviteurs. Et y avoit maintes Ambaffades allans & venans au Roy de par eux,

(a) Le vieil exemplaire raye ces quatre mots : Ou l'ay ouy dire.

& de par luy à eux deux, & de par eux
au Comte de Charolois, & de luy à eux :
du Roy audit Duc de Bourgogne, & de luy
au Roy : les uns pour sçavoir des nouvelles, les autres pour soustraire gens, & pour
toutes mauvaises marchandises, sous ombre
de bonne foy.

Aucuns y allerent par bonne intention,
pour cuider pacifier les choses : mais c'estoit
grand'folie à ceux qui s'estimoient si bons
& si sages, que de penser que leur présence
pût pacifier si grands Princes, & si subtils
comme estoient ceux-cy, & tant entendus
à leurs fins : & veu spécialement que de
l'un des costez, ny de l'autre ne s'offroit
nulle raison. Mais il y a de bonnes gens, qui
ont cette gloire, qu'il leur semble qu'ils
conduiroient des choses là où ils n'entendent rien : car quelquefois leurs maistres ne
leur descouvrent point leurs secrettes pensées. La compagnie de tels que je dis, est
que le plus souvent ne vont que pour parer
la feste ; & souvent à leurs despens : & va
tousjours quelque humblet, qui a quelque
marché à part. Ainsi au moins l'ay-je veu
par toutes ces saisons dont je parle, & de
tous les costez. Et aussi bien, comme j'ay
dit, les Princes doivent estre sages à regar-

der à quelles gens ils baillent leurs befongnes entre mains ; auffi devroient bien penfer ceux qui vont dehors pour eux, s'en-
tremettre de telles matieres : & qui s'en
pourroient excufer, & ne s'en empefcher
point, finon qu'on vit qu'eux mefmes y en-
tendiffent bien, (a) & euffent affection à la
matiere, ce feroit eftre bien fage. Et j'ay
connu beaucoup de gens de bien s'y trouver bien empefchez & troublez. J'ay veu
Princes de deux natures : les uns fi fubtils
& fi très-fufpicionneux, que l'on ne fçavoit
comment vivre avec eux, & leur fembloit
tousjours qu'on les trompoit : les autres fe
fioient en leurs ferviteurs affez : mais ils eftoient fi lourds, & fi peu entendans à leurs
befongnes, qu'ils ne fçavoient connoiftre
qui leur faifoit bien ou mal. Et ceux-là
font incontinent muez d'amour en haine, &
de haine en amour. Et combien que de
toutes les deux fortes s'en trouve bien peu
de bons, ny là où il y ait grande fermeté,
ny grande feureté, toutesfois j'aimerois
tousjours mieux vivre fous les fages que

(a) Belle leçon pour les Miniftres, qui doivent
fentir le mal qu'il y a de traiter avec des Princes, qui fe
laiffent gouverner par de mauvais ferviteurs ; mais
refpectons les Souverains qui travaillent par eux-mêmes.

fous les fols : pour ce qu'il y a plus de façon & maniere de s'en pouvoir efchapper, & d'acquérir leur grace : car avec les ignorans ne fçait-on trouver nul expédient, pour ce qu'avec eux ne fait-l'on rien, mais avec leurs ferviteurs faut avoir affaire, (a) defquels plufieurs leur efchappent fouvent. Toutesfois il faut que chacun les ferve & obeyffe, aux contrées là où ils fe trouvent : car on y eft tenu, & auffi contraint. Mais tout bien regardé, noftre feule efpérance doit eftre en Dieu : car en celuy-là gift toute noftre fermeté, & toute bonté, qui en nulle chofe de ce monde ne fe pourroit trouver ; mais chacun de nous la connoift tard, & après ce que nous en avons eu befoin : toutesfois vaut encore mieux tard que jamais.

(a) Peut-être feroit-il bon de mettre ainfi : *Lefquels ferviteurs plufieurs Princes efchangent fouvent*, ou *lefquels font plufieurs*. Mais ces mots, *defquels plufieurs leurs efchappent fouvent*, manquent au manufcrit de Saint-Germain.

Fin du I. Livre des Mémoires de Philippe de Comines.

PREUVES
DU PREMIER LIVRE
DES MÉMOIRES
DE
PHILIPPE DE COMINES.

PREMIERE PREUVE.

Sommaire de la vie de Meffire ANGELO CATTO, Archevêque de Vienne (a), à qui Meffire Philippe de Comines adreffe fes Mémoires.

MESSIRE Philippes de Comines, Chevalier, Seigneur d'Argenton, Auteur du préfent Livre, qui contient les Mémoires des vies des Roys Louys XI & Charles VIII,

(a) Pour fçavoir fommairement quel étoit cet Archevêque de Vienne, à qui le Seigneur d'Argenton adreffe fes Mémoires, voici ce qu'on en a pris mot à mot, & en même ftyle qu'il a été trouvé entre les papiers d'un ancien ftudieux & curieux Perfonnage de l'Hiftoire.

que Dieu abfolve, dit par fon Proeme (a),
iceux avoir recolligez & compilez à la requefte d'un Archevefque de Vienne, duquel
il fait fouvent mention en plufieurs endroits
de fefdits Mémoires, fans toutefois déclarer,
ny autrement exprimer le nom dudit Archevefque, ne quel perfonnage c'eftoit : & pour
ce que cela ne peut eftre advenu, qu'il n'ait
efté homme grand & venerable, digne d'eftre mis en plus grand lumiere, il fera ici
récité ce qui a efté recueilly & entendu de
luy, par le rapport de trois perfonnages de
grande foy, prudence & authorité, l'un defquels (qui eft décedé) eftoit Meffire Jehan-
François de Cardonne, Chevalier, Seigneur
de la Foleyne & du Pleffis-de-Ver en Bretagne, Confeiller & Maiftre d'hoftel des Roys
Charles VIII, Louys XII & François I de
ce nom, auffi fouvent (b) allegué par ledit
Seigneur d'Argenton, en la Chronique qu'il
a faite dudit Roy Charles : le deuxiefme eft
Meffire Jehan Briçonnet, Chevalier, Seigneur du Pleffis-Rideau, Confeiller & fe-

(a) [Proeme] vieux terme qui fignifie Prologue,
ou Préface ; ces derniers font aujourd'huy en ufage.

(b) Il pourroit y avoir de l'abus en ce lieu ; finon
que Comines eût écrit de Charles VIII autre chofe que
ce qu'on en a.

cond Préſident des Comptes à Paris (qui
eſt (a) encores vivant) ; & le tiers eſtoit un
Gentilhomme de Naples, partiſan de la Maiſon d'Anjou, appellé Meſſire Renaldo d'Al-
biano, auſſi Chevalier, qui a longuement
demeuré en ce Royaume, & y eſt mort du
regne du Roy François : leſquels ont connu,
veu & frequenté ledit Seigneur Archeveſque, qui de ſon propre nom & ſurnom, s'appelloit Meſſire Angelo Catto, & eſtoit natif
de Tarente au Royaume de Naples, & avoit
ſuivy la part de la Maiſon d'Anjou, meſme
les Ducs Jehan & Nicolas de Calabre, &
enfans heritiers de ladite Maiſon, qui avoient
grand droiƈt audit Royaume, & deſquels
mention eſt auſſi faite en pluſieurs endroits
deſdits Mémoires, & eſtoit ledit Archeveſque perſonnage de bonne vie, grande littérature, modeſtie, & très-ſçavant ès Mathe-
matiques. Et pource que leſdits Ducs Jehan
& Nicolas prétendirent ſubſecutivement au
mariage de la fille unique du Duc Charles
de Bourgogne (qui eſtoit lors le plus grand

(a) Les deux mots ſuivans ſont rayez en une copie,
& il y a au-deſſus, décedé puis peu de temps, d'une
autre main ; mais il pouvoit encore vivre quand ceci
fut écrit.

mariage dé la Chreftienté), ils tindrent ledit Meffire Angelo Catto près de la perfonne dudit Duc, pour conduire de leur part
ledit mariage; lequel ne fut accomply ne
pour l'un ne pour l'autre; car ils vefquirent
peu, & décederent toft l'un après l'autre :
& après leur décels ledit Duc connoiffant le
grand fens & vertu dudit Meffire Angelo, le
retint en fon fervice, & luy donna penfion.
Et eftoit pareillement au fervice dudit Duc
ledit Seigneur (a) d'Argenton, avec lequel
il contra&a grande amitié & familiarité; &
pendant qu'il fut avec ledit Duc, il lui
predit plufieurs des fortunes bonnes & mau-
vaifes qui lui advindrent, mefme des batailles de Granfon & Morat; & après ladite bataille de Morat, connoiffant l'obftination dudit Duc, (& peut-eftre) les malheurs qui
eftoient à advenir à lui & à fa Maifon, prit
congé de lui honneftement, comme il pouvoit bien faire, fans pour ce eftre reproché
ou calomnié; car il eftoit eftranger & non
fujet dudit Duc : & fut toft retiré par ledit
Roy Louys XI, duquel il eft it devenu nouvellement fujet, au moyen que le Roy René,
Duc d'Anjou, & Roy de Naples & de Se-

_____

(a) Il le quitta en 1472.

E e 2

cille, avoit inftitué ledit Roy Louys XI
fon neveu, fon heritier efdits Royaumes &
tous fes biens. Et eftant au fervice dudit
Roy Louys (qui le fit toft Archevefque de
Vienne), furvint la tierce bataille donnée
à Nancy, en laquelle fut tué ledit Duc, la
vigile des Roys, l'an mil quatre cens foixante
& feize, & à l'heure que fe donnoit ladite
bataille, & à l'inftant mefme que ledit Duc
fut tué, ledit Roy (a) Louys oyoit la Meffe
en l'Eglife Monfieur Sainct Martin à Tours,
diftant dudit lieu de Nancy de dix grandes
journées pour le moins, & à ladite Meffe le
fervoit d'Aumofnier ledit Archevefque de
Vienne : lequel en baillant la paix audit Seigneur, luy dit ces paroles. *Sire, Dieu vous
donne la paix & le repos, vous les avez fi
vous voulez,* quia confummatum eft : *Votre
ennemy le Duc de Bourgogne eft mort, &
vient d'eftre tué, & fon armée defconfite.* Laquelle heure cottée, fut trouvée eftre celle
en laquelle veritablement avoit efté tué ledit

(a) Il fe trouve bien au Chap. 4 du VII Livre de
Comines, que cet Archevêque étoit Aftrologue ; mais
il y a lieu de s'étonner qu'il ne parle pas d'une chofe
auffi confiderable que celle-cy, au fujet de la mort
du Duc de Bourgogne, mais la tradition s'en étoit
confervée.

Duc. Et oyant ledit Seigneur lefdites paroles, s'esbahyt grandement, & demanda audit Archevefque s'il eftoit vray ce qu'il difoit, & comme il le fçavoit ? A quoy ledit Archevefque refpondit, qu'il le fçavoit comme les autres chofes, que Nôftre-Seigneur avoit permis qu'il predît à luy & au feu Duc de Bourgogne : & fans plus de paroles, ledit Seigneur fit vœu à Dieu & à Mr. S. Martin, que fi les nouvelles qu'il difoit eftoient vrayes (comme de faict elles fe trouverent bien-toft après) qu'il feroit faire le treillis de la chaffe de Monfieur Sainct Martin (qui eftoit de fer) tout d'argent. Lequel vœu ledit Seigneur accomplit depuis, & fit faire ledit treillis valant cent mille francs, ou à peu près. Semblablement ledit Archevefque, eftant au fervice dudit Roy Louys, rencontra un jour bien matin Meffire Guillaume Briçonnet, pere dudit Préfident, cy-devant nommé (qui depuis fut Cardinal, comme fera dit cy-après), homme (a) grand & honnorable, & de grande prudence & vertu, & pour lors eftoit Général de Languedoc,

(a) Si Comïnes en parle un peu autrement, il faut croire auffi que celui qui écrivoit ceci, étoit affectionné aux Briçonnets ; car après *vertu*, on avoit mis : » quelque chofe qu'ait voulu dire ledit Seigneur

Ee 3

lequel Général estoit mandé par ledit Roy
Louys XI pour aller devers luy au Plessis à
Tours : & ayant ledit Archevesque esté quelque temps sans parler, & regardé le Ciel,
& puis après ledit General, luy dit enfin ces
paroles : *Monsieur le General, je vous ay*
plusieurs fois dit que le passage & frequenta-
tion des eaux vous sont dangereux, & vous
en adviendroit quelque jour un grand peril,
& peut-estre la mort : Je viens du Plessis
où vous allez : Les eaux sont grandes au
Pont-sainde-Anne, le pont est rompu, & y
a un mauvais basteau : Si vous m'en croyez,
vous n'irez point. Toutefois ledit General
n'en fit rien, & ne le creut ; dont veritablement il fut au plus grand danger du monde
d'estre noyé ; car il cheut en l'eau, & sans
un saule qu'il empoigna, c'estoit fait de luy :
il fut ramené en son logis, où il fut longuement malade, tant de la frayeur, que de la
grande quantité d'eau qui luy estoit entrée
par la bouche, & par le nez & oreilles : &
depuis ledit Archevesque visita plusieurs fois
ledit General (qui estoit son amy) durant
sadite maladie ; lequel General pour lors
estoit marié, & avoit sa femme vivante (qui
d'Argenton ; » mais ces mots ont été rayés par une autre
main.

estoit jeune) & avoit quelques enfans ja
nez, entre lesquels estoit ledit Président, &
luy predit derechef qu'il seroit quelque jour
un grand personnage en l'Eglise, & bien
près d'estre Pape : chose à quoy ledit General n'avoit oncques pensé, & n'y avoit
aucune apparence : & oyant cela sadite
femme (qui s'appelloit Raoullette de Beaune, femme de grande chasteté, d'honneur
& vertu,) n'en fut trop contente ; car c'estoit à dire qu'elle s'en iroit la premiere (chose
que les femmes n'aiment pas volontiers) :
or vesquit néanmoins ladite femme long-
temps depuis, & fit plusieurs enfans, &
pour cette cause, elle & plusieurs autres
disoient souvent que ledit Archevesque ne
disoit pas tousjours verité. Toutesfois enfin
elle deslogea la premiere, & la survesquit
ledit General son mary, lequel se tint longuement en viduité, sans parler de se faire
homme d'Eglise, & après la mort dudit Roy
Louys XI demeura au service de Charles
VIII son fils, (auquel il avoit esté specia-
lement recommandé par ledit Roy Louys,
son pere); il fut de son Conseil privé, &
bien près de sa personne, & aida & favo-
risa grandement l'entreprise que fit ledit
Roy Charles, pour la conqueste de Naples,

tant pour le bon droict qu'il connoiſſoit que
ledit Seignèur y avoit, que pour ſatisfaire
aux requeſtes & pourſuites du (a) Pape
Alexandre VI, & du Duc de Milan, appellé le Seigneur Ludovic, qui ſollicitoient
fort ladite entrepriſe, plus toutesfois pour
la haine mortelle & capitale qu'ils portoient
aux Roys de Naples, Alphonſe & Ferrand,
que pour le bien & augmentation de l'Eſtat
dudit Roy Charles, choſe qu'ils ne déclare-
rent pas du commencement de ladite entrepriſe audit Seigneur, ny à ſes ſerviteurs : &
leur ſembloit bien que quand ils ſe ſeroient
aidez dudit Seigneur à deffaire leſdits Roys
de Naples, qu'ils le chaſſeroient bien aiſément de l'Italie, comme ils donnerent aſſez
à connoiſtre par la ligue qu'ils firent contre
luy avec les Venitiens, & la bataille qu'ils
luy donnerent à Fornouë, ſi-toſt qu'il eût
fait ſadite conqueſte : & audit voyage de
Naples fut avec ledit Roy Charles, ledit
Meſſire Guillaume Briçonnet, qui y fit de
grands ſervices, & fut fait à Rome homme

(a) Le Pape y tint bien la main au commencement pour donner crainte aux Aragonnois, qui étoient
Rois de Naples; mais il ne perſiſta guères en ce propos,
devenant ennemi de Charles VIII & jaloux de ſes
proſperitez.

d'Eglife, Evefque de Sainct-Malo, & Abbé de Sainct Germain-des-Prez, près Paris, & depuis fut fait Cardinal par ledit Pape Alexandre, & par après fut Archevefque de Rheims & de Narbonne, & eut quelques voix à l'élection du Papat après la mort dudit Alexandre, fuivant ce que luy avoit prédit ledit Archevefque; & depuis eftant Cardinal, durant le regne dudit Charles, & celuy du Roy Louys XII fon fucceffeur, a tenu grand lieu & grands eftats en ce Royaume, jufques à eftre Lieutenant dudit Seigneur au Gouvernement de Languedoc. Ledit Meffire Angelo Catto, Archevefque deffufdit, depuis toutes ces chofes & plufieurs autres, qui ont par luy efté prédites longtemps auparavant qu'elles fuffent advenuës, eft décedé, ayant vefcu fainctement & auftérement, & gift en fon Eglife de Vienne.

I I.

Procès Verbal (a) des Ambaſſadeurs de Louys XI, Roy de France ; à ſçavoir, Meſſires le Comte d'Eu & le Chancelier de France, les Archevêque de Narbonne & M. de Rambourez, des choſes dites par ledit Chancelier, pardevant M. le Duc & M. de Charolois, & autres Chevaliers, Conſeillers & Seigneurs en grand nombre, le Mardy ſixieme de Novembre, l'an 1464.

PREMIER, ledit Chancelier preſenta Lettres de créance à mondit Sieur le Duc, leſquelles le Duc fit lire à M. de Tournay, & après le Chancelier propoſa en la maniere qui s'enſuit :

Monſieur, nous ſommes envoyez de par le Roy pour à vous remonſtrer & requerir les choſes que je reciteray, & combien qu'il y

(a) Ce Procès Verbal n'eſt pas tout-à-fait exact ; puiſqu'on y a omis des circonſtances eſſentielles, rapportées par Philippe de Comines en ſes Mémoires Livre I Chap. I, & ce qui manque à ce Procès Verbal fut préciſément ce qui irrita le plus le Comte de Charolois, en quoi même le Chancelier fut juſtement déſavoué par le Roi Louis XI.

a bien plusieurs notables & plus dignes, & qui mieux eussent proposé, toutesfois, puisqu'il a plû au Roy, sous votre benigne supportation, le diray le mieux que je pourray, & comme mes memoires & instructions portent.

Monsieur, il est vray que le Roy a esté adverty, & bien sçu que le Duc de Bretagne, qui est Vassal & Subjet du Roy, & qui luy a fait foy & hommage, avoit envoyé son Chancelier au Roy Edouard en Angleterre, pour avec iceluy faire traité, qui sont anciens ennemis du Royaume, & pour y faire alliance contre la haulteur du Roy, contre sa foy & serment, & contre le bien public d'iceluy Royaume, en quoy il a commis crime de Sa Majesté, confiscation de corps, de biens pour luy, ses femme & enfans & lignage jusqu'au tiers degré, crime sur tous autres crimes.

Et pour cette cause, le Roy envoya le Bastard de Rubempré avec autres, pour au retour dudit Chancelier hors d'Angleterre, le prendre sur la mer, & le amener prisonnier au Roy ; lesquels Bastard & autres, sont arrivez en vos pays de Hollande & de Zellande, & de part M. de Charolois votre fils, ladite navire a esté arrestée, & ledit

Baftard pris luy troifiéme; & ce fait, M. de
Charolois a envoyé Olivier de la Marche,
natif de Bourgogne envers vous mondit fieur,
qui en paffant parmy la Ville de Bruges, a
dit partout avant la Ville, que le Roy avoit
voulu faire prendre M. de Charolois prifonnier, & qui plus eft, un Jacobin l'a
prefché à Bruges publiquement devant tout
le monde, dont ja font les nouvelles par tous
les Royaumes Chreftiens, en grand vitupere
de la hauteur du Roy, lequel pour cette
caufe a intention d'envoyer fes Ambaffadeurs, comme il fait à préfent, envers le Roy
d'Efpagne, de Portugal & de tous autres
Chreftiens, pour foy excufer.

Car oncques n'en eut vouloir, ne penfée de faire, ne veut aucun mal envers
M. de Charolois votre fils, & pour tant requiert le Roy, que réparation lui foit faite
de cette injure & fâme publique, volant par
tous les Royaumes, & peut (a) le Roy penfer la
caufe de cette matiere fe ce ne foit, parce
que il a ofté à M. de Charolois fa penfion
de Normandie.

Et qu'il foit vray & apparent, vous Monfieur, eftes parti de votre Ville de Hefdin

(a) Et peut, je crois qu'il faut lire : & ne peut.

haſtivement après ces nouvelles deſſuſdites
venues, & ceux de voſtre Ville de Heſdin
ont plutoſt fermé leurs portes qu'ils n'ont
accoutumé, plus tard les ont ouvertes qu'ils
n'ont fait par cy-devant, & vous venant ſur
ce chemin envers votre Ville de Lille, ſe
ſont venus aucuns demander s'il vous falloit
rien ou quelque choſe, comme ſi vous fuſſiez
mal content parti de Heſdin, dont le Roy
ſe donne grand merveille de cette fâme &
renommée courant contre ſon honneur, &
pourtant, il requiert comme il m'a commandé de vous le dire & requierre.

Premier, que ledit Olivier de la Marche
luy ſoit rendu, pour eſtre de par le Roy puni
comme de raiſon, & de droit faire ce doit,
& ſemblablement ledit Jacobin qui a preſché
publiquement telle fâme & renommée du
Roy, contre ſa hauteur & honneur, & en
outre, que ledit Baſtard de Rubempré &
ſes Conſors, ſoient mis à plaine delivrance,
enſemble la navire & le fourniſſement d'icelle
ſans coût, frais ou depens comme ſes Legats
pris & arrêtés en vos pays qui eſtes Vaſſal &
Sujet du Roy, c'eſt noſtre Charge.

Reſponſes baillées ſur le pied.

Premier, M. de Charolois après qu'il avoit

demandé licence & obtenu de M. le Duc de
pouvoir parler & foy excufer, pour ce que
le Chancelier le chargea, refpondit en la maniere qui s'enfuit.

Pour ce que par la propofition faite l'on me
veult charger; je dis que après la Caufe ou
Arreft dont le Roy fe plaint, j'ai envoyé
Olivier de la Marche envers mondit fieur mon
Pere, fans fçavoir de telle fâme & renommée que vous avez propofé, & fans auffi
fçavoir de ce que le Jacobin deuft avoir
prefché telle chofe, & m'en doit M. le Roy
bien tenir pour excufé, car fe telle fâme ou
renommée vole comme vous dites, je n'y ai
coulpe ne de commandement, ne de fceu,
ne de adveu, néanmoins M. le Roy m'a monftré plufieurs duretés fans l'avoir deffervi, ne
en fait, ne en aucune maniere, &c.

*Après fur le pied, refpondit M. le Duc comme
s'enfuit.*

Pour vous advertir & refpondre fur aucuns
points par vous propofés, & fonner fur ce
que vous dites de Olivier de la Marche & du
Jacobin, & de la fâme & renommée publiée;
eft vray que Olivier de la Marche eftcit envoyé envers moy à Hefdin pour plufieurs
caufes, mais de ce qu'il deuft avoir publié les

nouvelles en la Ville de Bruge , telles que vous dites , je n'en fçai rien , & ne cuide point ; & au regard du Jacobin , j'en ai oui parler , qu'il deuſt avoir preſché aucunes paroles de cette matiere , dont j'ai eſté deſplaiſant , & ne fut pas de mon ſçû ne adveu.

Et au regard de mon partement de Heſdin haſtivement , je me partis de beau ſoleil , & n'allai que juſques à Saint Paul , combien que je euſſe bien allé juſques à Houdain ; ce ne fut pas ſigne de haſte , mais je me pàrtis pour mes autres affaires de mes autres pays & ſubjets , & avois envoyé à la Requeſte du Roy au Comte de Warwic , pour ſçavoir ſa venuë à la journée dont avois nouvelle qu'il ne viendroit point , & alors je me partis , car y avois longuement eſté , & avois eu . grande deſpenſe.

Et au regard des portes de Heſdin , je n'en ſçai rien de les plus tempre (a) fermer , & ne le cuide point , car mon Bailli , qui eſt icy preſent , me demanda à mon department , ſe le Roy venoit en mon abſcence à Heſdin , comment il le recevroit ; & je luy reſpondis , que s'il venoit comme devant , qu'il le rece‑

(a) Tempre c'eſt-à dire de bonne heure , terme encore uſité en Flandres.

vroit comme autrefois, dont je m'en rap=
porte à luy, il eſt droit là preſent.

Et alors le Bailli de Heſdin reſpondit qu'il
eſtoit ainſi.

Et au regard de rendre les priſonniers à
Mr. le Roy pour ce que je ſuis ſon ſubjet ou
Vaſſal : il eſt mon ſouverain Seigneur, &
luy ai fait comme je dois faire, & ne lui ai
point fait faute, ne à homme qui vive, mais
peut-eſtre que je ai fait faute à femmes. Ce
que je euſſe volontiers amendé, ſe je euſſe
pû, & de les rendre, il faut ſçavoir qu'ils
ont eſté pris en mes pays & Seigneuries qui
ne ſont pas ſubjets au Roy, & leſquels je ne
tiens point de luy.

Et aprés, M. de Charolois dit :

Nous connoiſſons bien que le Baſtard de
Rubempré euſt un mal (a) gouvernement.
Et ſe vous dites qu'il eſtoit Legat du Roy ;
il eſt vray qu'il ſont venus en Zellande,
& illec ont laiſſé leur navire, & ſont venus par Zellande, & par Hollande juſques

(a) Il faut lire *Garnement,* ainſi qu'on le voit dans
Monſtrelet, ſur l'an 1464, fol. 104 verſo, où il eſt
dit que ce Baſtard eſtoit mauvais Garnement, & qui
rien ne valloit, homicide & mauvais garçon.

à Gorkum ;

à Gorkum ; ce n'estoit point le chemin pour attendre ou pour prendre le Chancelier de Bretagne venant d'Angleterre, comme vous dites & que vous dites qu'ils estoient Legats & Envoyés de par le Roy, se ils fussent esté envoyés de par M. le Roy ; ils se deussent avoir présenté pardevant moy, quand ils vindrent à Gorkum, ce qu'ils ne firent point, & que plus est, un d'iceux a confessé qu'il avoit esté à Montfort au Bastiau ; ce n'estoit pas le chemin d'Angleterre, ne de Bretagne.

Après, le Chancelier requit premiers les Prisonniers, & M. le Duc respondit.

Ils ont esté pris en mes pays non subjets au Roy, & pour tant, ne suis pas tenu de les rendre.

Et alors le Chancelier repliquoit.

Se les gens de guerre du Roy sur la mer ne pouvoient venir en vos pays non subjets au Roy, ce seroit trop près pris.

Monsieur le Duc.

Vous parlez de gens de guerre du Roy, & le Roy n'a point de guerre ; car il a fait treves avec les Anglois, un an durant.

Le Chancelier difoit.

Monfieur , comme nous entendons que vous ne voulez point rehdre au Roy les prifonniers , vous prendrez advis fur la matiere , & nous baillez meilleure reponfe , s'il vous plaift.

Monfieur le Duc refpondit.

Vous ne faites que venir , vous vinftes hier foir , cet huy més vous ne irez nulle part , il eft trop tard.

Et fe partirent les Ambaffadeurs , & allerent à leurs logis.

Trois jours après , c'eft à fçavoir le Vendredy , neuviéme de Novembre , les Ambaffadeurs ont eu refponfe de M. le Duc, comme s'enfuit.

Monfieur le Duc & M. de Charolois ont chacun refumé la matiere comme deffus , & en la fin les Ambaffadeurs ont requis , & mefmement le Chancelier , avoir refponfe finale fe Monfieur voudroit rendre les prifonniers au Roy ou non , & ledit Jacobin & Olivier de la Marche.

Monfieur refpondit.

Que il envoyera fes Ambaffadeurs vers

Mr. le Roy, lefquels parleront au Roy, & luy bailleront telle refponfe, qu'il a efpoit qu'il en fera bien content.

Le Chancelier refpondit :

Monfieur, vous verrez que le Roy a envoyé icy pardevers vous moult grande & notable Ambaffade ; à favoir, M. le Comte de Eu icy prefent, qui eft Comte & Prince de fon fang ; M. l'Archevefque de Narbonne, moy comme fon Chancelier de France indigne, & de Ramboures, veuillez nous bailler votre refponfe finale, comme vous feriez au Roy, car nous reprefentons fa perfonne, & le vous requerons.

Monfieur le Duc refpondit.

Comme deffus, qu'il envoyera briefment Ambaffade envers le Roy.

Et lors prirent congé les Ambaffadeurs à M. le Duc, & font rallés & partis de Lille, la nuit de Saint Martin.

(Voyez le Vol. 1922 de la Bibliothèque Colbertine, aujourd'huy dans celle du Roy.)

III.

Remarque sur le Baftard de Rubempré.

Le Baftard de Rubempré arriva à Hermue (a), defcendit luy troifiéme, alla à Gorkum, fit dans un cabaret plufieurs queftions, alla au Chafteau, le vifita ; tout cela le rendit fufpect. Il fut arrefté s'étant mis en azile dans une Eglife, varia dans fon interrogatoire, dit qu'il alloit veoir la Dame de Montfort, coufine de fon frere. Le fieur de Rubempré, Gouverneur du Crotoy, nota que la Dame de Montfort eftoit fille d'Antoine de Crouy ; fes variations firent qu'on le crût coupable, & fur cela, les bruits furent eftranges qu'il vouloit enlever le Comte de Charolois, & le prendre mort ou vif ; le Comte fit l'effrayé, envoya Olivier de la Marche à Hefdin vers le Duc, qui manda de donner la queftion au Baftard, & qu'on le puniffe felon la rigueur des Loix incidentes ; en ce temps, mourut le fieur de Touteville, Capitaine du Mont-Saint-Michel, le plus riche homme du Royaume en argent comptant ; il avoit efté fait, au commencement de ce Regne, Grand-Senechal de Normandie à

(a) Armuyden en Zelande.

la place de Brezé, à qui le Roi rendit alors cet Eſtat au refus & à la priere de Crouy qui repreſenta au Roy, que Brezé avoit eſté le premier qui euſt pris le nom de Grand Sene-chal.

Montauban (a) écrivit à Crouy d'etouffer toute cette affaire, & de faire renvoyer le Baſtard, mais Crouy qu'on compliquoit dans cette affaire, ne voulut pas recevoir les Lettres de Montauban, & dit au Meſſager : Mon ami reporte tes Lettres à ton Maiſtre, & luy dis que je ne m'en meſlerai ja ; qui l'a braſſé ſi le boive, bien leur en convient.

Rubempré frere du Baſtard avoit eſté élevé en la maiſon du Duc, eſtoit ſon Chambellan &Sujet, tant que le Duc poſſeda les Villes de Somme ; c'eſtoit luy qui avoit inſtruit & engagé le Baſtard, & le Roy avoit raiſon de dire qu'il ne connoiſſoit point le Baſtard.

On conſeilloit au Duc de ſe retirer plus avant, il n'en vouloit rien faire, & atten-doit toujours la journée des Anglois, quoi-qu'il n'y euſt pas d'apparence que jamais les deux Roys puſſent s'accorder ; car l'un vouloit avoir Pays & Provinces pour ſa part droituriere, & l'autre ne vouloit, ni n'euſt oſé rendre un pied pour la criée du monde,

(a) Il étoit Admiral.

Ff 3

mefme eftoit blafmé encore & noté des leaux
François, qui les avoient aidé à conquerir de
ce qu'il chaudoit tant les Anglois d'avoir
paix à eux, & qui leur querroit fi fort l'a-
mour, & luy dit le Grand-Senechal de Normandie, Meffire Pierre de Brezé : Sire, ce
dift-il, voulez-vous eftre bien aimé des François vos Subjets ou Vaffaux, ne querez nulle
amitié aux Anglois, car d'autant que vous y
querez amour, vous ferez hay des François ;
faites-vous amy des Princes de votre Royaume, vos parens & Subjets, & tout le monde
ne vous pourra nuire, ne Anglois ne autre ;
là gift votre falut, & là gift l'amour & l'amitié
que vous devez querir.

Le Chevaucheur Henriet raporta que les
Anglois ne viendroient point, 1°. à caufe
qu'on avoit arrefté Philippe de Savoye, qui
eftoit venu fur une parole qu'on luy avoit
donnée, 2°. A caufe de l'entreprife du Roy
contre le Comte de Charolois, 3°. A caufe
du Mariage de Savoye rompu & qu'on alloit
faire de celuy de la fille de Riviere.

Le Duc auroit voulu que, pour les terres
enclavées, on euft fait quelqu'accord pour
fa vie, & celle du Comte de Charolois fon
fils ; le Roy y confentoit pour la vie du Duc,
mais non pour celle du fils.

Le Roy envoya Georges-Havart , prier le
Duc de le vouloir attendre à Hefdin , le Duc
ne promit, ni ne refufa. Cecy fe fit un Samedy , le Roy vouloit venir un Lundy, chacun hors les Crouy, preffoit le Duc de partir , & fur le minuit , le Duc dit à Philippe-
Martin fon valet, d'avertir fes Officiers d'eftre
prefts à partir de grand matin : Havart eftoit
déja parti quand on repandit cette nouvelle
qui eftonna bien du monde.

(Voyez les Recueils de M. l'Abbé Le Grand.)

I V.

Traité d'alliance entre Jean Duc de Calabre
& de Lorraine , & Charles Comte de Cha-
rolois, y compris le Duc de Bretagne.

A Nancy , le 10 Decembre 1464.

JÉHAN fils du Roy de Jerufalem & de Sicile , &c. Duc de Calabre & de Lorraine ,
à tous ceux qui ces prefentes verront falut :
fçavoir faifons que , en enfuivant ce qui eft
de raifon , fingulierement pour la bonne, entiere & cordiale amour que avons à la perfonne de noftre très-cher & très-amé Coufin
Charles de Bourgogne , Comte de Charolois,
Seigneur de Chafteau - Belin & de Bethune ,

feul fils & vray heritier de haut & puiſſant
Prince noſtre très - cher & très - amé Oncle le Duc de Bourgogne , de Brabant &
de Limbourg , Comte de Flandres , &c.
Nous , ces choſes conſiderées & pour autres cauſes & conſiderations raiſonnables à
ce nous mouvans , avons fait & par ces
preſentes faiſons alliance , confederation &
paction avec noſtredit couſin le Comte de
Charolois , en la forme & maniere qui s'enſuit , c'eſt à ſçavoir : que nous luy ſommes
& ſerons vray amy , allié & bien veillant ,
tiendrons ſon party , le conforterons conſeille-
rons , aiderons & ſecourerons de toute noſtre
puiſſance , à garder , ſauver & deffendre ſa
perſonne & celle de ſes enfans preſens & avenir , leur honneur , eſtat , pays , terres , Seigneuries & ſubjets , tant les pays , terres &
Seigneuries que noſtredit Couſin le Comte
de Charolois a de preſent , comme ceux que
tient noſtredit Oncle ſon Pere , leſquels après
ſon decès luy doivent competer & appartenir ,
tout ainſy que nous ferions les noſtres propres
ſans difference aucune par mettre & employer
pour & en faveur d'iceux , & en leur ayde
nos pays & toute noſtre puiſſance en guerre
contre & envers tous ceux qui les perſonnes de noſtredit Couſin le Comte de Cha-

rolois ou de fefdits enfans , pays , terres ,
Seigneuries & fubjets prefens & avenir , voul-
droient grever ou amaindrir , invader , guer-
roier ou ufurper en quelconque maniere , ne
foubs quelque couleur ou querelle que ce foit
ou puift feftre , fans nuls excepter ne referver fors feulement la perfonne de mon très-
redoubté Seigneur & Pere ; & en outre ,
tout ce que pourrions fçavoir eftre fait , dit ,
pourchaffé ou procuré allencontre ne ou prejudice d'iceluy noftre Coufin ou de fefdits
enfans , pays , terres , Seigneuries & fubjets
prefens & avenir luy fignifierons , l'en adver-
tirons , & de tout notre pouvoir l'en garde-
rons ; & telle alliance & confederation entendons & promettons avoir avec noftre très-
cher & très-amé Coufin François Duc de
Bretagne , &c. fes pays , Seigneuries & fubjets auffy prefens & advenir , & auffy y com-
prenons tous nos alliez entant que compris y
voudront eftre , & en celles que cy après
ferons noftre pouvoir , y comprendons noftredit Coufin le Comte de Charolois , fefdits
pays , Seigneuries & fubjets , avec fes amis
& alliez , prefens & avenir & leurs pays &
fubjets , comme nous & les noftres , fe compris y veulent eftre & l'accepter , promettans
par cefdites prefentes par la foy & ferment

de noftre corps en parole de Prince , & fur
noftre honneur , ces prefentes alliances &
confederations tenir & garder fermement ,
fans jamais aler allencontre en aucune maniere , moyennant & parmy ce que iceluy
noftre Coufin le Comte de Charolois nous a
fait & baillé pareille feureté & promeffe. En
tefmoins de ce , nous avons fait mettre noftre
feel à ces prefentes , & icelles avons fignées
de noftre propre main. Donné en noftre *Ville*
de Nancy le dixiéme jour de Decembre , l'an
de grace mil quatre cens foixante & quatre.

V.

Lettre du Roy de Sicile à fon Fils , le Duc
de Calabre.

M ON fils , Monfeigneur le Roy m'a prefentement efcrit par Gafpar Coffe , & auffi
envoyé le double d'une Lettre que luy avez
efcrite , lequel par fes Lettres me fait fçavoir
qu'il envoye devers vous le fieur de Preci-
gny , & que de ma part je vouliffe auffy envoyer devers vous aucun des miens qui me
fut feable. Mon fils , vous fçavez ce que je
vous ai fait fçavoir par l'Evefque de Verdun ,
de la volonté du Roi & de la mienne , auffi
tousjours m'avez été obéiffant jufqu'aprefent

encore. Si vous eftes fage , ne commencerez-
vous pas à cette heure à faire autrement , &
je le vous confeille pour votre bien & honneur , & fur ce, veuillez croire & aufli faire
& accomplir ce que vous dira de par mondit Seigneur le Roy & moy ledit Gafpar que
j'envoye devers vous pour cette caufe, autrement je ne pourrois eftre content de vous.
Notre Seigneur foit garde de vous , efcrit à
Lannoy le dixiéme jour d'Août , ainfi *figné*,
votre Pere RENÉ. *Le Roy de Sicile envoya
cette Lettre au Roy Louis XI , & luy écrivit
de l'ouvrir & de voir fi elle étoit telle qu'il la
fouhaitoit.*

(Voyez les Recueils de M. l'Abbé Le Grand.)

V I.

*Traité d'alliance & confederarion entre le Roy
Louis XI, George Roy de Boheme & la Seigneurie de Venife , pour refifter au Turc.*

(Voyez le Volume 760 des MSS. de M. Dupuy,
aujourd'hui chez M. Joli de Fleuri, Procureur
Général au Parlement.)

V I I.

Déclaration du Roy Louys XI par laquelle,
après avoir narré les menées & pratiques
de plusieurs Seigneurs unis & liguez sous
pretexte du Bien Public, qui s'estoient
joints avec son Frere, il leur donne un
mois pour venir vers lui, & se réduire à
leur devoir; ce faisant leur pardonne le
crime de leze-Majesté, qu'ils ont encourus
par leur rebellion. 16 Mars 1464 (ou
1465 style nouveau).

Voyez les Recueils de M. l'Abbé Le Grand.

V I I I.

Lettre de Monsieur le Duc de Berry au
Duc de Bourgogne.

Très-cher & très-amé Oncle, je me recommande à vous tant comme je puis. Vous
plaise sçavoir que depuis aucun temps en ça
j'aye eu souvent les clameurs de plusieurs
Seigneurs du Sang, mes parens & aucuns
nobles hommes de ce Royaume, en tous
estats du désordonné & patent Gouvernement,
qui est par les gens & estat autour de Monsieur, pleins de toutes mauvaiseté & iniquité,
lesquels pour le profit & affection singuliere

& defordonnée, ont mis Monfieur en foupçon & haine devers vous & moy, & tous
les Seigneurs du Royaume, mefmement vers
les Roys de Caftille & d'Efcoffe, alliez de
fi long-temps à la Couronne que chacun fçait,
au regard comment l'auctorité de l'Eglife
eft gardée, Juftice faite & adminiftrée, les
Nobles maintenus en leurs droits de nobleffe,
le pauvre peuple fupporté & gardé de oppreffion; ne vous en efcris plus autant, car je
fçay que affez en eftes informé, & moy defplaifant des chofes deffufdites, ainfi que doit
eftre, comme celuy à qui le fait touche de
fi près que chacun fçait; & defirant y pourveoir par le confeil de vous, defdits Seigneurs & parens, & autres notables hommes, qui tous m'ont promis ayder & fervir,
fans y efpargner corps ne biens, au bien du
Royaume & de la chofe publique d'iceluy,
auffi pour fauver ma perfonne, que je fen-
tois en danger; car inceffamment & couver-
tement, mondit Sieur & ceux d'alentour luy,
parloient de moy paroles telles, que par raifon me devoient donner caufe de douter;
je me fuis départy d'avec mondit Sieur, &
devenu devers beau Coufin de Bretagne,
lequel m'a fait fi bon & louable recueil, que
affez ne m'en faurois louer, & eft deliberé

de me servir de corps, biens & de toute sa
puissance au bien dudit Royaume & de la
chose publique ; & pour ce, très - cher &
très-amé Oncle, que mon desir est de m'employer avec vous & lesdits Sieurs mes parens, par le conseil desquels je veuille user
& non autrement à la réponse & bonne
addresse dudit Royaume desolé, & que je
sçay que estes des plus grands du Royaume
à qui le bien & le mal touche bien avant,
& Doyen des Pairs de France, Prince renommé d'honneur & de bonne justice, ainsi
qu'il appert par vos grands faits, conduite &
entretenement de vos grandes Seigneuries ; &
sachant que la désordonnance dudit Royaume
vous a desplû & desplaist, comme raison est,
desirois de tout mon cœur avec vous & les
autres Seigneurs mes parens, pouvoir assembler, afin de pourveoir par conseil de vous
& d'eux à tous les faits, qui par deffaut
d'ordre, de Justice & Police, sont aujourd'huy
en tous les estats dudit Royaume, & au soulagement du pauvre peuple, que tant à porter que plus ne peut, & mettre tel ordre
en tous endroits, qu'il puisse estre à Dieu
plaisant, à l'honneur & felicité dudit Royaume, & en la retribution d'honneur & de
memoire perpetuelle de tous ceux qui s'y

feront employez ; fi vous prie, très-cher &
très-amé Oncle, que fi cette matiere, qui
eft fi grande & pour la bonne fin, vous
plaife monftrer & affifter, à vous employer,
& auffi faire employer mon beau - frere de
Charolois, voftre fils, en mon ayde, comme
je m'y fuis tousjours confié que le feriez,
& afin que vous & moy nous puiffions affembler, qui eft la chofe que plus defire, pource
que mon intention eft de brief incontinent
entrer en pays & tenir les champs avec lefdits autres Princes & Seigneurs, qui m'ont
promis moy accompagner & ayder ; je vous
prie qu'il vous plaife vous mettre fus encore
de voftre part en pays vers France, & en
cas que faire ne le pourriez, y vouliffiez
faire venir mondit beau-frere de Charolois,
à toute bonne puiffance de gens, & avec
ce envoyer & faire venir aucuns de voftre
Confeil feable, pour eftre & affifter pour
vous, à ce que les autres Seigneurs du Sang
adviferont eftre à faire pour le bien du Royaume, & par lefquels pourrez tousjours eftre
informé de ma bonne & jufte intention, laquelle par vous & lefdits autres Seigneurs du
Sang fe veuille conduire, & non autremennt ;
& ce que par mondit beau - frere en voftre
abfence, fi a fait & dit pour le bien de

la chose publique & du Royaume, & soulagement du pauvre peuple, je le soustiendray & maintiendray tant que je vivray, & de ce pouvez estre bien certain, très-cher & très-amé Oncle ; tousjours vous me ferez sçavoir se il est chose que pour vous puisse & je le feray de bon cœur, priant Dieu qu'il vous doint bonne vie. Escrit à Nantes en Bretagne le seiziesme jour de Mars. *La suscription.* A mon oncle le Duc de Bourgogne. *La souscription.* Vostre Nepveu CHARLES.

Voyez les Recueils de M. l'Abbé Le Grand.

I X.

Manifeste de Monsieur le Duc de Berry sur la prise des armes pour le Bien Public.

Voyez les mêmes Recueils.

X.

Traité d'Alliance, entre François Duc de Bretagne, d'une part, & Charles, Comte de Charolois, d'autre part ; à Nantes le 22 Mars 1464 (ou 1465 nouveau stile).

Voyez l'Edition de Godefroy.

X I.

X I.

Ce font les points (a) *que le Seigneur de Charolois met & impose au Seigneur de Croy. 1475.*

Et premierement, dit ledit Seigneur de Charolois, que ledit Seigneur de Croy (b) s'est efforcé & efforce tous les jours de mettre ledit Seigneur de Charolois en malveillance de mondit Seigneur de Bourgogne son pere, & de le faire destruire, se son pouvoir estoit de ce faire.

Item. Dit ledit Seigneur de Charolois que

(a) Copié fur les Manufcrits de M. Baluze, numero 265. C'eft proprement un abregé de la Lettre que le Comte de Charolois publia contre les Seigneurs de la Maifon de Croy; ou comme l'on prononce aujourd'huy, de Crouy. La Lettre entiere eft imprimée au Tome III de Monftrelet, fol. 107 verfo, édition de Paris 1572. Elle contient quatre pages in folio, elle y eft néanmoins imprimée avec quelques fautes.

(b) Par les amples Recueils que M. l'Abbé Le Grand avoit faits fur le Regne de Louis XI, on voit aux années 1463 & 1464 beaucoup de Lettres de confiance des Seigneurs de Crouy à ce Roy, qui les combla même de bienfaits; preuve qu'il y avoit quelque intelligence entre eux : car ce Prince ne plaçoit pas inutilement fes graces & fes faveurs.

Tome X.   G g

le Seigneur de Croy , le Roy eſtant Dauphin , travailla & pourſuit tant le Roy , de le faire conſtituer priſonnier , ainſi comme le Roy , depuis ſon joyeux advenement en ſon Royaume , luy a dit.

Item. Dit ledit Seigneur de Charolois , que depuis que le Roy eſt Roy , ledit Sieur de Croy s'eſt efforcé de mettre haine & malveillance entre le Roy & ledit Seigneur de Charolois , laquelle jamais ne fut.

Item. Dit ledit Seigneur de Charolois , que ledit Sieur de Croy & les ſiens , en la ville de Liſle , comme Ambaſſadeurs du Roy mirent & impoſerent grandes charges ſur ledit Seigneur de Charolois ; & que ledit de Croy & les ſiens ont preſenté & offert de ſervir le Roy à l'encontre dudit Seigneur de Charolois , après la mort de Monſeigneur de Bourgogne , au cas que le Roy fiſt guerre audit Seigneur de Charolois.

Item. Dit ledit Seigneur de Charolois , que ledit Sieur de Croy s'eſt vanté de luy faire guerre aux places & Fortereſſes de Boulogne , Namur , Luxembourg , & en autres , que ledit Sieur de Croy tenoit en ſes mains , & icelles mettre en autres mains que de mondit Sieur de Bourgogne & de Charolois.

Item. Dit ledit Seigneur de Charolois, que ledit Sieur de Croy a émeu & incité le Roy à rachepter (a) les Terres, que Monfieur de Bourgongne tenoit en gage, lequel ne l'euft jamais fait, fe ce n'euft efté au pourchas (b) & moyen dudit Sieur de Croy.

Item. Dit ledit Seigneur de Charolois, que ledit Sieur de Croy a favorifé, foutenu & aydé à l'encontre dudit Seigneur de Charolois fon Coufin le Comte de Nevers; lefquels Nevers & Croy fe font vantez, que le Roy leur avoit promis de bailler quatre cens lances avec l'ayde des Liegeois, pour entrer au Pays de Brabant après le deceds de Monfieur de Bourgogne, & par ce moyen en priver dudit Pays ledit Sieur de Charolois.

Item. Dit ledit Seigneur de Charolois, que pour venir aux fins fufdites, que le Roy a fait ledit de Nevers, au moyen duditfieur de Croy, fon Lieutenant & Capitaine General efdites

---

(a) Cette plainte peut avoir quelque realité; puifque dans les inftructions de Louis XI pour le rachat des villes de la Riviere de Somme, il eft ordonné au Sieur Chevalier de s'accorder avec Mr de Croy.

(b) Pourchas, c'eft-à-dire à la follicitation, à l'inftigation; terme encore ufité parmi le peuple de la Flandre Walone.

Terres defengagées, pour parvenir à fes fins,
& en conclufion ledit Sieur de Charolois a
fait publier par toutes les villes & cités de
Monfeigneur de Bourgogne, par Lettres patentes, tout ce que dit eft deffus, en donnant en mandement fur certaines & grandes
peines efdittes villes dudit Seigneur de Bourgogne, qu'ils ne voulfiffent (a) recepter,
ne donner faveur ne ayde audit de Croy, ny
à fes alliez en aucune maniere.

X I I.

*LETTRE du Duc de Bourbon, 24
Mars 1465.*

Mon très-redouté & fouverain Seigneur, je
me recommande humblement à voftre bonne
grace, & vous plaife favoir, mon très-redouté Seigneur, que j'ai receu les Lettres
qu'il vous a pleu m'écrire de voftre main,
par Joffelin du Bois porteur de ceftes, &
ouï bien au long la créance, que fur icelle
il m'a dite de par vous, contenant en effet,
comment n'agueres, en allant en voftre voyage
de Noftre-Dame du-Puit, avez fceu comment

(a) Recepter, c'eft-à-dire, recevoir, comme il eft
marqué dans la Lettre même.

Monſieur de Berry voſtre Frere, s'en eſtoit
allé avec Odet Daydie en Bretagne, ſans
voſtre ſceu, & pource qu'avez grande & ſinguliere confiance en moy, en me requerant
que incontinent voulſiſſe partir pour aller
devers vous, & laiſſer mon frere le Baſtard
de Bourbon par deça, pour mettre ſus cent
Lances en mon pays, pour tirer après &
faire ce qui ſeroit adviſé, dont je vous remercie tant & ſi très-humblement, comme
faire puis ; & pour vous advertir & faire
ſçavoir plus à plein, mon très-redouté &
ſouverain Seigneur, les motifs de mondit
Sieur de Berry, comme des autres cauſes,
termes ès choſes preſentes, qui ſont à cette
heure, comme je croy, divulguées, qui ſont
à cette part, tant de voſtre Royaume que
dehors par long-temps, ont eſté conſiderées
& peſées generalement par tous les Seigneurs
& Princes de voſtre ſang & lignage, qui ont
Seigneuries, Terres & pays de voſtredit
Royaume & ſous vous, & qui ont intereſt
après vous au bien, proſperité & entretenement de voſtredit Royaume, auquel après
vous, ils ont bonne part, chacun en ſon endroit, les façons qui ont eſté tenues, tant au fait
de la Juſtice, Police & Gouvernement d'i-
celuy, que aux grandes, extreſmes & exceſ-

G g 3

fives charges du pauvre peuple, lequel entre
nous Princes & Seigneurs deffufdits, chacun
en droit foy, avons veu, ouï & conneu,
plaindre, douloir & fouftrir, & fouftenir charges, vexations & moleftes importables, &
par deffus tout ordre, façon deuë & accouf-
tumée, dont plufieurs d'entre nous & nos
fubjets tant en general que en particulier,
vous ont efté faites des remonftrances, &
à ceux qu'il vous a pleu effever & approcher entour vous, ayant le maniement &
conduite defdites chofes; lefquelles remonftrances, requeftes & complaintes eftoient,
ont efté & font dignes d'eftre ouïes, & que
provifion y fut donnée pour le bien, utilité
& confervation de la chofe publique de voftredit Royaume, & auffi pour l'eftat defdits Seigneurs & Princes de voftre Sang; aufquelles
chofes jufques à prefent n'a efté voftre plaifir
aucunement entendre, ne donner l'oreille, ne
provifion, ordre, ne police raifonnable à ce
& autres chofes, lefquelles ont efté par cy-
devant faites & conduites par voftre plaifir,
voulenté & tolerance, au moyen d'aucuns
qui font entour vous, qui par cy-devant
n'ont gueres congnu, comme il appert, le
fait & eftat de voftredit Royaume, lequel
a efté fi longuement profperant en fi bonne

juftice, tranquilité & police ordinaire, qui
font toutes notoires chofes & manifeftes dedans voftredit Royaume, & ailleurs; pourquoy, mon très-redouté & fouverain Seigneur, tous enfemble & d'une voix & commun
affentement, meus de pitié & compaffion du
pauvre peuple à eux fubjets, la clameur &
oppreffion duquel, en tous les eftats eft
parvenue fouvent à leurs oreilles, après ce
qu'ils ont veu & cognu, que par remonftrances particulieres, ne requeftes que on
vous ait fur ce faites, vous n'y avez voulu
donner remede, ordre ne provifion convenable, ont & convenu en un, conclud &
deliberé, par ferment & fcellez autentiques,
& tels qu'il appartient en tel cas, de eux
trouver & mettre enfemble, pour vous remonftrer, donner à connoiftre par aucune
voye, telle que Dieu, raifon & équité leur
enfeigne, les chofes deffufdites, pour y donner d'orefnavant bon ordre & provifion,
autre qu'il n'y a euë depuis que la Couronne de France eft venuë en voftre main;
en quoy nous efperons tous à l'ayde de Dieu,
noftre Createur, qui congnoift & & fçait
toutes chofes, penfées & intentions, faire
œuvre, qui à vous & à voftredite Couronne,
& à toute la chofe publique de voftredit

Gg 4

Royaume, fera profitable & utile, & aufdits
Princes & Seigneurs de voftredit Sang, honorable & digne de recommadation & memoire perpetuelle; & quant à ce, mon très-
redouté & fouverain Seigneur, que m'efcrivez
que aille devers vous, en quoy me femble,
pour la façon de vos Lettres, qu'eftes non
adverti de ces chofes que vous efcris, la
chofe ne le requiert à prefent, ne faire ne
le puis, & defplaift à tous lefdits Sieurs
Princes de voftre Sang, qu'il faille que par
faute de donner bon ordre de bonne heure
aux chofes, le fait de voftredit Royaume
vienne en telle commiferation & neceffité;
laquelle fe pourroit légitimement par vous
appaifer, quand il vous plairoit confiderer
en vous mefme l'eftat & profperité en quoy
vous avez trouvé voftredit Royaume, & en
quel il eft de prefent; mais il peut·eftre,
mon très-redouté & fouverain Seigneur, que
n'eftes pas de tout adverty, & quand plufieurs chofes fe font mal faites par cy-devant,
tant entour vous, que parmy voftredit Royaume, par puiffance, force, violence & autres
voyes eftrangeres & non accouftumées, que
ne font pas venues à voftre notice & connoiffance, & dont on vous informera tellement & fi avant, que vous pourrez & de-

vrez dire que ce qui se fait à bonne &
juste cause , & en quoy quiconque s'en
mesle ne peut avoir blâme , ne reproche
envers Dieu , vous , vostre Couronne , ne
Justice ; pource que , mon très - redouté &
souverain Seigneur, je vous supplie très-humblement , que attendu & consideré, ce que
dit est , & autres choses que bien sçaurez
considerer, que ne puis escrire, dont pleinement ay parlé audit Josselin , vous plaise
m'avoir pour excusé ce que je ne vais devers vous ; car je suis bien deliberé avec les
autres Seigneurs & Princes de cette alliance
& voulenté , pour le bien de vous & de
vostredit Royaume , d'entendre à vous faire
lesdites remonstrances & y donner ordre,
vous suppliant très-humblement , mon très-
redouté & souverain Seigneur, pour honneur
de Dieu , qu'il vous plaise y avoir advis &
& y donner de bonne heure provision, telle
qu'on puisse dire que de vostre temps ne soit
advenu inconvenient à vostredit Royaume
par faute de y vouloir remedier, comme il appartient par raison; en vous assurant mon très-
redouté Seigneur, que cette besongne n'est
point entreprise , ne ne se conduit contre
vostre personne , ne le bien de vostre Couronne , mais seulement pour remettre les

chofes en bon ordre, à l'honneur de vous & de vos fubjets, & relievement & confort du pauvre peuple, qui font chofes de tous droits & de bonne raifon, dignes de perfeverance & recommandation, & où il écheoit prompte & convenable provifion, comme voftre bonne difcretion, envers laquelle, tant que je puis & dont m'en acquitte par cette Lettre, pourra s'il luy plaift mieux advifer. Mon très-redouté, &c. je fupplie au benoift Fils de Dieu, qu'il vous donne bonne vie & longue. Efcrit à Bourges haftivement, la veille Noftre-Dame de Mars.

Voyez les Recueils de M. l'Abbé Le Grand.

X I I I.

Articles envoyez au Roy Louys XI par le Roy de Sicile, touchant ce qui avoit efté pourparlé entre ledit Roy de Sicile & Monfieur le Duc de Berry, accompagné du Duc de Bretagne, de Monfieur de Dunois & autres ; avec les refponfes faites par le Roy.

Voyez les mêmes Recueils.

X I V.

Sommation, Interpellation & Commiſſion de Charles, fils & frere de Roy, Duc de Berry, à Monſeigneur le Duc de Calabre, Lorraine, &c. Jean II, pour prendre les armes, & ſe joindre avec luy & autres Princes du Sang, contre le Roy Louis XI & ceux de ſon Conſeil, pour le bien public du Royaume. 1465.

Voyez les Recueils de M. l'Abbé Le Grand.

X V.

Declaration des trois Eſtats de Brabant, Limbourg, Flandres, Artois, Hainaut, Namur, Malines & Anvers, par laquelle ils reconnoiſſent le Comte de Charolois com- me leur Seigneur après la mort du Duc de Bourgogne ſon pere.

A Bruxelles le 27 Avril 1465.

Voyez l'édition de M. Godefroy.

X V I.

Saufconduit du Duc de Berry, pour les Am- baſſadeurs du Roy.

Voyez les Recueils de M. l'Abbé Le Grand.

X V I I.

Declaration de Charles Comte de Charolois, que la reſerve faite de la perſonne du Roy Louis XI, dans le traité fait avec l'Archeveſque de Treſves n'aura point de lieu. Treves d'Angleterre, du 16 May 1465.

A Bruxelles, le 15 May 1465.

Voyez l'édition de M. Godefroy.

X V I I I.

Treves d'Angleterre , du 16 Mars 1465.

Voyez les Recueils de M. l'Abbé Le Grand.

X I X.

Lettre du Roy à Monſieur le Comte d'Eu, du 18 May 1465.

Voyez les mêmes Recueils.

X X.

Inſtruction de Charles, Comte de Charolois, aux Commiſſaires qui devoient traiter en ſon nom avec les Ambaſſadeurs du Roy d'Eſcoſſe.

Au Queſnoy le 21 May 1465.

Voyez l'édition de M. Godefroy.

XXI.

Lettres de l'Archevefque de Treves, par lef-
quelles il promet d'exécuter le Traité d'al-
liance qu'il avoit fait le 4 May 1462 avec
le Duc de Bourgogne.

A Coblents le dernier May 1465.

(Voyez l'Edition de M. Godefroy.)

XXII.

Declaration de Monfieur de Berry, de pour-
fuivre fon deffein de reformer le Public, le
Roy ayant refufé l'affemblée des Princes
du Sang, & autres Notables du Royaume,
pour y pourvoir. Du 2 Juin.

Voyez les Recueils de M. l'Abbé Le Grand.

XXIII.

Traité d'alliance entre Louis, Duc de Ba-
viere, & Charles, Comte de Charolois.

A Nuremberg le 4 Juin 1465.

(Voyez l'édition de M. Godefroy.)

X X I V.

Traité d'alliance entre Federic, Electeur Palatin, & Charles, Comte de Charolois.

A Heidelberg, le 15 Juin 1465.

(Voyez l'Edition de M. Godefroy.)

X X V.

Acte par lequel Federic, Electeur Palatin, se reserve le droit de nommer trois Alliez, pour les excepter du traité d'alliance qu'il avoit fait avec Charles, Comte de Charolois, ainsi que ce Comte en avoit aussi reservé trois de son costé.

A Heydelberg, le 15 Juin 1465.

(Voyez l'édition de M. Godefroy).

X X V I.

Articles de l'accord fait par le Roy avec Messeigneurs les Ducs de Bourbon, de Nemours, le Comte d'Armagnac, & le Seigneur d'Albret.

(Voyez les Recueils de M. l'Abbé Le Grand).

X X V I I.

Lettre du Sieur Balue à Monsieur le Chancelier.

(Voyez les Recueils de M. l'Abbé Le Grand.)

X X V I I I.

Lettre de Guillaume Cousinot, à Monsieur le Chancelier, touchant le voyage du Roy Louys XI en Auvergne.

Voyez les mêmes Recueils.

X X I X.

Promesse de Charles de Bourgogne, Comte de Charolois, de confirmer les Privileges des Duchés de Brabant & de Limbourg, lorsqu'il sera parvenu à la succession de ces Pays.

Au Camp devant Mitry, (cinq lieues au Nord-est de Paris), le 3 Juillet 1465.

(Voyez l'édition de M. Godefroy.)

X X X.

Marche de l'armée des Ducs de Berry & de Bretagne. Le 14 ou 15 Juillet.

(Voyez les Recueils de M. l'Abbé Le Grand.)

XXXI.

Relation de la bataille de Montl'hery.

NOSTRE très-redouté Seigneur, tant & si humblement, comme faire pouvons, nous nous recommandons à voſtre bonne grace, & pour ce noſtre très-redouté Seigneur, que ſommes certains que devons ſçavoir des nouvelles de l'armée, de l'Eſtat, de noſtre très-redouté Seigneur voſtre fils, & que ſommes tenus de nous en acquitter meſmement en matieres qui le touchent.

Il eſt vray que Mardy paſſé, ſeizieſme jour de ce mois, nous fuſmes préſens du commencement juſqu'à la fin de la bataille, que Monſieur voſtre fils a eu contre le Roy & ſa puiſſance, qui eſtoit de vingt deux cens lances ou environ, le mieux en point que oncques furent vuës en ce Royaume, comme l'on dit; laquelle bataille, après ce que mondit Seigneur voſtre fils fut conſeillé d'aller querre & envahir le Roy & ſadite puiſſance, au lieu où ils eſtoient, qui eſtoit moult fort & avantageux pour eux, commença entre une & deux après midy : en ſuivant ledit conſeil fut fait ledit envahiſſement très-fierement, & d'auſſi hardi courage, que l'on a

vu

vû faire en journée de bataille passé long-
temps, comme il semble à ceux qui virent
d'un costé & d'autre, ayant congnoissance de
telles matieres ; & tellement que les Franchois se mirent en fuite, & en desroy bien
grand, par lequel desroy ils estoient tous
nostres se l'une des aisles de nostre bataille
ne fut demarché pour cuidier venir joindre
à ceux de l'autre bout de nostredite bataille, qui estoient les premiers en celle desdits
Franchois.

Car par ce moyen une grosse compagnie
d'iceux Franchois vint soudainement charger
sur les nostres, qui ainsi demarchoient en
telle façon qu'ils s'en vinrent fuyans les uns
parmy les autres, & par ce moyen se partirent & vinrent, mirent en fuite au bois que
nous avions au dos une partie de nos gens,
pendant laquelle fuite mondit Seigneur vostre
fils, qui rien n'en sçavoit, tousjours pour-
suivant & chassant ses ennemis, s'en vint en-
vironner la place de Montlhery à bien petit
nombre de gens, tuant & desconfisant tout
ce qu'il trouva en son chemin ; & après s'en
vint vostredit fils repasser devant la porte de
ladite place, où, comme dit est, estoit le
Roy & sadite garde, & là fut mondit Sei-

gneur voftre fils en grand danger & doute
de fa perfonne, fe n'euft efté fa vaillance &
bonne vertu, mais l'a Dieu merchy il en
efchappa, & tantoft après s'en vint planter
au champ de bataille aux mains d'un traict
d'arc devant fes ennemis, où il fut longuement, raliant fes gens qui eftoient en petit
nombre; lefdits ennemis pareillement ralliés
devant luy en leur fort en plus grand nombre, qu'ils eftoient fans comparaifon, & fut
la chofe deflors jufques vers le Soleil couchant en tel eftat, que nul fçavoit qui devoit eftre le maiftre, à laquelle heure le
Roy & les fiens fe partirent confufement,
en laiffant fon artillerie, & demeura la place
à mondit Seigneur voftre fils, fur laquelle il
demeura toute la nuit, & le lendemain jufques après midy, qu'il s'en vint loger audit
lieu de Montlhery pour rafraifchir fes gens
& leurs chevaux, lefquels eftoient fort tra-
vaillez.

Et combien que la journée & la victoire
ait efté, & foit belle & grande; toutesfois,
veu le premier affault fait aufdits Franchois,
de tel courage & hardiment, comme deffus
eft dit, & le grand defroy où ils furent, un
d'iceux Franchois euffent eu plus grand perte

& desconfiture de gens, se n'euſt eſté la ſuite des gens de mondit Seigneur voſtre fils, qui ſe partit de la place, comme deſſus eſt dit deſquels pluſieurs ont eſté pris à Paris, qui de prime face ont donné cauſe au peuple de cuidier que le Roy avoit eu la victoire, en faiſant ladite fuite des gens du Roy, qui fut très-grande, & principalement de Monſieur du Maine, Monſieur l'Admiral, Monſieur de la Barde, Sallezart & autres, avec leurs routes, leſquels comme nous avons ſceu, s'enfuirent tous & encore fuyent, comme l'on dit en bien grand desroy; & ainſi, noſtre très-redouté Seigneur, graces à Dieu, la journée a eſté pour vous & mondit Seigneur voſtre fils, & luy eſt nettement demeurée la place, comme dit eſt, au grand honneur de vous & de luy, & par conſéquent de tous vos pays & Seigneuries.

Car veritablement iceluy mondit Seigneur voſtre fils ſe eſt auſſi vertueuſement conduit & goûverné, que ſe toute ſa vie il n'euſt fait autre choſe que de conduire, ordonner & rallier bataille; & de ſa perſonne s'eſt auſſi chevalereuſement porté que corps de noble homme pourroit faire, & tellement que luy ſeul a eſté cauſe par ſa vaillance & bonne chevalerie d'avoir gagné ladite jour-

née, tousjours souſtenant ladite bataille, ſans
oncques démarcher pour choſe qu'il viſt,
combien toutesfois qu'il a eſté un petit bleſſé
vers la gorge d'un coup d'eſpée, mais Dieu
merchy, ce n'eſt choſe dont il peut avoir
danger.

Et en verité très-redouté Seigneur, il a
bien montré qu'il eſt voſtre fils, car il a
grandement retenu vos bons enſeignemens,
& ſes tours de vertu & de nobleſſe que vous
luy avez appris en cas ſemblables; & certes à tout bien conſideré, il a gagné la plus
belle journée qui ait eſté veuë en France
paſſé à longtemps, ſans gueres grande perte
de gens, veu que la choſe dura bien longuement, ainçois qu'on pût ſi bonnement connoiſtre à qui l'honneur & victoire en de-
meuroit, aucuns des gens de mondit Seigneur voſtre fils ont eſté morts en ladite be-
ſoigne, & les autres pris, les uns en tom-
bant, & les autres en chaſſant un peu bien
outrageuſement, & meſmement ſont morts
Monſieur de Hames, Meſſire Philippe de La-
laing, Philippot Doignies, voſtre Baillif de
Courtray, qui portoit le pennon de mondit
Seigneur voſtre fils, le frere de Monſieur
Halebrimy, & autres, & de priſonniers,
Monſieur du Bois, qui portoit la banniere

de mondit Seigneur voftre fils, Monfieur de Crevecœur, & aucuns autres : & au regard des Franchois, il y a eu beaucoup de leurs Capitaines & autres de grand fachon, morts & pris, defquels nous avons parfaite con-noiffance ; mais entre les autres, Monfieur de Maulevrier, Grand Senefchal de Norman-die, y eft demeuré mort, dont eft dommage ; & pareillement y eft mort Philippe de Lou-han, & bien grand nombre d'autres, tous gens de nom, en trop plus grand nombre que des noftres fans comparaifon ; & avec ce avons grand foifon de leurs prifonniers, & entre les autres le fils de Monfieur de Vantadour.

Noftre très-redouté Seigneur, plaife vous adés nous mander & commander vos bons plaifirs, pour y obéyr & les accomplir de très-humble cœur à nos loyaux pouvoirs, moyennant l'ayde de Noftre-Seigneur, qui par fa grace vous doint bonne vie & longue, & accompliffement de vos très-nobles plai-firs. Efcrit à Eftampes le dix-neufviefme jour de Juillet de l'an 1465.

Noftre très-redouté Seigneur, depuis ces lettres efcrites, eft à cette heure arrivé Mon-fieur de Berry en cette ville, Monfieur de Bretagne & fa compagnie, & n'eft Monfieur

Hh 3

venu que à petit nombre de gens, & fon armée eft logée auprès.

(Voyez les MSS. Grandvelle , qui font en l'Abbaye de S. Vincent de Bezançon).

X X X I I.

Journée de Montlhery , 16 Juillet 1465 (a).

Copie de l'explication faite de bouche à Madame la Ducheffe par Guillaume de Torcy, Ecuyer, touchant l'état de Monfieur de Charolois , fur une lettre de credence envoyée à madite Dame par mondit Sieur de Charolois , & fignée de fon figne manuel, en datte du vingtiéme jour de Juillet 1465.

(Voyez le MS. 192 de la Bibliotheque Colbertine , aujourd'huy dans celle du Roy.)

X X X I I I.

Traité d'alliance entre Louis , Duc de Baviere, & Philippe , Duc de Bourgogne.

A Landshut , le 22 Juillet 1465.

(Voyez l'édition de M. Godefroy.)

(a) Cette relation eft affez fardée, & ne s'accorde pas avec Philippe de Comines, ni avec Olivier de la Marche, témoins oculaires.

X X X I V.

A Eftampes, le 24 Juillet 1465.

Traité d'alliance entre François, Duc de Bretagne, & Charles, Comte de Charolois.

(Voyez l'édition de M. Godefroy.)

X X X V.

A Bruxelles, le 26 Septembre 1465.

Traité d'alliance entre Philippe Duc de Bourgogne, & Federic, Electeur Palatin.

(Voyez la même édition.)

X X X V I.

A Bruxelles, le 26 Septembre 1465.

Traité d'alliance entre Philippe Duc de Bourgogne, & Robert, Archevefque de Cologne.

(Voyez la même édition. (

X X X V I I.

Copie des accords & appointemens faits par le Roy, aux Princes qui s'enfuivent.

Après ledit accord fait & paffé par aucuns biens préciez au Roy, fut demandé

Hh 4

audit Roy, qui le avoit meu de faire tel
traité à fon préjudice.

Et le Roy refpondit en cette maniere, ce
a efté en confidération de la jeuneffe de mon
frere de Berry.

La prudence de beau coufin de Calabre.

Le fens de beau frere de Bourbon.

La malice du Comte d'Armignac.

L'orgueil grand de beau coufin de Bretagne.

Et la puiffance invincible de beau frere
de Charolois.

(Voyez les Recueils de M. l'Abbé Le Grand.)

X X X V I I I.

A Paris, l'an 1465 le 5 Octobre.

Traité de paix, appellé le Traité de Con-
flans, entre le Roy Louys XI d'une part,
& Charles, Comte de Charolois, depuis
Duc de Bourgogne, d'autre.

(Voyez l'édition de M. Godefroy.)

X X X I X.

Tranfport fait par Louis XI au Comte de
Charolois, des Prevoftez de Vimeu, de
Beauvoifis & de Foulloy.

(Voyez l'édition de M. Godefroy.)

X L.

Lettres Patentes du Comte de Charolois, pour la reverfion des villes de la riviere de Somme, & des trois Prevoftez cy-deffus tranfportées.

(Voyez la même édition.)

X L I.

Lettre de Monfieur le Comte d'Eu au Roy, touchant l'accord avec Monfieur le Duc de Normandie.

Voyez les Reeueils de M. l'Abbé Le Grand.

X L I I.

Extrait des Regiftres du Parlement du dix-fept Aouft 1465.

Voyez les mêmes Recueils.

X L I I I.

Proteftation de la Chambre des Comptes contre le traité de Conflans.

LE quatorziefme jour d'Octobre mil quatre cens foixante-cinq, le Procureur du Roy noftre Sire en fa Chambre des Comptes, s'op-pofa à ce que deux paires de Lettres Royaux,

obtenuës par Monfieur le Comte de Charolois, les unes données à Paris le cinquiefme
jour dudit mois, par lefquelles le Roy, noftre
dit Seigneur, luy baille & tranfporte Amiens,
Saint-Quentin, la Comté de Ponthieu, &
autres terres, villes & places, n'agueres par
le Roy defgagées, de Monfieur de Bourgogne,
avec les Comtez de Boulogne & de Guignes
enfemble & les villes & Chaftellenies de Peronne, Mondidier & Roye : & les autres auffi
données à Paris le treiziefme jour d'iceluy
mois d'Octobre, audit an mil quatre cens foixante-cinq, par lefquelles le Roy noftredit
Seigneur a femblablement baillé & tranfporté
à mondit Seigneur de Charolois, les Prevoftez
de Vimeu, de Beauvoifis & de Foulloy,
ainfi que plus à plein eft contenu efdites deux
paires de lettres, ne foient aucunement ve-
rifiées, enterinées, ne expediés par mefdits
Seigneurs des Comptes, pour certaines caufes,
qu'il entend à dire & déclarer en tems &
lieu, & jufques à ce qu'il ait efté préalablement
ſoy fur ce. BOURLIER.

Voyez les Recueils de M. L'Abbé le Grand.

XLIV.

Lettres Patentes de Louys XI pour ratifier le traité de Conflans, & nomination des personnes pour la réformation de l'Etat.

.Voyez les mêmes Recueils.

XLV.

Enfuivent les trente fix perfonnes ordonnées pour la caufe deffufdite, de la réformation de l'Etat.

Premierement. Les douze Prelats.

Meffeigneurs du Mans.
Paris.
Lifieux.
Reims.
Langres.
Orleans.
Le Doyen de Paris.
Maiftre Jehan de Courcelles.
Eftienne le Fournier.
Jehan Sellier.
Jehan de Lolive.

Les douze Chevaliers & Escuyers.

Messeigneurs de Dunois.

L'Admiral.

Messire Loys de Beaumont.

Messire Jehan Méno.

De Rembure.

George de Houet.

Pressigny.

Montsoreau.

Traynel.

Messire Jehan de Montegu.

Torcy.

Chaumont.

Les douze Gens de Conseil.

Dauvet.

Boullengier.

Maistres Jacques Fournier.

Berthelemy Cloistre.

Guillaume de Paris.

Franchois Hallé.

Pierre Doriole.

Denis d'Auxerre.

Jehan l'Enfant.

Jouachim Jouvelin.

Jacques Fournier, Juge du Mans.

Guillaume Hugonet.

(Voyez les Recueils de M. l'Abbé Le Grand.)

X L V I.

Publication de la Paix.

(Voyez les mêmes Recueils.)

X L V I I.

Autre accord de Paix fait à Saint-Maur-des-Foſſez entre les Ducs de Normandie, de Bretagne, de Calabre, & de Lorraine, de Bourbonnois, d'Auvergne & de Nemours; les Comtes de Charolois, d'Armagnac, de Sainct-Pol, & autres Princes de France, ſouſlevez ſous le nom du bien Public, d'une part, & le Roy Louys XI d'autre, l'an mil quatre cens ſoixante-cinq, le vingt-neuvieſme Octobre (a).

(Voyez l'édition de M. Godefroy.)

(a) Louis XI proteſta en ſa Cour de Parlement de Paris que le traité de Conflans avec les Princes meſcontens ſe faiſoit contre ſa volonté & par force & contrainte, & ne lui pouvoit tourner à préjudice.

XLVIII.

Lettres de Louis XI touchant le Comte d'Eu (a).

(Voyez les mêmes Recueils.)

X L I X.

Lettres du Roy Louis XI sur le retour des terres de Normandie, & autres.

(Voyez les mêmes Recueils.) (b)

(a) Par ces Lettres, Louis XI de l'avis des Seigneurs de son sang & des gens de son Conseil , ordonne que le Comté d'Eu ressortira à l'Echiquier de Normandie, & demeurera sujet du Prince Charles son frere & de ses hoirs mâles tant qu'il y en aura.

(b) Ces Lettres portent que les Comtés de Mortaing de Longueville & autres terres tenues en Normandie par le Duc d'Orleans retourneront au frere du Roy.

Fin des Preuves du I. Livre, & du dixième Volume.

celle qui a été publiée d

M I N E S, l'an 1289.

eur de D A N I E L Advoué d'

pousa J E A N N E D E W A E S

de la Clite, ou, selon d'autre
de Ruefchuere, de Waetenfe,
435 à son frere en l'office de
Chevalier avec Philippe le Bo:
u, où il fut fait & demeura pr
omme écrit Meyer, livre 16. I
ent en 1451. Il mourut le 8 I
premiere fut Catherine de Ha
n'eut point d'enfans ; il gif
la seconde fut Marguerite d'.

2. Philippe de la Clite, mariée à Guillaume de Hallewin, Chevalier, Seigneur de Buggenhout.

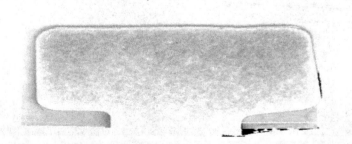

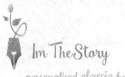

CPSIA information can be obtained
at www.ICGtesting.com
Printed in the USA
BVHW071032150819
555975BV00016B/1321/P

9 781318 655496